「建国の父」と独裁 アジアの

英雄像の形成とゆらぎ

編著
根本 敬
粕谷祐子

彩流社

はじめに――なぜ、アジアの独裁における建国の父に注目するのか

粕谷祐子

本書の特徴

アウンサン、李承晩《イ・スンマン》、金日成《キム・イルソン》、カリモフ、蔣介石、ジンナー、スカルノ、ナザルバエフ、ニヤゾフ、毛沢東、ホー・チ・ミン。これらの人物に共通するのは、権威主義体制（独裁）が長期にわたって続いた（あるいは現在まで継続する）東・東南・南・中央アジアに位置する国での建国を主導したという点である。

彼らの生涯は、それ自体非常に興味深く、伝記的な書物も多く出版されている。だが本書では、独裁を維持するための正統性訴求手段の一つとしての「建国の父」像を体現する人物として彼らに接近する。ここでの建国の父とは、ある国が主権を獲得する際のリーダーを意味している。[*1]「建国の父」に加え、本書のもう一つのキーワードが「独裁」である。独裁、または、政治学用語で言う権威主義体制の基本的な特徴は、為政者が自由で公正な選挙で選ばれていない点にある。このような特徴をもつ独裁における体制エリートは、民主主義体制と比較した場合、その選出にあたり正統性問題を抱えている。ある国における政治エリートが正統性をもつとは、統治される

側にとって、そのエリートによる統治が最も適切なものであるとみなされている状態を指す。民主政における体制エリートは、自由で公正な選挙で選ばれることで、正統性のあるリーダーとみなされる。だが、選挙が自由で公正でないという特徴を持つ独裁においては、独裁者は仮に選挙という制度手続きを経ていても、選挙結果が国民の信託の結果かどうか疑わしい余地を残すため、統治の正統性に国民や諸外国から疑義をはさまれかねない問題を抱えることになる。このような状況においては、選挙で選ばれたということ以外の正統性訴求手段が独裁の維持においては重要になる。

独裁者にとって、選挙以外の正統性を担保する手段はさまざまある。経済開発を牽引すること、支持層に利権を分け与えること、選挙ではなく「直接」大衆の声を吸い上げていると訴えること、情報を統制すること、反対派を弾圧して体制批判が存在しないよう見せかけること、など。

本書が注目するのは、権威主義体制のエリートによる正統性訴求手段の一つとしての「建国の父」というシンボルである。「建国の父」のイメージ、創られた逸話、称揚の諸制度が、本人及びその後の後継エリートによってどのように構築・継承され、変容しているのかをアジア諸国の事例に関して理解しようとすることを目的とする。

本書の構成

本書は、以下のような構成をとる。粕谷祐子による序章では、本書全体を通じての理論的課題、事例選択の意図、そして、その後に続く事例分析章の知見から浮かびあがってくる論点を提示する。

第一部（神格化される「建国の父」）では、建国以来一党支配体制が続く国での建国の父を取り上げる。中国の毛沢東、北朝鮮の金日成、ベトナムのホー・チ・ミンである。

泉谷陽子による第一章では、「長征」（一九三四年から二年間にわたる共産党とその軍の約一万二〇〇〇キロに及ぶ大移動）と「抗米援朝」（朝鮮戦争の中国における呼称）の際の大衆運動を題材に、これらにおいて毛沢東の役割が党の方針によりいかに神格化されていったのかを分析する。

礒﨑敦仁による第二章では、北朝鮮国民に事実上の講読義務が課されている朝鮮労働党中央委員会機関紙『労働新聞』を詳細に検討する。同新聞における金日成の「業績」、肖像画や敬称の扱いをたどり、金日成の正統性根拠が「建国の父」であるのに対し、金正日と金正恩は金日成の「業績」を継承する者として正当化を図っていることを示す。

石塚二葉による第三章では、ホー・チ・ミンがベトナムの「国父」であるとのイメージがどのように作り出され、利用されてきたのかについて検討する。石塚によれば、ホー・チ・ミン自身は自らを偶像崇拝の対象とすることを望んではいなかったが、ベトナムに社会主義を建設するため、さらには、党の指導の下に新たな国民国家を形成するためにあえて伝記等を通じた個人崇拝を本人と党が創っていった。

第二部（権威主義リーダーの交代と「建国の父」）では、建国後、民主主義から権威主義へ移行した国、または、建国以来の権威主義体制は継続しているが、異なるリーダー集団が政権の座についた国における国父を扱う。ミャンマーのアウンサン、カンボアジアのシハヌーク、パキスタンのジンナー、そして、中央アジアに位置する国のうちカザフスタンのナザルバエフ、ウズベキスタンのカリモフ、トルクメニスタンのニヤゾフである。

第四章では、根本敬が、独立直前に暗殺されたアウンサンに関して、歴代の体制エリートがそれぞれの政治環境に応じて異なる扱いをしてきたことを示す。「建国の父」であるだけでなく「ビルマ国軍の父」という位置付けがされるアウンサンは、独立後の軍政期には顕彰が進んだが、一九八八年に生じた全土的民主化運動で彼の娘であるアウンサンスーチーがそのリーダーとして出現してからは、アウンサンの顕彰が控えられるようになった。二〇一六年から二〇二一年の軍事クーデターまでのアウンサンスーチー政権期には再び国父として称えられるようになる。

新谷春乃によるカンボジアに関する第五章では、王家に生まれ独立直前には国王であったシハヌークが、独立後に独裁を確立するにあたりいかに自らの立場を「建国の父」とする制度化を進めていったのかを詳細する。これを受け、シハヌーク後の体制エリートたちが、シハヌークとの関係性に応じて彼の国父としての扱いを変えていったことが分析される。

第六章では、井上あえかがパキスタンのジンナーを分析する。英領インドの独立運動はパキスタン・インド分離独立という結末を迎えたが、その過程でムスリムのための政治的単位が必要だと主張したジンナーは、現在のインドでは「インドを割った男」であるが、パキスタンにおいては「建国の父」としての揺るぎない地位にある。ジンナー死後の各政権では、軍政期を含め、ジンナーの建国理念であった立憲主義を否定するエリートは（イスラーム国家を理念としたジアーウル・ハク軍事政権の九年間を例外とし）現れていないと指摘する。

第七章では、宇山智彦が中央アジアなかでもカザフスタン、ウズベキスタン、トルクメニスタンの三カ国における初代大統領の「建国の父」としての浮き沈みを検討する。彼らに共通するのは、ソ連解体後に個人独裁型の権威主義体制を長期にわたって敷いた一方で、死後・辞任後には後継者により比較的早急にその威光が剥がされたという点である。宇山の分析によれば、ソ連時代から引き継がれたある程度発達した官僚制が大統領権限と結びついていることから、後継者にとっては前大統領を国父として正統性訴求をする誘因に欠けていることがその主要な理由である。

第三部（民主化と「建国の父」）では、権威主義体制から民主主義へ移行したコンテクストを扱う。具体的には、韓国の李承晩、台湾の蔣介石、インドネシアのスカルノである。磯崎典世による第八章では、韓国の独立運動を主導し、初代大統領となって一九六〇年まで統治した李承晩の生涯と、彼の退陣後の軍政期及びそれに続く民主化後の時代における李承晩への評価に焦点を当てる。李承晩は選挙によって選ばれた大統領でありながら個人独裁化を進めたことで、その後に経済開発を正統性訴求手段とした軍政からも、また自由な選挙を重視する民主化運動からも否定されたと分析する。

第九章では、一九四九年から台湾を統治することになった中華民国（国民党）政府の蔣介石に関し、自身がどのように「建国の父」像を演出したのか、さらには、民主化後に国民党から民進党政権に政権交代したのちに「移行期正義」の文脈でどのように蒋介石の評価が変化したのかを葉亭葶が分析する。

第一〇章では、横山豪志がインドネシアの国父スカルノに対する評価の変遷を辿る。一九四九年のオランダからの独立後に初代大統領となったスカルノであるが、一九五九年からは個人独裁に移行し、一九六五年のクーデタにより退陣した。その後実権を握ったスハルトは、スカルノの遺産を利用しつつも脱スカルノ化を進めたこと、また、民主化後には再びスカルノの功績を讃える動きが出ていることを示す。

以上が本書の概要であるが、本書で分析する事例以外にも、アジア諸国には「建国の父」とみなされている人物は存在する。インドのモーハンダース・カラムチャンド・ガーンディー、シンガポールのリークアンユーなどがその筆頭であろう。ガーンディーに関しては、独立後インドがほとんどの時期で民主政であることから、独裁における正統性訴求手段としての建国の父という本書の分析射程からは外れるため、含めていない。シンガポールは一九六五年にマレーシアから分離・独立して以来現在まで権威主義体制が継続しているので、本来なら本書の一章に加えられて然るべき事例である。残念ながら諸般の事情によりシンガポールが欠如しているが、これに関しては既に刊行されている研究などを参照されたい（岩崎　一九九六）。

本書の読み方としては、比較政治学の理論に関心のある読者には序章から読み進めることを勧めるが、各国の政治や人物により興味のある読者は、興味のある国に関する章から読んでいただいても理解に支障はない。

＊注

(1)台湾の章における建国の父（蒋介石）は、この定義には合致しない。一九一二年の中華民国の建国におけるリーダーは孫文であるが、本書では、一九四九年に台湾に中華民国政府が移動し、国民党の統治を確立した蒋介石を台湾の「建国の父」としている。

【参考文献】

岩崎育夫（一九九六）『リー・クアンユー――西洋とアジアのはざまで』岩波書店。

目次◉アジアの独裁と「建国の父」——英雄像の形成とゆらぎ

序章　権威主義体制における正統性問題と「建国の父」
——比較分析試論

粕谷祐子

はじめに

ある国が新しく生まれる時期に活躍する「建国の父」は、それ自体が非常に興味深い分析対象である。だが本書の主眼は、「建国の父」と呼ばれる人物そのものを理解することよりも、その人物がどのように政治的に使われているのかを理解することにある。

本書では、独裁（政治学用語では権威主義体制）における正統性問題を検討する手がかりとして、「建国の父」に着目する。どのような統治者も、何らかの形で統治の正統性、すなわち、統治される側から統治にふさわしいリーダーであるとみなされる状況を確保する必要がある。民主主義体制においては、選挙を経ることでリーダーには統治の正統性が付与される。一方で独裁においては、選挙以外の正統性訴求手段が重要になる。選挙があったとしても、その結果が公正なものとは認識されないことが多いからである。こうした状況において、権威主義リーダーにとっての正統性訴求手段の一つとして存在するのが「建国の父」シンボルである、というのが本書の基本的なスタンスである。「建国の父」という権威主義体制における体制正統性の訴求手段は、本人及びその後の後継エリートにとってどのように構築・継承され、変容しているのか。これが、本書を貫く基本的な検討課題である。

本書の骨格を紹介するこの序章では、正統性という概念を簡潔に定義したのち、権威主義体制研究における正統性分析の状況を示した上で「建国の父」に焦点をあてることの有用性を示す。こうした理論的位置づけののち、本書で事例分析の対象とする国と人物を紹介する。後半では、本書の各国分析で出された知見を比較するなかで浮かび上がってくる論点を検討し、今後の研究に向けての示唆を提供する。

一　権威主義体制と正統性問題

正統性（legitimacy）は、定義されずに使われていることの多い言葉である。その一因には、この概念が非常に把みにくいことがあるだろう。この概念の学術的な用法の詳細な検討はここでは割愛するが、[*1] 本書においてはこの用語を「統治される側にとって、既存の政治体制が最も適切なものであるとみなす態度、および、政治体制がそのような態度を持たれている状態」という意味で使用している。

政治体制の正統性に関する研究の基礎となっているのが、マックス・ウェーバーが指摘した、伝統、カリスマ、合理性という体制の正統性論拠の類型である（Weber 2009）。ウェーバーは、近代における統治では合理性が正統性論拠の典型であるとし、多くの後継研究は、合理性はどのように細分化でき、そしてそれをどのように実証的に分析できるのかという問題設定で進められてきた（Levi et al. 2009; Beetham 2013; Dickson et al. 2015）。要するに、これまでの政治学における正統性研究は主に民主主義体制における手続き上の問題が分析されてきたと言える。

最近の研究では、二〇〇〇年代以降の権威主義体制研究の流行に伴い、非民主主義における正統性の問題が論争になっている。その嚆矢となったのが、ガシェウォスキによる理論的検討である（Gerschewski 2013）。彼は、正統性訴求は、反対派の「弾圧」と「取り込み」に並ぶ、権威主義体制維持メカニズムの三つの「柱」のうちの一つであると指摘する。民主主義体制においては選挙という合理性にもとづいた手続きを経て支配者が選ばれることで、支配者は正統性を訴求できる。一方で、選挙が自由で公正なものとはなっていない権威主義体制においては、どのような正統化訴求の手段があるのか、そしてそれがどのように使われるのか。これが、権威主義体制の持続メカニズムとして重要な問題であると多くの研究者が考えるようになってきた（Gerschewski

2018; von Haldenwang 2017)。

上記の問題設定は、一九五〇年代まで遡れる権威主義研究において断片的な形ながら継続して検討されてきたものである(Gerschewski 2013, 2018)。これらの研究は、研究手法の観点から、定性的なものと定量的なものとに分けることができる。本節以下では、両方のタイプの研究動向を検討し、いまだ判明していない問題は何かを探ることとしたい。

定性的な記述研究の先駆けとなったのが、全体主義体制におけるイデオロギーの研究である。フリードリッヒとブレジンスキ(Friedrich and Brzezinski 1958)やアーレント(Arendt 1973)は、一九二〇年代から四〇年代にかけて台頭したソビエト連邦、ナチスドイツ、ムッソリーニのイタリアなどの事例を全体主義体制として定式化した。その際、マルクス-レーニン主義やファシズムという形で体系化・明文化された「イデオロギー」による正統性の訴求が行われていることを全体主義という体制類型の一要素とした。これらの研究を発展させ、スペインのフランコ体制を分析したリンス(リンス 一九九五)は、全体主義と民主主義の中間に位置する政治体制として権威主義体制という体制類型概念を提示し、イデオロギーではなく擬似イデオロギーとしての「メンタリティ」を権威主義体制の構成要素の一つとして定式化している。リンスにとってのメンタリティとは、「愛国主義やナショナリズム、経済発展、社会正義、秩序といった包括的な価値への言及」(リンス 一九九五、一四八頁)であり、これらが権威主義体制における正統性訴求の手段の具体例ということになる。

特定の国や地域における支配の正統性を詳細に記述した本や論文は、これらの研究以後も多く出版されている。例えば東南アジア諸国の事例研究を集めたアラガッパ（Alagappa 1995）は、民主主義体制であるかどうかを問わず、国家観、パフォーマンス、リーダー個人のパーソナリティ、政治的に重要な事件、国際支援が重要な正統性訴求手段であると指摘している。東アジア諸国の事例研究をまとめたチャンらの著作（Chan et al. 2016）では、これら諸国では政治文化や伝統への訴求が重視されていると指摘する。同じく東アジア諸国の事例を集めたケインらの研究（Kane et al. 2011）においては、正統性を得ようとする手段として経済パフォーマンスとナショナリズムが指摘されている。また、各国別のエスノグラフィー研究としては、シリアにおける政治のレトリックやシンボルの利用を分析したウェディーン（Wedeen 1999）や、ソ連の公的な言説や表象における「神話」を分析したギル（Gill 2011）などが頻繁に引用される研究である。

上に挙げた定性的研究は、分析対象の国・地域の政治を理解することに貢献したが、体系的な知識の蓄積につながっているとは言い難い。なぜなら、正統性概念の操作化（具体化）がそれぞれバラバラに行われ、国をまたいだ比較や、知見を蓄積しようとする方向性は重視されていないからである。次にみていく定量的分析では、国際比較という観点が重視されているものの、具体的な訴求手段の乱立問題は解決されているとは言い難い。

定量的な正統性研究は、主に二〇〇〇年代に入ってからの新しい接近方法である。このタイプの研究は支配者側・被支配者側両方のあり方に注目しており、利用するデータのタイプにより、次のように分けられる。[*2] 第一のタイプは、統治される側の人々の態度を既存のデータベースを活用して測定しようとするものである。七二カ国を検討対象としているギレイ（Gilley 2009）では、既存の世論調査データと、政治参加などに関する観察データを総合して「正統性指標」を作成した。ここで使用される指標は、政府による人権尊重の程度、司法制度や官僚機構への信頼に関する人々の態度、民主主義的に国が統治されていると感じる程度、投票率、政府財政に占める租税収入割合などである。これらを総合し、ある政治体制がその国の市民の間で正統性を持っているとみなされているかどうかを測定している。[*3]

第二のタイプの定量的研究は、各国政治の専門家に対して実施したサーベイをもとにした分析である。フォン・ゼストとグロフォーゲルは、六種類の正統性訴求の手段を帰納的分析に基づいて設定し、専門家に対するアンケート調査でそれらがどの程度強調されているかを明らかにしている（Von Soest and Grauvogel 2017）。その六つとは、「建国神話」「イデオロギー」「リーダーのカリスマ性」「手続き」「パフォーマンス」「国際的関与」である。また、タネンバーグらの同様の研究では、「パフォーマンス」、「リーダーのパーソナリティ」、「合法性」、「イデオロギー」の四種類の訴求手段を設定し、イデオロギーはさらに、ナショナリズム、社会主義・共産主義、保守主義、分離主義、宗教の五種類に細分化されている（Tannenberg et al. 2019）。

専門家アンケートに依拠したこれらの分析からは、権威主義体制のタイプ（下位類型）により支配者側からの正統性訴求のパターンや強度が異なる傾向にあることが判明している。「手続き」

または「合法性」の訴求は複数政党の競合がある選挙権威主義の方が一党支配型の体制よりも強く、一方で、「イデオロギー」、「建国神話」、および、リーダーの属性に関連する訴求は一党支配体制の方が強いことが判明している。「パフォーマンス」に関してはフォン・ゼストらの研究では一党支配体制の方が強調するとし、タネンバーグらの研究では逆の関係を指摘する。このような差異はあるもの、全体としては、権威主義体制における支配者は様々なタイプの正統性訴求手段を併用しているということが示されている。

ここまでの検討から、権威主義体制における正統性の研究は、定量的な分析がここ十年程度で台頭し、国際比較にもとづいた全体像の把握が着実に進んでいることがわかる。このような研究は、体制類型と正統性訴求手段のタイプの間での大まかな相関パターンの存在を明らかにするという貢献をした。その一方で、定量分析で利用されている正統性訴求手段の類型設定は非常に抽象度が高く、それぞれの類型に実際にどのような具体的な内容が含まれるのかを理解することが困難であるという問題を抱えている。例えば、同程度に「イデオロギー」が強調されている場合でも、強調される側面や内容の違いが起こっていることには前掲した定量研究は対応できない。建国期の中国においてマルクス主義が毛沢東主義に変化したことなどが具体例としてあげられる。また、定量分析で使用されている正統性訴求手段の類型は相互排他的ではないもの、すなわち内容が重複するものが多い。例えば、「建国神話」「イデオロギー」「リーダーのカリスマ性」などである。再び中国の例を用いれば、毛沢東は「建国神話」「イデオロギー」「リーダーのカリスマ性」のいずれの類型においても中心的な存在である。このような場合、何が正統性訴求の根源にあるのかがよくわからなくなる。

定量分析におけるこのような問題を避け、一方で、一国の特殊性を強調する研究の羅列にも陥らないようにするため、本書では「建国の父」に焦点を絞って少数事例の比較分析を行う。「建国の父」に焦点を絞る理由は次節で述べるが、少数事例比較分析を手法として採用することのメリットは、分析対象国の詳細をふまえつつある程度の体系的理解が可能になる点にある。ここでの分析は、今後のより大規模な比較検討で使用できそうな仮説を発見する予備的調査という位置付けである。このような理論探索型の分析は、権威主義体制の正統性研究における新しい試みと言える。[*4]

二 「建国の父」への注目

「建国の父」とは何か

本書における「建国の父」とは、ある国が主権国家として独立する際にそれを牽引する実在のリーダーを指している。一般的な広い意味では、その国を一つの政治的共同体として統合した人物という意味で使われる場合もあるが、ここではそのような広い意味は持たせていない。その理由は、広い定義を採用すると、例えばスイスの「建国の父」として知られる、ウイリアム・テルのように実在したかどうか定かではない伝説上の人物も含まれてしまうからである。また、国によっては、独立運動はしても実際の独立には関わらなかった人物が建国の父として認知されている場合もある。フィリピンにおけるホセ・リサールがその例として挙げられる。しかしこのような場合も本書では建国の父とはみなさない。本書では、ある人物が実際の独立時点における主導者となることで付与される統治の正統性に注目し、その人物を用いての正統性訴求手段に焦点を絞る。

もちろん、建国の父とすでに呼ばれている人物を分析対象とすることには問題も伴う。「歴史は勝者によって書かれる」という慣用句があるとおり、現在一般的に建国の父として知られている人物は、権力闘争に勝った側である。それ以外にも独立にあたり重要な役割を担った人物は複数存在した可能性は高いものの、現時点で評価されている人物を選んで「建国の父」としている本書は、「書かれなかった」側の重要人物へは分析を加えていない。

このような問題点を孕むものの、建国の父への注目は、分析の境界をある程度明確にしてくれるという利点を持つ。なぜなら、既存研究で指摘されている類似の概念に比べると、具体化が容易だからである。これまでの研究では、国家の父に類似するものとして建国神話（Von Soest and Grauvogel 2017）、国家的重大な事件（Alagappa 1995: 46-47）、イデオロギーの一種としてのナショナリズム（Tannenberg et al. 2019）が提示されている。これらの概念は射程がかなり広いため、正統性訴求手段の一類型として比較分析を行うには整理が非常に難しい。これに対し、主権国家としての独立過程は公式記録がある程度存在し、また独立過程を主導する人物の特定も行いやすいと言える。

これまでの建国の父研究は、歴史学における人物評伝としてなされてきたものがほとんどである。アジアを事例にすれば、主要な建国の父の人物評伝を並べた著作（桜井 一九九三、Guha 2014）や、一九九〇年代に岩波書店より刊行された『現代アジアの肖像』シリーズなどがある。しかし、これらはほとんど歴史的事実の記述を主要な目的としたものがほとんどで、権威主義体制の維持という理論的観点からの分析には乏しい。

そこで本研究では、アジアで戦後に脱植民地化・独立した国のうち比較的長期間権威主義体制を敷いた国における建国の父を取り上げ、比較検討の俎上に乗せる。

本書の分析対象

本書では、以下の国に関し、建国の父として広くみなされている人物の存命中および死後の期間を対象に、その個人的属性（過去の行動、思想、能力、出自、容姿など）がどのように本人およびその後継エリートによって体制の正統性訴求手段として使用されてきたのかについて分析する。

表1のうち、台湾の憲法上の名称である中華民国が中国大陸において建国されたのは一九一一

表１　分析対象国の建国時期と建国の父

国	建国年	建国の父（生年と没年）	権威主義体制の期間
中華人民共和国	1949	毛沢東 (1893-1976)	1949- 現在
台湾 / 中華民国	1949	蔣介石 (1887-1975)	1949-1996
韓国	1948	李承晩 (1875-1975)	1948-1987
北朝鮮	1948	金日成 (1912-1994)	1948- 現在
インドネシア	1945/1949	スカルノ (1901-1970)	1959-1998
ベトナム	1945/1954	ホー・チ・ミン (1890-1969)	1945- 現在
ミャンマー	1948	アウンサン (1915-1947)	1962-2011, 2021- 現在
パキスタン	1947	ジンナー (1876-1948)	1947- 現在
ウズベキスタン	1991	カリモフ (1938-2016)	1991- 現在
カザフスタン	1991	ナザルバエフ (1940--)	1991- 現在
トルクメニスタン	1991	ニヤゾフ (1940-2006)	1991- 現在

出所：筆者作成
（注）インドネシアとベトナムは、国内で広く祝われている建国年（独立宣言年）と、宗主国からの主権移譲年の両方を示した。

年であり、それを先導したのは孫文である。しかしながら、本書においては、中華民国政府が台湾へと移転した一九四九年以降に台湾統治を主導した蔣介石を建国の父と位置付けている。

孫文以外にも、アジア諸国において独立にあたっての「建国の父」と広くみなされていながら表１には含まれていない人物も存在する。インドのモーハンダース・カラムチャンド・ガーンディーとジャワハルラール・ネルー、バングラデシュのシェイク・ムジブル・ラフマン、マレーシアのアブドゥル・ラーマン、シンガポールのリー・クアンユー、ラオスのカイソーン・ポムピハーンなどである。このうち、インドは独立後もほぼ一貫して民主政を維持しているため、本書の理論的射程からは外れることになる。それ以外の人物を国父とする国は、権威主義体制が長期にわたり継続していた（る）ことから考えると、本来ならば含まれていた方が望ましい。これらの国を含めていないことは、本書の抱える制約の一つである。

三　事例分析から浮かび上がる論点

本節では、本書の各国分析の章から浮き上がる論点を提示したい。これらは、先述したように網羅的とは言えない、限られた数の事例から得られたものであり、今後一層の検討を必要とする「仮説」という位置づけである。

建国の父の神格化

為政者を超人的な存在として神格化することは、国民を「洗脳」して忠誠心を植え付けて体制批判を避ける上で有用な統治方法と言える。また、すべての国民が神格化されたストーリーを信じなかったとしても、大多数の国民が洗脳されているように見せることは、潜在的な反乱分子が反体制運動に乗り出すことを阻止する。なぜなら、体制に反旗を翻しても多くの支持が得られるかどうかの予測がつかなくなるからである（Márquez 2013）。

本書における北朝鮮やトルクメニスタンの分析は、政治体制の社会・経済的閉鎖性が高いほど建国の父が神格化されやすいことを示唆する。ここでの社会・経済的閉鎖性が高いとは、国民の間での一時的・長期的な移動（観光、留学、移住）や経済活動（交易、投資）などにおいて諸外国に対して開放されていないことを意味する。このような状況では、政府によるメディアのコントロールがより容易であり、神格化を進めやすい環境と言える。建国以来、西側諸国との関係が非常に薄い北朝鮮において、金日成の神格化が現在に至るまで継続している背景には、このような条件があると言えるだろう。

天然ガス生産に国民経済をほぼ頼っているトルクメニスタンも、為政者の神格化を許しやすい条件を備えていると言える。本書第七章で分析されているように、建国の父であるニヤゾフ初代大統領が自らの肖像で公共空間を埋め尽くしたり、自らの著作を聖なるものとするような神格化を進めただけでなく、二〇〇六年の彼の死後に大統領となったベルディムハメドフが、ニヤゾフではなく自らに対する神格化を進めたことも、トルクメニスタンという閉鎖的な政治・経済環境の国であるからこそ可能になっていると言えるだろう。

中国の毛沢東に関する本書第一章の分析は、社会経済的な環境要因に加え、個人への権力独占が進んだ独裁であることも神格化が進む要因として必要であることを示唆する。毛沢東に対する神格化は一九五〇年代には党の方針により進まず、一九六〇年代半ばの文化革命期以降に進んだからである。このことから、建国の父の扱いは、体制エリートの間での権力関係にも大きく依存していると言える。

権威主義リーダーの交代

権威主義体制のリーダー交代は、常に民主化を意味するのではなく、異なる集団による独裁の継続となることが多い（Geddes, Wright, Frantz 2014）。権威主義エリート（集団）の交代に伴って、建国の父に対する称揚はその時の政権に都合よく変化する傾向があることを本書の事例は示している。

ミャンマーのアウンサンは、独立を目前に暗殺されたこともあり、独立後の軍政に非常に都合よく利用されたシンボルと言えるだろう。第四章が示すように、一九六二年から一九八八年まで続いたネィウィンによる個人支配に近い軍政期には、彼の標榜した「ビルマ式社会主義」はアウンサンの遺志を継ぐものであると位置付けられた。一転、一九八八年に国家法秩序回復評議会（SLORC）による集団指導体制に近い軍政に代わった後には、アウンサンの娘であるアウンサンスーチーが民主化運動のリーダーとなっていたため軍政リーダーがアウンサンを利用しての体制正当化が困難となり、顕彰する動きは低下した。

インドネシアのスカルノも、アウンサンほどではないにせよ、その後の体制エリートに都合よく利用された例と言える。第一〇章の分析が示すように、軍クーデターによりスカルノが退陣した後に実権を握ったスハルトは、スカルノが復帰させた一九四五年憲法を維持して自らの大統領としての地位を確保し、また、スカルノの提唱したパンチャシラ原則を引き継いで体制正当化を図った。同時に、脱スカルノの動きも並行して行い、彼の時代を旧いものと位置付ける「新秩序」体制を標榜して自由主義的な経済政策を推進した。

韓国における権威主義（李承晩体制）から権威主義（朴正熙体制）への移行では、建国の父である李承晩はほぼ否定された。第八章で分析されているように、朴正熙が正統性の訴求手段に据えたのは李承晩政権を民主化要求運動（「四月革命」）で倒した学生の「義挙」であったことから、李承晩というシンボルには利用価値を見出さなかったと言える。

ウズベキスタン、カザフスタン、トルクメニスタンにおいても、初代大統領の死亡や辞任後に政権の座についた独裁者は、初代大統領自らが創った「建国の父」への称揚を廃止したり、政策路線を事実上否定したりする動きを見せた。第七章の分析では、後継リーダーが初代大統領の威光を自らの統治にとって都合の良いものとして利用しなかった理由として、ソ連時代から引き継いだ官僚制の存在を指摘している。

民主化に伴う変化

本書で分析するいくつかの国は、民主化という体制変動を経ている。インドネシア、韓国、台湾がそれに該当する。民主化後の建国の父の扱いは、再評価されているインドネシア（スカルノ）、否定が進む台湾（蔣介石）、低い評価が継続する韓国（李承晩）と様々である。このような差異は、民主化運動における「建国の父」シンボルの関わり方に依存しているようである。

インドネシアの民主化運動では、スカルノは反スハルトのシンボルの一つであった。スカルノ自身は独裁を敷いたとはいえ、軍事クーデタによって退陣させられたことがその理由として挙げられる。

韓国の李承晩もスカルノと同様の個人独裁を敷いたが、民主化運動の過程で反軍政のシンボルとならなかったのは、退陣の形態の違いに求められるであろう。一九六〇年の民主化を求める学生運動によって退陣した李承晩を、一九八〇年代の民主化運動がシンボルとすることは、矛盾した動きとなってしまうからである。

台湾で民主化の動きが起こる一九八〇年代には、国民党体制は蔣介石の時代から蔣経国・李登輝の時代に移っていたが、蔣介石は打倒すべき体制側の主要なシンボルであり続けた。これは民主化後の陳水扁民進党政権下で進められた「脱蔣化」、蔣介石の名前を冠した道路や建造物の改名、銅像などの撤去、そして、蔣介石の時代に行われた国家暴力（白色テロ）被害者を救済する「移行期正義」の推進などの形で表れた。

おわりに

本章では、本書の理論的アプローチを紹介すると同時に、予備的な比較考察を行った。限られた事例からの抽出ではあるが、「建国の父」という体制エリートにとっての正統性訴求手段の創り方と使い方には、ある程度パターンがあることがわかる。国際的な体制の閉鎖性や権限の一極集中といった条件が「建国の父」の神格化を可能にするかも知れないこと。権威主義リーダーが別の権威主義リーダーに代わる際の政権掌握手段にその後の「国父」の扱い方は依存する傾向があること。また、独裁を敷いた「建国の父」であっても、その退陣の形態により民主化によって悪者にされる場合と、民主化と親和性を持って迎えられる場合に違いがあることなどである。これらの論点は、今後より多くの事例検討とともに精査される必要がある。同時に、本章で検討した以外のパターンの抽出も、今後の研究の課題として残されている。

＊注

(1) ブリタニカ百科事典における一般的定義には、（一）ある政治権力の支配が倫理的に正しいとされる根拠、（二）権力を持つ君主の由来の正しさ、（三）ある権力者の支配が被支配者から承認される根拠ないしは服従動機、が挙げられている。政治学においては主に第三の意味が用いられている。正統性という言葉自体は、ラテン語の「法(lex)」を語源としており、一五世紀頃から主に婚姻関係に関して「法に則った」という意味で英語の語彙となった。政治学や社会学では、この用語を個人の態度に関して使う場合と、政治体制を単位として使う場合に分けられる。個人を対象とする場合は、支配者と被支配者の関係性に関わる問題として定義できる。ある支配者Aが、被支配者Bに対して正統性を持つとは、BはAによってなされる行動規制や決定を妥当なものだとみなしている状況である（Tyler 2006）。このようなBの態度を獲得・維持するために、AはBに対してその支配の正統化（legitimization）を行う必要がある。政治体制のレベルでの定義では、例えばリプセットは、正統性を「既存の政治制度が最も適切なものであるとみなす信念を形成・維持する政治システムの能力」と定義する（Lipset 1959, 68）。

(2) 本文中で言及しているタイプの他には、正統性訴求の戦略を権威主義体制の類型で置き換えて測定しようとするものに、Kailitz and Stockemar（2017）がある。

(3) Gilley（2009）と同様の測定方法を他の時期・地域に応用してものに、Power and Cyr（2009）、Gilley（2012）、Blanco-González et al.（2017）がある。この他、Williamson（2021）はアラブ諸国に関してAfroBarometerの質問項目の一つである選挙が自由で公正に行われているとみなす程度を利用して、選挙手続きに対する正統性をどの程度抱いているかを測定している。

(4) 同様の試みに、Mazepus et al.（2016）がある。この研究では、ロシア、ベネズエラ、セイシェルという「ハイブリッド体制」を比較し、それぞれ異なる正統性訴求の戦略をとっていると分析している。

【参考文献】

桜井由躬雄 編（一九九三）『英雄たちのアジア（別冊宝島ＥＸ）』ＪＩＣＣ出版局。

坪内隆彦（二〇〇八）『アジアの父列伝』展転社。

リンス、ファン（一九九五）『全体主義体制と権威主義体制』（睦月規子ほか訳）法律文化社。

Alagappa, Muthiah (1995), *Political legitimacy in Southeast Asia: The Quest for Moral Authority*, Stanford University Press, 1995.

Arendt, Hannah (1973), *The Origins of Totalitarianism*. Vol. 244. Houghton Mifflin Harcourt (original publication in 1951).

Beetham, David (2013), *The Legitimation of Power*. Macmillan International Higher Education.

Blanco-González, Alicia, Camilo Prado-Román, and Francisco Díez-Martín (2017), "Building a European legitimacy index." *American Behavioral Scientist* 61-5: 509-525.

Chan, Joseph, et al., eds. (2016), *East Asian Perspectives on Political Legitimacy: Bridging the Empirical-Normative Divide.* Cambridge University Press.

Dickson, Eric S., Sanford C. Gordon, and Gregory A. Huber (2015), "Institutional sources of legitimate authority: An experimental investigation," American Journal of Political Science, 59-1: 109-127.

Friedrich, Carl Joachim, and Zbigniew Kazimier Brzezinski?(1956), Totalitarian Dictatorship and Autocracy, Harvard University Press.

Geddes, Barbara, Joseph Wright, and Erica Frantz (2014), "Autocratic Breakdown and Regime Transitions: A New Data Set." *Perspectives on Politics,* 12-2: 313-331.

Gerschewski, Johannes (2013), "The Three Pillars of Stability: Legitimation, Repression, and Co-optation in Autocratic Regimes." *Democratization* 20-1: 13-38.

Gerschewski, Johannes (2018), "Legitimacy in Autocracies: Oxymoron or Essential Feature " *Perspectives on Politics,* 16-3: 652-665.

Gill, Graeme (2011), *Symbols and Legitimacy in Soviet politics.* Cambridge University Press.

Gilley, Bruce (2006), "The determinants of state legitimacy: Results for 72 Countries." *International Political Science Review,* 27-1: 47-71.

Gilley, Bruce (2009), *The Right to rule: how states win and lose legitimacy.* Columbia University Press, 2009.

Gilley, Bruce (2012), "State Legitimacy: An Updated Dataset for 52 Countries," *European Journal of Political Research,* 51-5: 693-699.

Guha, Ramachandra, ed. (2014) *Makers of Modern Asia.* Harvard University Press.

Kailitz, Steffen, and Daniel Stockemer (2017), “Regime Legitimation, Elite Cohesion and the Durability of Autocratic Regime Types,” *International Political Science Review,* 38-3: 332-348.

Kane, John, Hui Chie Loy, and Haig Patapan eds.(2011), *Political Legitimacy in Asia: New Leadership Challenges,* Palgrave MacMillan.

Levi, Margaret, Audrey Sacks, and Tom Tyler (2009), “Conceptualizing Legitimacy, Measuring Legitimating Beliefs,” *American Behavioral Scientist,* 53-3:354-375.

Lipset, Seymour Martin (1959), “Some Social Requisites of Democracy: Economic Development and Political Legitimacy,” *The American Political Science Review,* 53.1: 69-105.

Mazepus, Honorata, et al. (2016),”A Comparative Study of Legitimation Strategies in Hybrid Regimes,” *Policy Studies,* 37-4: 350-369.

Márquez, Xavier (2013), “A Model of Cults of Personality,” APSA 2013 Annual Meeting Paper, American Political Science Association.

Power, Timothy J., and Jennifer McCoy (2009), “Mapping Political Legitimacy in Latin America,” *International Social Science* Journal,60-196: 253-272.

Tannenberg, Marcus, et al. (2019), “Regime Legitimation Strategies (RLS) 1900 to 2018,” V-Dem Working Paper 86.

Tyler, Tom R. (2006), Why People Obey the Law. Princeton University Press.

Von Haldenwang, Christian (2017), “The Relevance of Legitimation?a New Framework for Analysis,” Contemporary Politics, 23-3: 269-286.

Von Soest, Christian, and Julia Grauvogel (2017), “Identity, Procedures and Performance: How Authoritarian Regimes Legitimize their Rule,” *Contemporary Politics,* 23-3: 287-305.

Weber, Max. (2009), *From Max Weber: Essays in Sociology,* Routledge.

Wedeen, Lisa (1999), *Ambiguities of Domination: Politics, Rhetoric, and Symbols in Contemporary Syria,* University of Chicago Press.

Williamson, Scott (2021), “Elections, Legitimacy, and Compliance in Authoritarian Regimes,” *Democratization,* 28-8: 1483-1504.

第Ⅰ部

神格化される「建国の父」

第一章　中国　毛沢東のふたつの神話
――「二万五千里長征」と「抗米援朝」

泉谷陽子

はじめに

一九四三年冬、中国革命の聖地・延安で有名な毛沢東讃歌「東方紅《とうほうこう》」がつくられた。毛沢東を、東の空に昇る太陽になぞらえ、「人民の幸せをはかる偉大な救世主」と謳うものである。その後毛は内戦を勝利に導き、一九四九年一〇月一日、中華人民共和国の成立を宣言した。こうして毛は中国共産党の最高指導者としてだけでなく、戦乱の世を終結させた「救世主」として人びとの前に現れ、「新中国」のシンボルとなった。この時、圧倒的多数の農民は教育をほとんど受けておらず、国民意識もまだ希薄な状況にあった。社会主義などのイデオロギーを理解して共産党を支持したのではなく、軍事的勝利を

毛沢東

受けいれた。安定した生活をもたらすならばとくに抵抗する理由もなかったのである。

共産党はまず人びとの生活を安定させ、貧しいものを救う「救世主」として振る舞い、宣伝した。「反革命鎮圧」運動では、人びとを苦しめていた「匪賊《ひぞく》」を討伐し、土地改革では地主から土地や財産をとりあげて貧しいものに分配し、貧しい農民も結婚ができるよう新しい「婚姻法」を公布した。ごく少数の「匪賊」「反革命分子」「地主」らをスケープゴートにして抑圧することで、圧倒的多数の「人民」が救われる政策を実施したのである。「反革命分子」たちが本当に「人民の敵」であったのかはともかく、共産党の歴史にはこうした「救済の物語」があふれ、一種の神話を構成している。この神話には数多くの神格化された英雄が登場するが、英雄を教え導く最高神が毛沢東なのである。

中国革命の歴史叙述には、毛の物語がたくさんあるが（丸田 二〇一九）、本章では、複数の物語で構成され、毛の偉大さを証明して権威の源泉となった「神話」をとりあげたい。具体的には、近年中国において賛美されることが多い「長征」と「抗米援朝（朝鮮戦争の中国での呼称）」である。

「長征」とは一九三四年から三六年までの二年にわたる紅軍（共産党軍）および党の大移動である。共産党はのちに移動距離を誇張して「二万五千里（一万二五〇〇キロメートル）長征」と称するが、実際には江西省瑞金《ずいきん》の革命根拠地が蔣介石の包囲攻撃を受け、逃走せざるを得なかったのである。途中、戦闘や病気などで約九割の兵士を失うものの、陝西《せんせい》省北部に到着し、新たな本拠地を獲得した。これを現在に至るまで紅軍の「英雄的勝利」であったと誇る。

また、長征途上の遵義で開催された会議も「長征」神話のなかの重要な出来事である（石川二〇二〇）。二〇二一年、習近平国家主席は、「毛沢東同志の党中央と紅軍における指導的地位を確立し、毛沢東同志を主要な代表とするマルクス主義の正確な路線が党中央で指導的地位を確立する始まりとなり」「最も危機的な状況において党を救い、紅軍を救い、中国革命を救った」と遵義会議の意義を強調した（『求是』二〇二一年第七期）。実際にはそれほど劇的な転換ではなかったのだが、その後、毛の権威が確立するなかで、意義が過大評価されるようになっていった。

「抗米援朝」も近年の米中対立を意識してか、言及されることが増えた。習近平が党史・国史・改革開放史・社会主義発展史の「四史」を学習するよう提唱したことを受け、教育部が作成した学習資料でも、「抗米援朝」関連の映像作品を推薦している（中華人民共和国教育部教師工作司二〇二一）。話題となった二〇二一年の歴史決議は、毛への評価などでは一九八一年の第二回決議を踏襲する一方で、抗米援朝については分量を増やし、つぎのように述べている。

中国人民志願軍は勇ましく意気揚々と鴨緑江《おうりょくこう》を渡り、朝鮮人民および軍隊と肩を並べて戦い、完全武装の強敵に打ち勝った。国威と軍威を高め、中国人民を奮い立たせ、抗米援朝戦争の偉大な勝利を勝ち得た。新中国の安全を防衛し、新中国の大国としての地位を明らかに示した。新中国は複雑に錯綜する国内と国際環境においてしっかりと足場を固めた。

（『人民日報』二〇二一年一一月一七日）

朝鮮戦争への参戦については、米国との鋭い対立を決定的とし、国内の復興が後回しにされたこと、相手側を大きく上回る犠牲を出したことなど、マイナスが大きかったとみることもできるだろう。しかし、中国では、米国の対中侵略の意図を強調し、中国は自国防衛のためにやむなく参戦したのであり、「正義の戦い」であるから勝利したという認識を堅持している。祖国を守るため前線に赴いた志願軍兵士たちは、崇高な愛国主義と朝鮮人民を助けようとする国際主義にあふれた「最も愛すべきもの」であり、死をも恐れず勇敢に戦った英雄たちであると描かれる。これもまた、戦争捕虜の存在など多くの異なる事実や見解を排除し美化した神話といえる（任二〇一八）。

二〇二一年には朝鮮戦争初期の戦いを描いた映画『長津湖《ちょうしんこ》（邦題は「一九五〇　鋼の第七中隊」）』が大ヒットした。興行収入は公開二か月で六〇億元（約一一三〇億円）近くに達して歴代第一位となり（『人民日報』二〇二一年一一月二六日）、続編もヒットした。

「長征」神話にも新たな動きがある。二〇一九年、政府は「長城、大運河、長征国家文化公園建設方案」を出し、長征沿線一五省区市の長征に関する文物・文化資源を保護継承、研究発掘、環境整備などをおこない、「文化公園」（以下、「長征公園」）として建設するよう指示した（『人民日報』二〇一九年一二月六日）。いまや「長征」は、長城や大運河と並ぶ中国が誇る文化資源なのである。

このように、ふたつの神話は、いまなお時代とともに進化し続けている。

一　毛沢東の生涯

「毛澤東」の総画数が二八画であることから、毛は「二十八画生」という筆名を持っていた。この数と縁があったようで、彼の人生は三つの二八年に区分することができるという。一八九三年の誕生から一九二一年の共産党創設までが第一期、それから一九四九年の人民共和国成立までが第二期、そして一九七六年の逝去までが、二七年しかないが、第三期である（倪　二〇一五）。

当然ながら、ほかの区切り方もできるし、さらに細かく分けることもできる。たとえば、第二期の前半は、共産党員として活動し、党や軍の発展に貢献するも、党中央の方針に逆らって批判を受け、指導部からも外されるなど不遇をかこった。第二期の後半は、遵義会議で軍の指揮権を回復して中央指導部の一員となり、しだいに絶対的権威へ上りつめていった。第三期はいわゆる「毛沢東時代」と呼ばれる時期だが、その初期は土地改革や「反革命鎮圧」運動などの大衆運動によって政権基盤を固め、農業や商工業の社会主義化が予想外に順調にすすんだ時期だった。しかし、大躍進（一九五八〜六〇年、大衆動員による大増産を目指した運動）で大きくつまずいた。中ソ対立やベトナム戦争など厳しい国際環境に直面して危機意識を強め、政権の変質を過度に疑って文化大革命を発動し、国中を混乱に陥れることになった。

「新青年」として

毛沢東は一八九三年一二月二六日、湖南省湘潭県韶山の農家に生まれた。幼少より家業の手伝いをさせられ、農民の苦しみも体験する（金　一九九六：一一一二頁）。八歳から私塾に通い、まずは古典を学んだが、時代は大きな転換点にあった。改良主義の変法維新の思想と清朝打倒をめざす革命派の思想をほぼ同時に受容し、「孫文を大統領に、康有為《こうゆうい》を内閣総理に、梁啓超《りょうけいちょう》を外交部長に」と主張したこともあった（スノー　一九七二：九二頁）。

辛亥革命時には革命軍に半年間参加した。除隊後、進学した師範学校は新しい時代をつくりだそうとする「新青年」を育成するゆりかごであった。陳独秀《ちんどくしゅう》が出版する雑誌『新青年』の読者となり、「国力衰え、武風振るわず、民族の体質は日を追うて弱まる、これはなはだ憂うべき現象なり」と憂国の気持ちを文章にして投稿した（金　一九九六：三二頁）。やがて、友人たちと新民学会を組織し、湖南学生運動の中心となった。一九一八年夏、北京へ行き、恩師楊昌済《ようしょうせい》の紹介で李大釗《りだいしょう》と出会い、北京大学図書館の助手となった（スノー　一九七二：一〇二頁）。

李の影響でしだいに社会主義に傾倒し、湖南省長沙で共産主義グループをつくった。同じ頃、各地で共産党の前身組織がつくられ、一九二一年七月、中国共産党創立大会が開催された。七つのグループから代表一三人が集まった「新青年」たちの会議であった。出席者一五人の平均年齢は二八歳で毛と同じだった。この頃の毛はとりたてて人目を惹く存在ではなかったという（金　一九九六：七八頁）。数千年続いた王朝体制が落日を迎えるなかで生まれ育ち、救国の意志を抱いて立ち上がった多くの「新青年」のひとりであった。

共産党員として

共産党の創設大会後、湖南に戻った毛は労働運動に力をいれ、労働組合と党組織を発展させた。一九二三年の第三回党大会では共産党の指導部に初めて加わり、その後、国民党との合作が成立すると、国民党中央執行委員候補となり、短期間だが宣伝部長代理も務めた（金　一九九六：九二―九九頁）。

学生運動と労働運動の指導で経験を積んだ毛が、農民運動に従事するきっかけは、二四年末、病気治療のため帰郷したことだった。「農民のなかに階級闘争」があることを認識し、「中国の国民革命とは農民革命」であると考えるようになった。国民党中央部が主催する農民運動講習所の所長に任命され、「中国農民問題」などの授業をおこなった（金　一九九六：一〇九―一一五頁）。

一九二六年七月、国民党は各地の軍閥を倒して中国を統一することを目指し、国民革命軍を広州から北上させた（北伐）。進路では労働運動や農民運動が激発し、北伐の進撃を支えたが、過激な大衆運動は国民党内の反発を招いた。毛は行き過ぎがあるくらいでなければ農村の封建勢力を覆せないと擁護した（金　一九九六：一二五―一二六頁）。結局、運動の盛り上がりに脅威を感じた国民党右派と列強が手を結び、一九二七年四月、上海クーデターが発生した。多くの共産党員や運動員たちが逮捕殺害され、共産党組織は壊滅的打撃を受けた。

この挫折のなかで毛は軍事活動の重要性に気づき、「鉄砲による政権の奪取」を主張するようになった（金　一九九六：一三九頁）。以後、弾圧を受けた共産党は辺鄙な山村などに根拠地をつくり、武装闘争をおこなう。国民党による包囲討伐を受けるなかで、毛は遊撃戦の原則をつくりあげていった。

遊撃戦と土地革命によって政権樹立にいたった革命根拠地は、一九三〇年三月時点で大小あわせて約一五、紅軍は六万余人も存在した。国民党による中国統一はまだ余白部分が大きかった。こうした成果をもとに三一年一一月、江西省南部の瑞金に中華ソビエト共和国臨時政府が成立し、毛はその主席となった（石川　二〇二一：一〇二頁）。「政府主席」といっても実際には地方政府のリーダー程度であり、党中央からはしばしば批判を受けた。とくに三二年一〇月の寧都会議で軍の指導的任務から解任されるが、その後に国民党の包囲討伐が本格化し、紅軍は「長征」を開始する。軍の指揮から外されていた毛は、根拠地放棄の責を負わずにすみ、ある意味幸運だった。

陝北《せんほく》に落ち着いた共産党を、蔣介石は速やかに殲滅しようとしたが、日本の侵略行為がそれを許さなかった。抗日のため国共合作が成立し、その後共産党は急速に勢力を拡大していく。日本の侵略が共産党を助けた側面は否めない。

一九三七年一月、中共中央の機関と毛は延安に移り、四七年三月までの一〇年間をここで過ごす。その延安時代の前半は、まだ毛の権威は確立していなかった。遵義会議以降、徐々に毛の権威は高まっていたが、それはイデオロギー次元ではなく、革命の実践的指導者としての側面に限られていた（徳田　一九八一：一五八頁）。毛のライバルとなる王明がモスクワから帰国しても、コミンテルンの支持を受けた毛の地位はゆるがなかったが、毛はさらにイデオロギー面でも優位に立つべく、『矛盾論』などの代表的著作を書いた（石川　二〇二一：一四〇―一四一頁）。

そして一九四二年から本格化する「整風運動」が毛の絶対的権威を確立した。周恩来などの最上層部も含め、党員は自己の思想や行動を点検し、自己批判をおこない、また衆人から厳しい批判を受けて、毛沢東へ服従することになった（石川　二〇二一：一四二―一四四頁）。「毛沢東思想」という言葉が出現し、毛の路線を軸として党の歴史の書き直しがすすみ、毛はカリスマ的指導者となった。四五年の第七回党大会では「中国共産党はマルクス・レーニン主義の理論と中国革命の実践を統一した思想である『毛沢東思想』をもって、党のすべての工作の指針とする」と党規約をあらため、共産党は正式に「毛沢東思想」の党となった（徳田　一九八一：一七二―一七五頁）。

日中戦争終結後まもなくして、国共両党は内戦へ突入する。兵力、装備や武器いずれも蔣介石側が有利であった。彼我の差に直面して、毛は人びとに蔣介石の脆弱性を印象付ける言葉を与えた。「反動派は張り子の虎」であり、真に強大な力をもち、勝敗を決めるのは人民である、と（金一九九六：七六八―七六九頁）。毛の「予言」通り、国民党側の有利は一年ほどで失われ、一九四七年夏以降、共産党側が攻勢に転じる。四八年には圧倒的優勢となり、四八年後半から四九年にかけて戦われた三大戦役で勝敗が決した。

中華人民共和国の領袖として

その後の毛の歩みは、人民共和国の歴史そのものでもあり、限られた紙幅では紹介しきれない。ここでは、近年の中国の辞典でどのような説明をしているのかみておく。

建国後、全国人民を指導して土地改革とその他の民主改革の任務を完成させ、深刻なダメージを受けていた国民経済を回復。抗米援朝戦争をおこない、過渡期の総路線と我が国最初の社会主義憲法を主となって制定した。一九五六年、「十大関係論」の報告。一九五七年に「人民内部の矛盾を正確に処理する問題について」を発表。同年夏、反右派闘争を発動。一九五八年、「大躍進」運動と人民公社化運動を軽率に発動した。一九五九年七月、中共中央政治局廬山会議の後期に、あやまって彭徳懐批判をおこし、さらには全党内で「反右傾」闘争を展開した。一九六三年、都市と農村で社会主義教育運動をおこした。一九六六年、十年もの長きにわたる「文化大革命」運動を発動した。一九七四年、三つの世界論を提起。一九七六年九月九日零時十分、北京にて病気のため死去。長期の革命実践において、毛沢東は中国共産党と中国人民解放軍の創設と発展、中国各民族人民の解放事業の勝利、中華人民共和国の誕生と中国社会主義事業の発展のために、永久不滅の功績をたてた。しかし、彼はあやまって重大な損失をもたらしたこともある。「中国共産党中央委員会の建国以来の党の若干の歴史問題に関する決議」では、毛沢東が晩年に深刻なあやまちを犯したけれども、その一生をみれば、彼の中国革命に対する功績が過失を大きく上回ると指摘する。主要著作は

『毛沢東選集』など（李盛平主編　一九八九：六七―六八頁）。

このように現在の中国では、大躍進運動以降の過ちを認めつつ、それでもなお功績が大きいと評価する。これは一九八一年の歴史決議の評価であり、党としての公式見解である。この枠組みが強固なため、大躍進以降の毛については詳細に描くことが難しく、ドラマや映画でも、毛の青年時代から大躍進前までが繰り返し描かれている。

二　「二万五千里長征」の神話

「長征」の回想録

一九三六年夏、米国人のエドガー・スノーが延安を訪れた。毛はこの機に全世界へ紅軍を宣伝しようと、長征体験者の回想録を計画する。毛のよびかけに対して、二か月で二百篇余りの体験記が寄せられた。スノーはその一部を読んだようだ。翌年、英語圏で出版された『中国の赤い星』は、中共指導者の素顔を描いて世界的反響を呼んだが、「長征」についても一章を使い「軍事史上の大偉業」として紹介している。国民党統治下では報道が制限され、あまり知られていなかった紅軍の奮闘ぶりが、世界的に有名な奇跡として語られるようになった。

『赤い星』の中国語訳は一九三八年に上海で公刊されたが、元となった回想録の公刊はずいぶん後のことになる。第二次国共合作の成立をうけ、国民党との対決を描いた回想録の公刊は控えられたようだ。四二年になって体験記百篇と詩歌十首などが内部資料として出版された（『紅軍長征記』）。以後、四二年版をもとに何種類かの回想録が出版されたり、一部が内部刊行物に掲載されたりしたが、いずれも読者は狭い範囲に限られていた。五五年に『中国工農紅軍第一方面軍長征記』が出版されて、ようやく多くの読者に届けられた（劉　二〇〇六：一―三頁）。

一九五七年、人民解放軍三十周年を記念して、大規模な回想録の出版が企画され、長征に関する原稿もあらためて募集された。このときの回想の叙述は四二年版と大きな違いがある。四二年版が体験直後のまだ記憶が新しいときの記録であり、素朴な感想を記しているのに対し、五七年版は二十年が経過するなかで消化・加工された記憶であり、当時は知りえなかった上層部の動向や歴史的評価を付け加えたものもあった。たとえば、四二年版では遵義で名物料理を楽しむなど「プチブル的」生活を享受したことは書かれているが（劉　二〇〇六：二一七―二二二頁）、「画期的な」遵義会議には全く触れられておらず、会議前後で兵士たちの士気が変化したことも書かれていない。そもそも毛沢東の名前もわずかにしか出てこないのである。五七年版では、遵義会議の画期性が強調され、毛が主導権を握ったことで全軍が奮い立ち、「希望の光がさしこんだ」と書き（岡本　一九七二：一五頁）。さらに「毛主席の運動戦のご利益」だとか、「毛主席の指揮面での神わざ」といった毛を讃える語句が散見する。「整風運動」後の毛の絶対化、歴史の書き直しの産物といえる。素材であり原石であった四二年版が、加工され、不純なものが取り除かれ、毛を中心とした神話となった。そしてこの神話を構成する各物語は、さらに美化され脚色されて多くの文芸作品となっていった。

「長征」の舞台芸術

「長征」をテーマとした文芸作品（以下、長征作品）のなかで最も人口に膾炙したのは、「七律・長征」などの毛が詠んだ詩詞であり、それらは歌となり現在まで歌いつがれている。「長征」では多くの歌が生まれたが、そうした兵士の愛唱歌も使った三幕の歌劇「長征」が一九五一年八月一日に初演された。これは人民共和国成立後、最初に創作された長征作品であり、また毛沢東を舞台に登場させた最初の作品でもあった。一七人の勇士が大渡河を強行渡河する有名な場面で、毛役の俳優が現れると歓声があがり、「毛主席万歳」と唱えられた。セリフは「同志たち、成功を祈る」の一つだけで、出番もわずかであったが大変評判になった。これを見た毛は「革命や長征を書くことには賛成するが、わたし毛沢東を菩薩にして拝まないでくれ」と苦言を呈し、ほかの指導者たちも描くよう作者の李伯釗に伝えた（王　二〇一六：二七頁）。長征体験者でもある李は「革命の集団主義と楽観主義の精神を褒めたたえ」ようとしたのであって、彼女にとって兵士たち、つまり集団を描くことと、毛沢東個人を突出させることは矛盾しなかった。兵士たちはみな毛沢東思想によって導かれ英雄になったと考えたからだ（李　一九五一）。

このように長征作品は、数々の試練を克服した党・紅軍の勇気、忍耐強さ、同志愛（集団的要素）がまず描かれ、そうした偉大さの源として毛主席の英邁な指導と毛沢東思想の正しさ（毛沢東要素）を讃えるのであった。ただし、毛の発言にもみられるように、五〇年代には個人の要素を過度に強調することに抑制的であり、長征映画として名高い「万水千山」（一九五九年）でも、幹部が敵の裏をかく毛の作戦を代弁するくらいしか毛沢東要素は出てこない。当時の宣伝部門は超人的英雄を描くことに否定的で、個人の要素よりは、党と上級の指導や集団としての英雄的精神を描くよう指導をおこなったり（袁　一九九九：一〇八―一〇九頁）、党の集団指導原則を軽視することにつながる個人崇拝傾向を検査したりした（袁　二〇〇一：二五頁）。

毛沢東に対する崇拝傾向は庶民の間でしだいに高まっていくが、一九六三年に毛沢東の詩集を発行するさいにも誕生日と関連させないように通知を出すなど（袁　二〇〇九a：四〇三頁）、政府としては一定のタガをはめていたといえる。そのタガが外れて無制限に拡大していくのは六四年頃からである。同年三月、毛沢東思想を普及させるために編集された『毛沢東著作選読』が中学・高校の政治課の教材として採用され、大量に発行され始めた。五月には文革期に聖典となる『毛主席語録』が刊行され、『毛沢東選集』も含め毛沢東の著作が以前とはけた違いに大量に発行されることになった。『毛沢東選集』は五一年の第一巻発行以来、一五年間で約一〇〇〇万部を発行していたが、六六年にはその半分にあたる五〇〇〇万部を発行する計画がたてられ、当時の用紙供給と印刷能力を最大限に使うことが求められた。

毛の肖像画も同様である。従来は品質保持のため抑制され、つねに供給不足だった毛の肖像画や毛をモチーフとした作品が、六四年頃から積極的に制作され、大量に発行されていく。庶民が好む年画や連環画（漫画）は、毛がよびかける「階級闘争」の武器と位置付けられ、党とその指導者をたたえる作品を制作することが計画された（袁 二〇〇九b：三五一―三五四頁）。こうして、文革前夜、中国社会に毛の著作と毛の肖像類が急激にあふれ出していった。

こうした政治情勢のなかで、長征作品にも毛沢東要素が突出してくる。とくに有名なのが、建国一五周年を記念した大型歌舞「東方紅」（一九六四年初演）と長征勝利三〇周年を記念した大型合唱曲「長征組歌」（一九六五年初演）である。どちらも周恩来の積極的関与と指導によって完成した。前者は中国革命全体を描く作品だが、全八場のうち長征に一場をあて、数多あるモチーフのなかでもとくに重視されているといえよう。

後者は長征幹部である蕭華《しょうか》が作詞し、軍の文芸工作団が作曲、演出した合唱ステージである。単に歌を聴かせるだけの従来の合唱と異なり、「長征組歌」は「東方紅」に類似した演出により観客を魅了した。指揮者もふくめ出演者全員が紅軍の軍服をまとい、セリフや振り付けもあり、聴衆に「有名な長征が目の前に現れた」と感じさせた。両作品ともに共通するのは、毛の肖像をバックに映すなど毛の領袖イメージを突出させた点であった。「組歌」の一曲「四渡赤水出奇兵」は、毛自身が「会心の作」だったと振り返る奇襲作戦を描いたもので、男性ソロが「毛主席の用兵はまことに神のごとし」と繰り返し歌った。

毛神話の重要パートである長征神話は、文革が始まると微妙な位置に置かれる。人民共和国で高い地位を占めた長征幹部らが、つぎつぎと失脚したからである。蕭華も六七年に失脚し、「組歌」の公演もできなくなった。蕭の復活をうけて一九七五年に再演され、その後は長征勝利六十周年記念（一九九六年）や建党百周年（二〇二一）といった節目の年に公演がおこなわれている。

このように、毛なき後にも毛を讃える歌や劇は再生され続けている。さらに毛の死後には、生前できなかった誕生日の祝賀行事や、映画・ドラマなどで役者が演じることも可能になった。毛を主人公とする映画は彼の死後三〇年間で四〇本以上も制作されたが（王　二〇〇七：八四頁）、その最初の映画は長征作品『四渡赤水』だった（郭　一九九二：四一頁）。

「長征公園」と「長征之歌」

すでに九〇年近くが経過する長征に、現在またもや熱い視線が向けられている。「長征公園」が各地で建設されていることは前述したが、これは二〇〇〇年頃から政府が力を入れている「紅色旅游」（革命関係の遺跡や展示施設などをめぐる旅行）の延長線上にあるようだ。とくに長征で通過した地域は、辺鄙でいまでも経済的に立ち遅れているところが多い。そうした地域に長征関係の立派な施設をつくり、観光客を呼び込もうとしている。たとえば、遵義市では二〇一七年に「紅色旅游」の観光客が延べ三七〇〇万人余りあり、旅行関連収入二七六億元以上を得て、同市の三万五〇〇〇人が貧困から脱することができたと報じられている（『人民日報』二〇一八年二月六日）。

二〇二三年に中国中央テレビが放映した『長征之歌』（全六回、各回五〇分）は、各地の「長征公園」を切り口にして、当地の歴史や文物・人物、最近の成果などを紹介するもので、高い山の上に屹立する紅軍兵士の銅像や巨大モニュメントを映し出す。途中挿入される長征体験者のインタビュー映像は歴史資料としても貴重だと思われるが、単に歴史として長征を振り返るのではなく、現在を強く意識したものとなっている。たとえば、「四渡赤水」で有名な赤水河は、川沿いに茅台酒の醸造所が多くあり、その排水で水質汚染が深刻だった。番組では水質改善に取組む人びとの奮闘ぶりを紹介し、習近平の「どの世代にもその世代の長征があり、みな自分の長征を歩まなければならない」という長征八〇周年大会における言葉（『人民日報』二〇一六年一〇月二二日）で総括する。

番組の語りには、毛沢東要素も含まれてはいるが、それほど突出したものではなく、毛よりも習の映像のほうが多用されている。また、公園内の烈士記念碑や陵園などでおこなわれる追悼行事を映し、「烈士」の遺志を受け継ぐ使命を訴えかける。「烈士」には、長征の難所であった夾金山でパンダの保護活動中に亡くなった人物など、近年殉職したものも含まれる。いまの中国をつくるのに貢献した人びと（ほとんどは党員）を「烈士」ととらえ、「烈士」たちの流した血を無駄にしないため、現代に生きる中国人もまた同様に尽力しなければならない、そうしたメッセージが込められている。

三　「抗米援朝」の神話

「抗米援朝」運動

朝鮮戦争でも多くの血が流れた。一九五〇年一〇月から五三年七月までの二年半、中国軍はアメリカ軍を中心とした国連軍と激戦をくりひろげた。武器装備で劣る中国側が頼みにしたのは、人海戦術であり、過酷な環境にも耐える兵士の忍耐力や自己犠牲の精神だった。敵の機関銃を自分の胸でふさいで仲間を援護しようとした黄継光、偵察任務中に焼夷弾の火が着火しても声をあげることなく焼死した邱少雲など、壮絶な最期をとげた英雄が数多く生まれ、戦時中からその物語がひろく伝えられた。

中国の参戦は毛沢東が強く主張して実現したもので、正規軍の派遣であったが、表向き「アメリカの侵略行為に憤る志願軍である」とし、毛の姿を前面に出すことは少なかった。戦争を支える「抗米援朝」運動も、実際には政府が上から動員したものであったが、人民の自発的行為であるように演出された。政権樹立後まもなく、いまだ国民意識の薄い人びとが多いなか、早熟的に民衆の貢献を求めたのが「抗米援朝」運動であり、「愛国主義」運動を強制し、「国民」が創られていった（泉谷　二〇一三）。

一般民衆の戦争に対する反応はまちまちであった。どこで戦争が起きているのか知らなかったり、無関心なものもいたが、多くのものが再度戦争に巻き込まれること、世界最強のアメリカ軍と戦うことを不安に感じた。共産党政権の先行きを案じて、政府のために働くことを嫌がる幹部が現れ、戦争協力の寄付金を出ししぶるものもいた。政府はこうしたさまざまな反応を調査して内部限定の刊行物『内部参考』に掲載し、逐次情報を共有した。

人びとの不安や不信、戦争協力への不満を抑えるために、政府は参戦以降、とくに戦況が不利となった一九五一年春以降、宣伝や愛国教育にいっそう力をいれた。日本・米国・蔣介石の歴史的な罪状を告発する活動をおこない、メーデーには全国で一億九〇〇〇万人もが参加するデモ行進や集会を組織した。デモ行進では毛沢東像をかかげるものが多かった。毛などの領袖像は建国以来、営利目的で勝手に制作、販売されることがあったが、当局はイメージを損なうとして規制をかけていたので、誰でも自由に購入できるものではなかった。ただし、「抗米援朝」運動のなかで愛国公約運動が展開されたとき、国営新華書店は図像も含め「抗米援朝」に関連する書籍一億冊を販売すると公約したので、一時的に大量の肖像画が制作、販売されたのだと思われる。

庶民には参戦にいたる上層部の動きなどは知る由もなかったが、国の行く末を決める大きな決断に毛の「指導」があることは明白であった。寄付運動では毛の肖像画をバックに写真をとり、デモ行進では毛の肖像画を掲げ、また志願軍兵士に与えられた記念バッジには毛の横顔がデザインされた。最終的に戦争に「勝利」したことは、毛の英邁さをあらためて証明するかのようにとらえられたことだろう。

「長征」神話でもそうであったように、毛沢東要素の強調は五〇年代には抑制されていたが、六〇年代半ば以降、とくに文革中にピークに達する。文革中、ほとんどの演劇が批判を受け上演できなくなるなか、江青ら文革派が指導する革命模範劇八作品だけが繰り返し上演された。そのひとつ「奇襲白虎団」は朝鮮戦争中の実話をもとにした物語で、志願軍兵士が敵の本拠地に潜入するスリリングでアクロバティックな現代京劇である。現在あらためてみると、登場人物が繰り返し「毛主席の教え」を口にするのは、やや滑稽に感じる。

「上甘嶺精神」

多くの戦闘英雄を生んだ上甘嶺《じょうかんれい》戦役（一九五二年秋、北朝鮮の上甘嶺とその周辺で起きた中国軍と国連軍との激戦）も有名である。わずかな土地をめぐる激烈な攻防で、武器装備に劣る志願軍が地下道にもぐって陣地を守り抜いた。食糧も水も欠乏するなか兵士たちは耐え抜き、敵を撃退した。毛はその「英雄的業績」を聞かされてすぐに映画化を指示したという。映画『上甘嶺』（一九五六年）は建国初期を代表する映画となり、地下道の場面で歌われる「我的祖国（わたしの祖国）」も愛唱された。抒情的で美しいメロディが中国人の祖国と平和を愛する気持ちを表現しているという。この曲は、朝鮮戦争七〇周年と建党百周年を記念して製作されたドラマ『跨過鴨緑江』（全四十回）のエンディング曲にもなった。

映画『上甘嶺』は近年リマスター版が公開され、教育の現場でも活用されている。上甘嶺の兵士たちに倣う「上甘嶺精神」は現在政府が推奨する革命的精神のうちのひとつである。いかに教育に活用するか、教育専門雑誌『上海教育』(二〇二一年六月)ではつぎのように、年齢にあわせた教育内容を提案している。

小学校五年生:「保家衛国、独立自主」……抗米援朝の勝利は、西側の侵略者が数百年来やってきた東洋の海岸に大砲を並べて、その国を占領するというやりかたが、もはや通用しないことを西側に証明した。

中学校二年生:「国家利益を守る」……国家利益を守るためにはときには個人の利益を捨てる必要があり、自分の命すら差し出さなければならないこともある。

高校:「中華民族の精神を発揚する」……五千年の発展のなかで中華民族は愛国主義を核として、団結統一、平和を愛し、勤労勇敢、たえず努力する偉大な民族精神を形成してきた。

また、ある小学生は映画『上甘嶺』を観て、つぎのような作文を書いた(呂 二〇一〇)。

頑強で不屈の戦士、困難にひるまない戦士、生死を度外視する戦士、このような戦士がいたから勝利でき、私たちの平和で幸せな今日がある。「みなさん、私たちのいまの生活は当たり前ではないのです! 無数の烈士たちの命と引き換えに得たものです」。「社会主義建設の立派な後継者になりましょう」。

「長征」の現代的活用と同じく、「抗米援朝」の神話もまた、多くの烈士・英雄が犠牲になったからこそ、いまの体制を変えてはならないという。「長征精神」や「上甘嶺精神」が現在提唱されるのは、それが現体制の正当化に感情面で訴える力を持つからだろう。

おわりに

文芸作品で政治宣伝やプロパガンダをおこなうのは中国共産党のお家芸であり、党の創設時代から一貫しておこなわれてきた。その多くは過酷な革命実践をもとにしたもので、いまの若い世代から共感を得られるのかは疑問である。長征途上や朝鮮戦争の前線で食料がなく皮ベルトや雪を食べたといった逸話は、いまの豊かな時代の若者には想像しがたいだろう。「長津湖」といった壮絶な戦闘を描く映画が商業的成功をおさめているが、CGを駆使した上質な娯楽映画として消費されているだけかもしれない。九〇年代初めの毛沢東ブームのとき、毛沢東グッズが大量生産、消費され、かつては神聖だった領袖像が単なる商品になってしまったように、英雄の美談も消費されてしまっているともいえないのだろうか。

しかし、「長征」や「抗米援朝」の物語を繰り返し耳にし、また「紅色旅游」で実地に体験したりすることで、知らず知らずのうちに、共産党がつくりだした神話の世界観を受容していくのだろう。「長津湖」が中国で空前の大ヒットとなりながら、日本などでは話題にもならないのは、国民のもつ世界観があまりに違うからではないだろうか。

共産党と軍が毛沢東の正しい指導により危機から再生した「長征」、それは党と軍の創生神話といえる。国民党に追い詰められた共産党が息をふきかえすのは、実際には日中戦争中のことである。この外敵の侵略に抵抗し打ち勝ったというのが「原体験」となり、共産党と毛沢東を「救世主」とした。建国後は朝鮮戦争を戦うために国内の統制が強化され社会主義化が進み、全国的愛国主義運動は全国民の共通体験となり、またその結果「勝利した」という「成功体験」を得た。毛沢東による正しい指導のもと、人びとが一致団結すれば、どんな困難にも打ち勝つことができるという神話が再現されたのである。

現在制作される映画やドラマのなかの毛沢東は、神のような存在ではない。ときに慈愛にみちた父親であり、ときに妻を労わる夫であり、人間味にあふれている。毛沢東の英邁さ、指導の正しさとともに、党内の同志たちとの絆を強調する場面が多く、毛沢東要素と集団的要素のバランスをとっているようだ。

生前の毛沢東は、党や国家を象徴する「ポストとしての毛沢東」と、生身の人間としての毛沢東とが合体したものであったが、庶民が後者に触れることはほとんどなかった。毛の死後、ある農民が「いまは誰が毛主席ですか」とたずねたというが、それは前者の「ポストとしての毛」であろう。党のトップ＝「ポストとしての毛」は無謬であり英邁でなければならない。現在の習近平もたとえ表向きの演出だけだとしてもそうでなければならない。そして「ポストとしての毛」

を核心とし、国のために自己犠牲をも厭わない党員や人民が団結しなければならない。こうしたメッセージが習近平が推奨する「四史」学習の「歴史」には通奏している。

＊注

(1)「二万五千里長征」というネーミングは毛沢東が陝北に到着してすぐにおこなった演説に由来するようだ。その後も「二万里」というときもあったが、しだいに「二万五千里」が定着して固有名詞化し、それ以外の呼称が許されなくなった（丁二〇一六：五頁）。中共中央宣伝部党史資料室編『党史資料』一九五四年第三期に収録されている「経由地点および移動距離一覧表」によれば、第一方面軍の総移動距離は一万八〇九五里であった。

(2) Youtube ですべて視聴できる（https://www.youtube.com/watch?v=KCHZQOxC0is）二〇二三年五月六日最終閲覧。

(3)近年、教育の場で革命的映像教材をみて作文を書かされることが多いのだろう。ネットで検索すると、こうした「模範的作文」を多く探すことができる。

(4)毛沢東を描いた肖像や絵画などを網羅的に研究した楊昊成は、このエピソードを紹介し、農民たちは毛が亡くなっていることは知っていながら、「毛主席」以外の「主席」を受け入れられないかのようだ、と述べている（楊二〇〇九：二四三頁）。

【参考文献】

（日本語）

石川禎浩（二〇二〇）「毛亡き後に神話を守る――遵義会議をめぐる文献学的考察」石川編『毛沢東に関する人文

学的研究』京都大学人文科学研究所。

石川禎浩（二〇二一）『中国共産党、その百年』筑摩選書。

任佑卿（イムウギョン）（二〇一八）「『最も愛すべき人』――朝鮮戦争帰還捕虜と新中国の英雄叙事の陰」『アジア現代女性史』第一二号。

泉谷陽子（二〇一三）「抗米援朝運動の広がりと深化について」奥村哲編『変革期の基層社会』創土社。

エドガー・スノー、松岡洋子訳（一九七二）『中国の赤い星（増補改訂版）』筑摩書房。

岡本隆三編、井口晃訳（一九七二）『中国人民解放軍戦史　星火燎原三　長征』新人物往来社。

徳田教之（一九八一）「延安時代と毛沢東路線の確立」中嶋嶺雄編『中国現代史』有斐閣。

丸田孝志（二〇一九）「毛沢東の物語の成立と展開」『東洋史研究』七七巻四号。


（中国語）

袁亮主編（一九九九）『中華人民共和国出版史料五（一九五三年）』北京：中国書籍出版社。

袁亮主編（二〇〇一）『中華人民共和国出版史料七（一九五五年）』北京：中国書籍出版社。

袁亮主編（二〇〇九a）『中華人民共和国出版史料一二（一九六二-六三年）』北京：中国書籍出版社。

袁亮主編（二〇〇九b）『中華人民共和国出版史料一三（一九六四-六五年）』北京：中国書籍出版社。

王少英（二〇〇七）「従景片到血肉之躰――浅淡毛沢東電影形象的変遷」『当代電影』二〇〇七年第二期。

王友平（二〇一六）「紅色戯劇家李伯釗与長征文芸宣伝」『四川戯劇』二〇一六年第一一期。

郭向星（一九九二）「〝毛沢東〟奇人奇事奇遇録」『炎黄春秋』一九九二年第六期。

金冲及主編（一九九六）『毛沢東伝（一八九三-一九四九）』北京：中央文献出版社（金冲及主編『毛沢東伝（一八九三-一九四九）』上・下巻、村田忠禧・黄幸監訳、みすず書房、一九九九・二〇〇〇年）。

倪徳剛（二〇一五）「従「三個二十八年」看毛沢東」『毛沢東研究』二〇一五年第一期。

中華人民共和国教育部教師工作司（二〇二一）「『四史』学習教育資料彙編」（http://www.moe.gov.cn/jyb_xwfb/moe_2082/2021/2021_zl37/sishixuexi/）二〇二三年四月二〇日最終閲覧。
丁暁平（二〇一六）『世界是這様知道長征的：長征叙述史』北京：中国青年出版社。
楊昊成（二〇〇九）『毛沢東図像研究』香港：時代国際出版有限公司。
李盛平主編（一九八九）『中国近現代人名大辞典』北京：中国国際広播出版社。
李伯釗（一九五一）「我怎様写『長征』」『人民日報』一九五一年八月一日。
劉統整理注釈（二〇〇六）『親歴長征――来自紅軍長征者的原始記録』北京：中央文献出版社。
呂曼（二〇一〇）「観《上甘嶺》有感」『小雪花（小学快楽作文）』二〇一〇年第六期。

第二章　北朝鮮　金日成
——「偉大な首領様」の神格化

礒﨑敦仁

はじめに

二〇一九年に改正された北朝鮮（朝鮮民主主義人民共和国）憲法の前文（「序文」）は、「朝鮮民主主義人民共和国社会主義憲法は、偉大な首領金日成《キム・イルソン》同志と偉大な領導者金正日同志の主体的な国家建設思想と国家建設業績を法文化した金日成・金正日《キム・ジョンイル》憲法である」との一文で締めくくられている。一九九八年の憲法改正以来、初代最高指導者である金日成（一九一二〜九四）が「朝鮮民主主義人民共和国の創建者」「社会主義朝鮮の始祖」だと明文化されていることだけを見ても、一九四八年の建国から七〇年以上が経過してもなお「建国の父」が体制正統性の訴求手段として機能していることは明確である。

金日成

本章では、北朝鮮で「建国の父」の姿がいかに構築され、さらに後継エリートによっていかに継承、発展されてきたかを明らかにする。金日成の政治的な歩みとその体制については、参考文献に挙げる論考のほかにも多くの先行研究がある。それらを参照したうえで、北朝鮮国民に事実上の講読義務が課されている朝鮮労働党中央委員会機関紙『労働新聞』が金日成の「業績」をいかに伝え、彼の肖像画や敬称をいかに扱ってきたかをたどる。それにより、金日成の正統性が「建国の父」であるのに対し、二代目の金正日と三代目の金正恩《キム・ジョンウン》は「建国の父」の「業績」を継承して発展させる者であることを誇示することで世襲――「白頭の血統」「万景台の家門」――の正当化が図られたことを再確認できる。

一　建国前後期（一九四五―四九年）

一九一二年四月一五日、金日成は金聖柱《キム・ソンジュ》の名で平壌《ピョンヤン》に誕生した。父・金亨稷《キム・ヒョンジク》は私塾教師であり、母・康盤石《カン・バンソク》はキリスト教会長老の娘であった。正史『朝鮮労働党歴史』によれば、一九二六年には一四歳にして「打倒帝国主義同盟（トゥ・ドゥ）」を組織して抗日革命運動をリードしたことになっており、トゥ・ドゥ創設時に行ったとされる演説は『金日成全集（増補版）』第一巻の冒頭に所収されている。[*1] 一九三二年に旧満州の安図で組織したという朝鮮人武装隊が、現在では朝鮮人民革命軍と称され、正規軍である朝鮮人民軍の前身とされる。一九四二年には妻・金正淑《キム・ジョンスク》との間に長子・金正日が誕生している。*2

金日成は、一九四五年八月一五日の「解放」を旧ソ連地域で迎えてからほどなくしてソ連軍とともに朝鮮半島に帰還し、一〇月一四日に平壌で開催された集会で登壇している。同月、ソ連軍の強力なバックアップにより朝鮮共産党北部朝鮮分局が創設され、『労働新聞』の前身となる機関紙『正路』も創刊された。一二月の第三回拡大執行委員会で金日成は早くも組織トップである責任書記に就任している。北部朝鮮分局は、一九四六年四月に北朝鮮共産党、八月に北朝鮮労働党へと改称しながら拡大発展していった。

党組織の整備と並行して一九四六年二月には政府の祖型となる北朝鮮臨時人民委員会が成立したほか、一九四八年二月には党軍として朝鮮人民軍が創設された。その際、初代最高司令官に就任した崔庸健《チェ・ヨンゴン》が「われらの首領金日成」と口にするほど、金日成の台頭ぶりは著しいものであった。金日成は同年九月九日の建国に際して政府の首班である首相になっており、三六歳という就任時の年齢とその後の長寿が体制長期化の大きな要因になった。*3

『正路』に初めて金日成の顔写真が載ったのは、分局責任書記への就任を伝える一九四五年一二月二一日付であり、「金日成同志の輝かしい闘争史」と題された小さな記事に添えられたものであった。その後、金日成称揚は加速化し、翌一九四六年には北朝鮮文学芸術総同盟中央委員会委員長を務めた韓雪野《ハン・ソルヤ》による「英雄金日成将軍」という伝記が連載されるようになる。

また、一九四七年元日付『労働新聞』の第一面最上部に金日成の肖像画が描かれて以来、最高指導者の肖像画が同紙元日付に大きく掲載されるのは恒例となった。さらに、初の最高人民会議代議員選挙では、投票所に金日成の大きな肖像画が掲げられていたことが『労働新聞』一九四八年八月二六日付で確認できる。紙面には金日成の「お言葉」も大きく掲載された。[*4]

一九四六年一〇月には「金日成総合大学」が創立された。[*5] その後「金日成軍事大学」「金日成高級党学校」なども設置されたが、ソ連や中国に「スターリン大学」「毛沢東大学」が存在しなかったことに比べると、金日成称揚は相当に前のめりで進捗していたと言える。

ただし、解放直後から当分の間は党機関紙に金日成の肖像写真や肖像画が掲載されても、それが大きく載る際にはヨシフ・スターリンのものと並べられるのが常であった。「解放二周年」を記念する一九四七年八月一五日付『労働新聞』第一面最上部に両者の肖像画が描かれたほか、翌年の同日付にも二人の大きな顔写真が掲載された。

ソ連共産党の権威を前提とした朝鮮共産党北部朝鮮分局の組織で中心となったのは、ソ連国籍を持つ朝鮮人グループのソ連派と、金日成を中心としたパルチザン派であった。金日成は、ソ連派の協力を得て責任書記に就任して以降、常に北朝鮮地域の共産主義運動の中核に位置した（平岩 二〇一三：三二―三四頁）。金日成の存在を短期間で浸透させるには、スターリンと同格であるがごとく宣伝するのが有効と考えられたのであろうが、その過程にソ連軍政がいかに関与したかについては不明点が多い。

二　朝鮮戦争・社会主義建設期（一九五〇―六九年）

一九五〇年六月二五日に朝鮮戦争が勃発した翌日には金日成が軍事委員会委員長に就任し、「アメリカ帝国主義と李承晩《イ・スンマン》徒党の北侵」という危機的状況を活用して党内の政敵を次々と排除していった。金日成にとって最大の政敵であった朴憲永《パク・ホニョン》副首相兼外相は「米帝の雇用間諜」だったとして一九五五年に死刑判決を受けた。

金日成自身は、一九五三年二月七日に共和国元帥の称号を授与され、七月二七日の休戦以降は「祖国解放戦争の勝利」という手柄を掌中にする。翌年には平壌中心部に「金日成広場」が竣工した。[*6] モスクワの赤の広場や北京の天安門広場と異なり、平壌の広場には最高指導者の個人名が冠されたのである。なお、同時竣工した「スターリン通り」「毛沢東広場」は後年にそれぞれ「勝利通り」「凱旋門広場」へと改称された。

ソ連は朝鮮戦争に直接介入しなかったばかりか、一九五三年にスターリンが死去したため、戦後の金日成はモスクワの影響力を借りずに指導力を発揮していく。毎年「解放記念日」（八月一五日）の『労働新聞』は朝鮮解放に対するソ連の貢献ぶりを大きく取り上げていたが、金日成とソ連の指導者が同格で称えられるのは一九五四年で最後となった。この時、金日成とゲオルギー・マレンコフの写真が並び、「偉大なソビエト軍隊の武力によって朝鮮人民が長い日帝植民地統治から解放された民族的名節の八・一五 九周年記念万歳！」とのスローガンが提示されて以降、朝鮮解放の文脈でソ連指導者の写真が大きく掲載されたことはない[*7]。

金日成に対する個人崇拝のバロメーターとしては、ソ連指導者との距離感とともに「忠誠」表現の変化も見ておくべきであろう。そもそも「忠誠」は「祖国」に対するものであって特定の個人に対して使われる用語ではなかった[*8]。しかし、戦争中の一九五一年五月九日付には「敬愛する首領金日成将軍に起業家や商人が愛国的忠誠を誓う」との表現が見られ、この頃から金日成への「忠誠」が散発的に登場するようになる。

休戦後、一九五四年七月一四日付で「祖国の平和的統一達成のために党と首領に忠誠を誓う」、一九六三年八月二三日付で「党と首領に差し上げる赤い哨兵の忠誠の歌」といった記事が見られたように、党と首領が同列で忠誠の対象になる。そして、金日成による個人支配が強化された一九六七年には、六月二日付の記事「首領に対する忠誠の心が胸ごとに燃える」のように「首領」個人への忠誠心についての言及が急増する。

「首領」呼称はもともと金日成専用の用語ではなく、一九四〇年代の『労働新聞』（前身の『正路』含む）では金日成やスターリンのみならず、「ハンガリーの首領」といった言い回しで外国首脳にも使用されていた。朝鮮戦争期には一九五〇年九月四日付の記事「全人民の敬愛する首領であられる共和国内閣首相金日成将軍宛」のように「敬愛する首領」と呼ぶことも多くなった。また、一九五二年九月四日付では「偉大な首領たちの略伝を研究」と題した記事で、金日成をウラジミール・レーニンやスターリンと同列にして初めて「偉大な首領」と呼んでいる。「偉大な首領」はカール・マルクスに用いられたことも確認できる。戦争中には首領の『略伝』学習も開始された。[*9] 現在では、当時一〇歳だった金正日が「金日成将軍の略伝研究小組」を結成したとされ、その業績に数えられている[*10]（『金正日同志伝記』二〇〇二：六三頁）。一九五九年からは金日成を称揚する『抗日パルチザン参加者たちの回想記』の出版も始まった。

『労働新聞』一九五六年一月二日付の「われわれの敬愛する首領金日成首相様に差し上げる手紙」では、「一九五六年の新年祝賀集会に参加した平壌市少年一同」が金日成を「敬愛する首領」であると同時に「首相様」と呼んでいる。訪朝したキューバ政府代表団が記者会見を行ったことについての一九六〇年一〇月二七日付の記事では「朝鮮人民は自らの政府と労働党と偉大な首領金日成首相の領導下に歴史的偉業を必ず実現することを確信する」と題して金日成を単独で「偉大な首領」と呼んだ。一九六三年一二月三一日付に掲載された写真には「ペ・インスン同志の家庭では党と首領様に絶えぬ感謝を差し上げている」とのキャプションが添えられ、金日成は初めて「首領様」と呼ばれることになり、その後もこの表現は散発的に出現した。[*11]

さらに、第二回党代表者会を目前に控えた一九六六年一〇月一〇日の党創建記念日を機に、『労働新聞』の題字横に掲げられるスローガンとして「朝鮮人民の敬愛する首領金日成同志万歳！」が登場した。一九六七年には金日成を「首領様」と呼ぶことが完全に定着し、五月四日から八日の党中央委員会第四期第一五回会議と六月二八日から七月三日の第一六回会議において「党の唯一思想体系を確立」することが宣言された。金日成自ら「首領」という言葉を用い、党は完全に首領に従属することとなったのである（鐸木　一九九二：五八頁）。一九六八年には「敬愛する首領」や「父なる首領様」「人民のオボイ（親）」など金日成の呼称が多様化していった。

同じ時期、義務教育課程における金日成称揚も顕著なものとなった。小学校で「偉大な首領金日成大元帥様の子ども時代」が、中学校で「偉大な首領金日成大元帥様の革命活動」がそれぞれ一九六八年に科目化されたのである。「国語」や「数学」に比べて随分と長いが、いずれも正式な科目名である。また、他の教科においても金日成に対する称揚表現が見られ、一九七六年の小学二年生向け『国語』教科書には「金日成」の名が七五％の章で登場した（チョン　二〇一六）。現在では、日本の中学校にあたる初級中学校において「偉大な首領金日成大元帥様の革命活動」のほか「偉大な領導者金正日大元帥様の革命活動」「抗日の女性英雄金正淑お母様の革命活動」「敬愛する金正恩元帥様の革命活動」がいずれも科目化されている。

三　後継者擁立期（一九七〇―一九九四年）

一九七二年一二月には従来の「朝鮮民主主義人民共和国憲法」（旧憲法）に代わり、「朝鮮民主主義人民共和国社会主義憲法」が制定され、「政府の首席」（旧憲法第五九条）であった首相ポストが廃止となり、「国家の首班であり、国家を代表する」（第八九条）主席制が導入された。主席は、「中央人民委員会の首位」（第一〇一条）、「最高司令官」かつ「国防委員会委員長」（第九三条）であるとして金日成の権限が拡大されたのである。

同年に還暦を迎えた金日成は後継者問題を急進展させていた。長男の金正日は、一九七三年九月四日から一七日に開催された党中央委員会第五回第七回全員会議で党中央委員会書記に選出され、一九七四年二月一一日から一三日の第八回全員会議で「主体偉業の偉大な継承者」とされた。直後の一九日には金正日が全国党宣伝幹部講習会で金日成主義を「唯一の指導的指針」と規定して「全社会の金日成主義化」を宣布した。北朝鮮の自主路線を象徴する主体《チュチェ》思想が「金日成主義」となることによってマルクス・レーニン主義と並ぶものと解釈されたのである（小此木　一九九七：二五八頁）。「毛沢東主義」も定式化されないなか、北朝鮮では指導者存命中に「金日成主義」が掲げられたことになる。

金正日が実際にその姿と名を公の場に現したのは一九八〇年一〇月一〇日から一四日にかけて開催された第六回党大会であったが、後年になって一九七〇年までの様々な事象、特に金日成の位相を高める過程において金正日の貢献があったと宣伝された。たとえば、一九七一年一〇月二九日には党中央委員会宣伝扇動部の幹部たちに金日成の還暦を「民族最大の名節」として迎えるよう指示したとされる（『金正日同志伝記』　二〇〇二：四八四頁）。

第六回党大会では党規約が大幅に改正され、前文冒頭で「朝鮮労働党は偉大な金日成同志によって創設された主体型の革命的なマルクス・レーニン主義党である」と規定されたほか、「朝鮮労働党は金日成同志によって抗日革命闘争期に築かれた栄えある革命伝統を継承して発展させる」など「金日成」への言及が四回見られた。さらに第一条で「党員は、党と首領、祖国と人民のため、社会主義偉業のために全てを捧げて戦う主体型の共産主義革命闘士」とされたのである。

　北朝鮮の人々の生活指針とされる「党の唯一思想体系確立の一〇大原則」が一九七四年に定められたことも重要である。金日成の弟・金英柱《キム・ヨンジュ》が作成したものを、金日成を一層偶像化する方向で金正日が改作したものである（黄　一九九九：二〇〇頁）。第一条「偉大な首領金日成同志の革命思想によって全社会を一色化するために身を捧げて闘わなくてはならない」から第一〇条「偉大な首領金日成同志が開拓された革命偉業を、代を継いで最後まで継承し完成しなくてはならない」に至るまで、金日成への忠誠を徹底させる内容になっている。

　また、人間には肉体的生命と政治的生命があり、後者は金日成が与えたものだとする「社会政治的生命体」論も体系化された。「脳髄」としての首領、首領と人民を結合させる「神経及び血管」としての党、「生命体」としての人民大衆を三位一体とする社会有機体論である（鐸木　一九九二：一二九―一三九）。さらに、一九七〇年四月の金日成生誕五八周年を記念して生家「万景台《マンギョンデ》」が整備された。そこは「朝鮮人民の心の故郷であり朝鮮革命の揺籃の地」であるとされ、金日成一家、つまり「万景台家門」がいかに「愛国的な家庭」であったかの説明が施される場となっている。金日成の両親はもちろんのこと、曽祖父・金膺禹《キム・ウンウ》、祖父・金輔鉉《キム・ボヒョン》、祖母・李宝益《リ・ボイク》、弟の金哲柱《キム・チョルジュ》、叔父の金亨権《キム・ヒョングォン》や従弟に至るまでもが民族のために尽くしてきたという「事実」が徹底されているのである。外国人の訪問も歓迎しており、「全世界の友人が無限の欽慕の情を抱いて絶えず訪ねてきている」(『朝鮮語大辞典』)として金日成の「偉大性」を自国民に宣伝する素材にもなっている。

平壌中心部の万寿台《マンスデ》にある大銅像は、金日成の還暦を記念して一九七二年四月二五日に建立された。[*12] これも金正日が事細かに指導した成果だとされる(『金正日同志伝記』二〇〇二:四八五頁)。人々が献花してお辞儀するのはもちろんのこと、銅像前の大通りを車両が通行する際には時速三〇キロメートル以下で走行することが徹底された。小規模な銅像は建国直後から設置されてきたものの、一九七九年五月二一日には金日成が抗日パルチザン活動を行ったとされる三池淵《サムジヨン》にも大型銅像や革命事績碑が建立され、その動きはすぐに全国に広がった。[*13] 一九七五年一〇月一九日には金日成が抗日運動で成果を上げたとされる旺載山《ワンジェサン》に革命博物館がオープンしている。

さらに金正日は、父親の還暦を契機に「金日成勲章」「金日成賞」を制定し、金日成のサインが刻まれた腕時計「尊名時計」の贈物表彰制度を導入したほか、「人民みなが首領様の肖像徽章を胸に丁重にお仕えして、いつでもどこでも首領様に忠誠を尽くすようにした」(『金正日同志伝記』二〇〇二:四八七―四八八頁)。一九七〇年代初めには一般の人々の間で金日成の肖像が描かれたバッジ「肖像徽章」が着用されるようになったのである(ランコフ 二〇一五:六四頁)。一九七二年には金日成の肖像画が全家庭に掲示されるまでに至る(ランコフ 二〇一五:四三頁)。

一九七八年には金日成の肖像が貨幣にも描かれた。新一〇〇ウォン紙幣には「革命の英才であられ民族の太陽であられ伝説的英雄であられる偉大な首領金日成同志」とのキャプション付きで大きな肖像が、裏面には生家である「革命の揺籃万景台故郷家」が描かれた。この最高額紙幣は半分に折ると金日成の肖像を折ることになってしまうため、人々はそれを避けるべく三つ折りにして持ち歩くこととなった。金日成の死後、一九九八年に新たに発行された五〇〇〇ウォン札には金日成の遺体が安置された錦繡山《クムスサン》記念宮殿が、二〇〇二年発行の一〇〇〇ウォン札と五〇〇ウォン札には金日成の肖像がそれぞれ描かれた。一九八七年以降、金日成は数々の記念硬貨でもモチーフになっている。*14

切手についてはそれよりもずっと早く、一九四六年八月の「解放一周年記念」五〇銭《チョン》切手には既に金日成の肖像が描かれていた。その後も「金日成元帥生誕五〇周年記念」をはじめとして数多くの切手が発行されている。

一九七四年四月一〇日には金日成の誕生日が「民族最大の名節」に制定された。誕生日を祝う動き自体はそれ以前から見られ、一九七〇年四月一五日付『労働新聞』は、この日に五八歳を迎えた金日成に対して朝鮮総聯《そうれん》中央常任委員会が送った「四千万朝鮮人民の偉大な首領金日成元帥に差し上げる祝賀文」を大きく掲載していた。一九七四年の同日付『労働新聞』は、カンボジアのノロドム・シハヌークが自ら作詞作曲した「平壌」なる歌を「金日成閣下の栄えある誕生七二周年に際して」贈ったことを楽譜入りで報じた。

一九六〇年代後半から金日成は「太陽」に譬えられるようになっていたが（チョン　二〇一七）、

一九九七年七月の三周忌を機にその誕生日は「太陽節」に改称された。一方、金正日の誕生日は一九九二年二月七日に「民族最大の名節」に制定され、死後の二〇一二年一月に「光明星節」に改称された。

重視されているのは最高指導者の誕生日だけではない。たとえば、二〇二三年に平壌で発行されたカレンダーの七月分を見ると次のような五つの注記がある――「偉大な首領金日成同志が逝去された」「敬愛する最高領導者金正恩同志が朝鮮民主主義人民共和国元帥称号をお受けになった」「わが国の反日民族解放運動の卓越した指導者金亨稷先生が誕生された」「わが国の女性運動の卓越した指導者康盤石女史が逝去された」「祖国解放戦争勝利の日」。金日成の命日はもちろんのこと、両親の誕生日・命日、金正恩が元帥称号を受けた日なども記念日とされていることが分かる。朝鮮戦争休戦を意味する「祖国解放戦争勝利」も金日成の「業績」である。

そのほか、金日成が訪問した場所には「偉大な首領金日成同志が訪問された××工場」などと銘記されたプレートも掲げられるようになり、動静そのものが権威付けされた。また、一九七四年元日に発行された『労働新聞』の号外「特刊号」には金日成の「万寿無疆」を祈念するスローガンが初めて掲げられた。

出版物としては、朝鮮戦争中の一九五二年に『金日成将軍の略伝』（朝鮮労働党出版社）が刊行されていた。奥付によると発行部数は十万部である。一九五四年には初版の『金日成選集』全四巻が出版されている。建国からわずか六年という早い段階でまとまった著作が世に出されたことになる。その後、一九六〇年代に『金日成選集』の新版全六巻が刊行された後、『金日成著作選集』全一〇巻、『金日成著作集』全五〇巻、『金日成全集』全一〇〇巻もそれぞれ完結し、二〇一七年からは『金日成全集』（増補版）全一〇〇巻の刊行が始まった。また、金日成に関する逸話集『人民の中で』は一九六二年から続刊され、二〇一二年には第一〇〇巻を突破した。「平凡な人民が直接筆をとって首領の偉大性を称賛した図書」と位置付けられるものである。[*15] なお、北朝鮮の新聞や出版物が最高指導者の名を記す際、フォントサイズが一回り大きいゴシック体での表記が徹底されているのも特徴的である。

首領の革命思想を唯一の指導的指針にするという「唯一思想体系」が一九六七年に確立してからは、金日成のみならず一族についての伝記も次々に出版された。一九六七年には母・康盤石の伝記『康盤石女史に倣おう』が、一九六八年には父・金亨稷の伝記『不屈の反日革命闘士金亨稷先生』が刊行され、一九七六年になると妻・金正淑の伝記『革命のお母様』も出回った。

また、各国の首脳や著名な人士から金日成に贈られた物品を展示して「各国指導者と革命的人士の尊敬と欽慕がいかに大きいかということをよく示す」（『朝鮮語大辞典』）場として、風光明媚な妙香山《ミョヒャンサン》に国際親善展覧館が一九七八年八月二六日にオープンした。北朝鮮の最高指導者が国外からも高く評価されているというプロパガンダはこれにとどまらない。一九七七年八月三日には金日成の名を冠したラン科の新種「金日成花（*Kimilsungia*）」が制定された。一九六五年、バンドン会議出席のためインドネシアを訪れた金日成にスカルノ大統領が贈呈したものであり、北朝鮮国内では丁重に栽培することが奨励され、硬貨のデザインや歌謡のモチーフなど多様に活用されている。この花に対する宣伝は、金正日が公に登場した後の一九八一年九月に本格化した。*16 さらに一九八八年の金日成誕生日には、静岡県などで植物園を運営する加茂元照によって「金正日花(*Kimjongilia*)」が北朝鮮側に贈呈され、北朝鮮各地で「金日成花・金正日花温室」の設置が進み、定期的に展覧会が開催されるようになった。*17

一九八二年に古希を迎えた金日成には共和国英雄称号が授与されたのみならず、四月一〇日に牡丹峰《モランボン》競技場が拡張、改称された「金日成競技場」、一四日にはパリのものより一〇メートル高いという「凱旋門」、一五日の誕生日当日には世界一高い石塔とされる「主体思想塔」などが相次いで竣工した。*18 特に競技場については金正日が事前に「実務指導」を行っている。*19 金日成による抗日パルチザン運動を描いた映画『朝鮮の星』は一九八〇年から全一〇部作として公開されたが、これも金正日が指導したものであった。

これらを業績として金正日は権力の階段を順調に上がっていく。一九八二年には金正日にも共和国英雄称号が授与されたばかりか、一九八三年に入ると北朝鮮メディアで金正日の名が金日成に次いで二番目に紹介されるようになり、一九八六年五月三一日には金日成によって後継者問題が「円満に解決」したことが宣言された。*20 一九八四年三月一一日に挙行された金一《キム・イル》副主席の国葬以降は金正日に対する敬語の使用が増え、一九八八年八月一九日の企業所視察で初めて金日成と同格の敬語が使用された(ラヂオプレス 二〇〇四:二三—二九頁)。

一九八七年二月一一日には金正日生誕四五年に際し、金日成のパルチザン根拠地だったとされる「白頭山密営《ペクトゥサン》」が金正日の生誕の地として復元オープンし、一九八八年一一月には至近の山を「正日峰」と名付けて聖地化するなど金正日に対する神格化作業も進められた。一九八九年になると白頭山の山中に金日成の業績や金正日の誕生を称える文句が刻まれた「スローガン木」が「発見」されるようにもなる。白頭山密営の復元は、朝鮮解放において決定的な役割を果したとされる金日成の抗日パルチザン運動を裏書きする作業でもあった。[*21] 一九九二年からは抗日パルチザン期の自叙伝『金日成回顧録――世紀とともに』全八巻も出版された。

ソ連・東欧社会主義体制の崩壊直後であるにもかかわらず、一九九二年の金日成誕生八〇周年慶祝行事には中国の楊尚昆国家主席を含む七か国の国家元首をはじめ約一三〇か国から代表団が参加した。同月一三日には金日成に共和国大元帥称号が、同月二〇日には金正日に共和国元帥称号が授与された。[*22] 同年、金日成は金正日五〇歳を記念して息子を絶賛する頌詩「光明星賛歌」を贈った。この頃の金日成について、「どうすれば息子の金正日に権力移譲が成功するかという問題ばかり考える老人に変わっていた」との証言もある（黄　一九九九：二八四頁）。

そのような金日成は、まず軍関連の職位を金正日に与えることにした。金正日は、一九九一年一二月二四日に朝鮮人民軍最高司令官に推戴され、一九九三年四月九日には国防委員会委員長に選出されたのである。東欧社会主義体制の動揺、特にルーマニアのニコラエ・チャウシェスク大統領が軍事裁判によって処刑された経緯などに鑑み、「建国の父」よりも「建軍の父」としての金日成の業績と職位の継承が重視されたと言える。

四　金正日政権期と金正恩政権期（一九九四年―）

一九九四年七月八日に金日成が死去した直後、「偉大な首領金日成同志は永遠にわれわれとともにいらっしゃる」とのスローガンに代表される「永生」論が流布された。金正日は、このスローガンを刻んだ「永生塔」を全国に建立し、金日成の「遺訓」を重視しながら、父親の遺体を永久安置した廟「錦繡山記念宮殿」を一周忌にオープンさせた。二〇一二年二月一六日には錦繡山太陽宮殿に改称され、金正日の遺体も安置されるようになった。[*23] 一九九七年九月九日からは金日成が生まれた一九一二年を元年とする主体年号が導入された。金日成や金正日の誕生日は、建国記念日（九月九日）や党創建記念日（一〇月一〇日）よりも重視され、各種行事が盛大に開催されたのである。（ラヂオプレス　二〇〇四：一一八―一四三頁）。

一九九五年一〇月二日には金正日が論文「朝鮮労働党は偉大な首領金日成同志の党である」を発表し、そのタイトル通り支配政党が「偉大な首領」の私党である事実が確認された。一九九八年九月の憲法改正で新たに設けられた前文は、「金日成」の名を十七回も連呼しながらその業績を称え、「永遠の主席」であると明記してその職位をいわば永久欠番化した。一九九六年一月一九日には朝鮮社会主義労働青年同盟が彼の名を冠し、金日成社会主義青年同盟に改称されている。

金正日に対する称揚も進展し、一九九七年四月九日付『労働新聞』第一面で「金正日将軍の歌」が発表され、北朝鮮のテレビ、ラジオ放送開始時に国歌や一九四六年発表の「金日成将軍の歌」とともに毎日流されるようになった。

二〇一一年一二月一七日に金正日が死去した直後には金正恩が「最高領導者」となり、金正日に対する神格化はさらに加速化する。二〇一二年四月には万寿台の金日成大銅像の横に金正日のそれが並んだ。[*24] 同月の憲法改正によって金正日は「永遠の国防委員長」と称され、「朝鮮民主主義人民共和国は、偉大な金日成・金正日主義を国家の建設と活動の唯一の指導的指針とする」（第三条）と規定された。それまでの指導的指針であった「主体思想、先軍思想」が「偉大な金日成・金正日主義」という、個人名の入ったイデオロギーに置き換えられたのである。

その後も憲法は小幅な改正を頻繁に繰り返し、二〇一九年の改正では、「朝鮮民主主義人民共和国の武装力の使命は、偉大な金正恩同志を首班とする党中央委員会を決死擁護し、勤労人民の利益を擁護し、他国の侵略から社会主義制度と革命の獲得物を防衛し、祖国の自由と独立と平和を守ることにある」（第五九条）とされた。軍の役割を規定した条文に金正恩の名が刻まれたのである。憲法に現役の指導者が登場するのは北朝鮮史上初めてのことであった。「金日成」は一九九八年九月、「金正日」は二〇一二年四月にそれぞれ憲法に明記されたがいずれも死後のことであり、言及は前文内に留まっていた。

二〇一九年改正憲法の前文では「金日成」を二四回、「金正日」を一八回連呼してその業績を称えた。また、それまで前文で両者に言及する際、二回目以降は「金日成同志」「金正日同志」と簡略的に表記されることもあったが、全ての部分で「偉大な首領金日成同志」「偉大な領導者金正日同志」との丁寧な言い回しに変更された。先代指導者に対する個人崇拝の強化は、北朝鮮体制が個人支配、あわせて王朝的性格を強めたものと言える。

憲法前文は、「朝鮮民主主義人民共和国は、偉大な首領金日成同志と偉大な領導者金正日同志の国家建設思想と業績が具現された主体の社会主義国家である」との一文で始まり、金日成は「朝鮮民主主義人民共和国の創建者であられ、社会主義朝鮮の始祖であられる」「祖国解放の歴史的偉業を成し遂げられ、政治、経済、文化、軍事分野で自主独立国家建設のしっかりとした土台を磨くことに基づき、朝鮮民主主義人民共和国を創建された」と、「建国の父」としての実績を強調するのは一九九八年の憲法改正以来一貫している。その上で、「主体的な革命路線を提示」したこと、「社会革命と建設事業を賢明に領導」したこと、「共和国を人民大衆中心の社会主義国へ、自主、自立、自衛の社会主義国家へ強化発展」させたこと、さらには「最も優越した国家社会制度と政治方式、社会管理体系と管理方法を確立」して「社会主義祖国の富強繁栄と主体革命偉業の継承完成のための確固たる土台を用意」したことが称えられた。

長文の金日成礼賛に続き金正日の業績が羅列され、その後はさらに両者を主語とした美辞麗句が並ぶ。「偉大な首領金日成同志と偉大な領導者金正日同志は、以民為天を座右の銘とされ、いつも人民達とともにいらっしゃって、人民のために一生を捧げられ、崇高な仁徳政治で人民を面倒見られて率いられ、全社会を一心団結した一つの大家庭に転変させられた」ことをはじめ、「全民族の団結した力で祖国統一偉業を成就するための道」を拓いたことや「人類の自主偉業に不滅の貢献」をしたことなどである。

憲法より上位にある朝鮮労働党規約でも歴代の最高指導者に対する神格化進展の動きが見られた。二〇一六年五月九日、第七回党大会での大幅改正によって前文冒頭に「朝鮮労働党は偉大な金日成・金正日主義の党である」と明記し、憲法と同様に金日成と金正日の業績を称えるばかりか、「金正恩」にも一〇回言及し、「偉大な領導者」だとしてその業績を礼賛したのである。

しかし、指導者に対する神格化が進む一方だとは言えない。二〇二一年一月九日に第八回党大会で改正された党規約からは「金日成」「金正日」「金正恩」のいずれもが削除されたからである。より正確には、「金日成・金正日主義」という思想だけが残された。「金日成」「金正日」への言及回数はそれぞれ一〇に激減し、言及される場合にはいずれも「金日成・金正日主義」との表現であった。「金日成」「金正日」の業績を称える部分はいずれも主語が「朝鮮労働党」に替えられたことが特徴的である。一方、改正前には言及ゼロであった「首領」に八回、「党中央」に一八回触れることで金正恩の重要性が示された。なお、党の「最終目的」は、「全社会を金日成・金正日主義化し、人民大衆の自主性を完全に実現すること」から「人民の理想が完全に実現された共産主義社会を建設すること」に変更されている。二〇二三年九月には憲法条文から「金正恩」

も削除された。

つまり金正恩政権下では、指導者に対する神格化にブレーキが掛けられている側面も見られるのである。二〇一九年三月には、金正恩が「首領の革命活動と風貌を神秘化すれば真実を隠すことになります」と述べている。[*25]脱稿現在（二〇二三年一〇月）、金正恩の肖像画やバッジは広く流布されていないばかりか、その生年や生誕の地すら公表されていない。

二〇一九年一〇月一一日、平壌で開催された国防発展展覧会に関する北朝鮮のニュース映像に金正恩の顔が描かれたTシャツが映し出されていた。三代にわたる最高指導者は神聖不可侵の存在であり、たとえ外国人であっても肖像画を指さしてはならず「両手を差し出すべき」などと指示されるのが常である。万寿台の大銅像を写真に撮るときも、その姿が一部でも欠けないように強く注意される。平壌から日本に手紙を送る際、肖像画が描かれた切手を貼ると消印は押されない。それにもかかわらず、展覧会に出席した金正恩のすぐ横で演奏する国務委員会演奏団の団員達は、肖像イラストが描かれたTシャツを揃いで着用していたのである。金正恩が自らTシャツの着用を指示ないし許可したのは間違いなかろうが、その真意は不明である。

金正恩が自らの過ちを認めて謝罪する場面も何度となくあった。二〇一七年元日には「能力が思いについていかず自責の念に駆られる」などと述べている。二〇二〇年一〇月一〇日に開催された党創建六五周年閲兵式での演説においては、厳しい経済状況に置かれた自国民に寄り添う発言をして涙を流したが、これらは金正日時代までには想像すらできなかったことである。いわば金正恩が全知全能の神ではなく、一人の人間であることを示したものと言える。

その一方で、二〇二一年から『労働新聞』は金正恩を祖父や父と同様に「首領」と呼び始めた。たとえば五月三一日付に掲載された論説には、「卓越した首領であられ稀世の政治家であられる敬愛する金正恩同志」という表現が見られた。二〇二二年には金正恩の姿をモチーフにした「モザイク壁画」の建造も始まった。神格化に一定程度の歯止めをかけつつも、同時並行的に金正恩についての「偉大性宣伝」が進められるという一見して矛盾するような動きである。

おわりに

北朝鮮では八〇年近くの歳月を通じて金日成に対する神格化が進められ、その範囲は刊行物のみならず、貨幣や切手、「金日成花」など北朝鮮社会の全体にわたった。二代目の金正日はそれを大きく発展させることで後継者としての地位を固め、三代目の金正恩もまた先代指導者の「偉大性宣伝」を重視することで自らの位相を高めようとした。

金日成は、建国間もない時期から「偉大な首領」と称されることがあるなど、個人崇拝は非常に早い段階で進捗したと言える。その後、金日成に対する神格化が進んだ重要な転機としては、一九五〇年からの朝鮮戦争、一九六七年の唯一思想体系確立、一九七〇年代の金正日台頭などが挙げられる。最高指導者に対する尊称は、外国人や在日朝鮮人の発言を端緒として、徐々に拡大されたことも指摘できる。

神格化の根幹となったのが「建国の父」としての金日成像であり、その「業績」は憲法でも多様な表現で称えられた。世襲による権力継承と体制長期化に伴い、政治体制の社会・経済的閉鎖性が高い中で金日成に対する神格化は現在もなお継続されている。

＊注

(1) 北朝鮮の正史や金日成の著作については、拙稿（二〇二三）「北朝鮮政治体制研究で活用すべき資料」『紀要国際情勢』第九三号、一七—二七頁。
(2) 金正日の生年については、北朝鮮側の公式発表である一九四二年に対して異論も根強い。
(3) 建国初期の金日成については、拙稿「北朝鮮（朝鮮民主主義人民共和国）——金日成体制確立の初期段階」粕谷祐子編著（二〇二二）『アジアの脱植民地化と体制変動——民主制と独裁の歴史的起源』白水社で整理している。
(4) 政府（最高人民会議常任委員会・内閣）機関紙『民主朝鮮』においても、建国後には金日成の「お言葉」が繰り返し紹介されるようになる（「金日成首相のお言葉奉じて新たな勝利に向かって前進！」『民主朝鮮』一九四九年二月一一日付、同月一二日付、同月一五日付）ほか、敬語も用いられるようになった（「尊敬する金日成首相」『民主朝鮮』一九四九年二月一一日付）。
(5) 「北朝鮮金日成大学（総合大学）九月一日に開始計画準備」『正路』一九四六年七月一七日付および「金日成総合大学沿革」金日成総合大学ホームページ（http://www.ryongnamsan.edu.kp/univ/ko/about/history）。
(6) 「金日成広場、スターリン通り、毛沢東広場、人民軍通り開通及び牡丹峰劇場、牡丹峰運動場竣工式盛大に開催」『労働新聞』一九五四年八月一三日付。
(7) 「偉大なソビエト軍による朝鮮解放」についての言及自体は一九六〇年代まで続いた。たとえば、一九五五年八月一五日付は、軍服を着た金日成の写真のみが大きく掲載されたものの、記事のタイトルは「偉大なソビエト軍による八・一五朝鮮解放一〇周年記念平壌市慶祝大会で述べられた金日成元帥の報告」となっていた。

(8)「祖国に対するわが人民の忠誠心と愛国心の表現」『労働新聞』一九五〇年五月二三日付。

(9)「首領の略伝を熱心に学習——平壌地区教職員学生たち」『労働新聞』一九五三年四月一三日付。

(10)「革命的首領観確立の新たな歴史を広げられて——偉大な将軍様が金日成将軍の略伝研究小組を結成されて六〇周年を迎えて」『労働新聞』二〇一三年二月一〇日付。

(11)「『私は平壌に行って首領様にお目にかかってから弟のそばで余生を送りたいです』」『労働新聞』一九六四年一一月二一日付。

(12)「偉大な首領様の革命思想と不滅の業績を長く輝かせて彼に永遠に忠誠を尽くさん!——わが党と朝鮮人民の偉大な首領金日成同志の銅像除幕と朝鮮革命博物館開館式盛大に開催」『労働新聞』一九七二年四月二五日付(累計第九〇一七号)。この日、『労働新聞』は一日のうちに累計第九〇一六号と第九〇一七号の二回発行されている。

(13)「清津(チョンジン)解放闘争記念館に金日成将軍の銅像建立」『労働新聞』一九五〇年四月一一日付。

(14)朝鮮中央銀行(二〇〇六)『朝鮮貨幣』平壌。

(15)方城華「永遠に人民たちの中で」『労働新聞』二〇一四年四月一四日付。

(16)「『金日成花のようにぱっと開花した朝鮮』」『労働新聞』一九八一年九月三日付。

(17)二〇一〇年の金正恩誕生日(一月八日)の『労働新聞』一面トップには、加茂が金正日に対して「珍しく貴重な植物」を贈ったとの報道も見られた(「偉大な領導者金正日同志に日本の著名な植物学者加茂元照が珍しく貴重な植物を贈物として送ってきた」『労働新聞』二〇一〇年一月八日付)。

(18)「われわれの時代の不滅の大記念碑主体思想塔除幕式盛大に開催」『労働新聞』一九八二年四月一六日付。

(19)金日成競技場については、「朝鮮労働党中央委員会政治局常務委員会委員で党中央委員会書記の金正日同志が牡丹峰競技場改修拡張工事と朝鮮芸術映画撮影所野外撮影通り建設事業を実務指導した」『労働新聞』一九八一年一二月二二日付および「朝鮮労働党中央委員会政治局常務委員会委員で党中央委員会書記の金正日同志が完工段階に入った牡丹峰競技場改修拡張工事現場を実務指導した」『労働新聞』一九八二年二月一七日付。「実務指導」とは、最高指導者である金日成の「現地指導」に対して金正日による視察を意味した用語である。

(20)金日成「朝鮮労働党建設の歴史的経験――金日成高級党学校教職員、学生達の前で行った講義 一九八六年五月三一日」『労働新聞』一九八六年六月一日付。

(21)「由緒深い革命の聖地白頭山密営が元の姿通りに立派に整備された――現地で密営開営式盛大に開催」『労働新聞』一九八七年二月一二日付。

(22)金正日と同時に人民武力部長の呉振宇（オ・ジヌ）にも共和国元帥称号が授与されたが、『労働新聞』一九九二年四月二一日付は金正日への授与を呉振宇の四倍ほどのスペースを割いて報じた。

(23)現行憲法前文では、「偉大な首領金日成同志と偉大な領導者金正日同志が生前の姿でいらっしゃる錦繡山太陽宮殿は、首領永世の大記念碑であり、全朝鮮民族の尊厳の象徴であり、永遠の聖地である」と述べられている。

(24)「太陽朝鮮の絶えぬ矜持と栄光、千秋万代に長く輝く――偉大な金日成同志と金正日同志の銅像万寿台の丘に建立」『労働新聞』二〇一二年四月一四日付。その後、二〇一三年一二月までに金正日の像は綿入れハーフコート姿のものにリニューアルされた。

(25)「敬愛する最高領導者金正恩同志が第二回全国党初級宣伝幹部大会参加者たちに書簡『斬新な宣伝扇動で革命の前進動力を倍加していこう』を送られた」『労働新聞』二〇一九年三月九日付。

【参考文献】

アンドレイ、ランコフ（二〇一五）『北朝鮮の核心――そのロジックと国際社会の課題』山岡由美翻訳・李鍾元解説、みすず書房。

小此木政夫編著（一九九七）『北朝鮮ハンドブック』講談社。

鐸木昌之（一九九二）『北朝鮮――社会主義と伝統の共鳴』東京大学出版会。

内藤陽介（二〇〇一）『北朝鮮事典――切手で読み解く朝鮮民主主義人民共和国』竹内書店新社。

平岩俊司（二〇一三）『北朝鮮――変貌を続ける独裁国家』中公新書。

黄長燁（一九九九）『金正日への宣戦布告――黄長燁回顧録』萩原遼訳、文藝春秋。

門間貴志（二〇一二）『朝鮮民主主義人民共和国映画史――建国から現在までの全記録』現代書館。

ラヂオプレス編集（二〇〇四）『北朝鮮の現況二〇〇四』ＲＰプリンティング。

和田春樹（一九九七）『北朝鮮――遊撃隊国家の現在』岩波書店。


（二〇〇二）『金正日同志伝記』第一巻、平壌：朝鮮労働党出版社。

（二〇一七）『朝鮮語大辞典（増補版）』第一巻～第四巻、平壌：社会科学出版社。

金日成（二〇一七～）『金日成全集（増補版）』平壌：朝鮮労働党出版社。

チョンギョジン（二〇一六）「北韓の金日成・金正日偶像化戦略及び特性比較研究――指導者偶像化の『神話的思考』接近有無比較分析を中心に」『統一人文学』第六八集。

チョンギョジン・ユホヨル（二〇一七）「北韓最高統治者の象徴、『太陽』の性格に関する研究――『イメージの象徴化』が意見適用及び宗教的意味付与評価を中心に」『宗教研究』第七七集一号。

第三章　ベトナム　ホー・チ・ミン
——偶像化が進む民族の慈父

石塚二葉

はじめに

ベトナムで国父と言えばホー・チ・ミンを指すことには争いがないといってよい。ホーはベトナム共産党の創始者であり、ベトナムの独立闘争の指導者であり、独立達成後は国家主席として対内的および対外的に国家を代表した。三〇年の間外国を渡り歩き、二度の獄中生活を生き抜いた伝説の革命家でありながら、帰国後はその村夫子然とした風貌と飾り気のない態度で国民の敬愛の対象となったホーには、「父」という呼称がよく似合う。二〇〇一年に党書記長に就任したノン・ドゥク・マインが、ホー・チ・ミンの息子であるという噂の真偽を問われて、「ベトナム人は皆ホーおじさんの子どもだ」と答え

ホー・チ・ミン

たというのもベトナムらしいエピソードである（ベトナムでは、一九八八年以来、公認された政党はベトナム共産党のみである。以下、本稿では単に「党」というときはベトナム共産党を指す）。

多くの評伝から浮かぶホーのイメージを端的に言えば、祖国の独立・統一のためにその才能と生涯を捧げ、独立ベトナムの指導者となってからも偉ぶることなく、質素倹約を旨とし、国民、特に子どもたちを慈しんだ人物ということになるだろうか。七九年間の生涯を通じて革命家や国民の模範と仰がれ続けるのは稀有なことであるが、このようなイメージは概ね事実に即しており、ホーにじかに接した人々の多くもその功績と人格に対する尊敬の念を共有している。

ただし、今日のベトナムでは、公的に確定されたホーの生涯にかかる「物語」を部分的にでも修正ないし否定するような言論はタブーとされ、処分・処罰の対象ともなりうる。ホーが抗米戦争（ベトナム戦争のベトナムにおける呼称。一九五四〜一九七五年が抗米戦争期とされる）の終結を見ないまま一九六九年に没してから五〇余年が経ったが、近年では、ホー・チ・ミンの「思想、道徳、作法」に学ぶことが党員・幹部の間や公教育の現場でかつてなく強調され、また全国各地でホー・チ・ミン像の建設が進む。このような「国父」イメージの扱い方には、他の社会主義国をはじめ多くの権威主義体制の国々と共通するところがあると思われる。

本稿では、まずホー・チ・ミンの人物および業績について概説した後、その人物像に関する若干の論点を取り上げる。次いで、ホーの「国父」としてのイメージがどのように作り出され、利用されてきたのかについて検討する。

一　ホー・チ・ミンの人物、足跡と業績

生誕から出国まで（一八九〇〜一九一一年）

党の公式文献によれば、ホー・チ・ミンは一八九〇年五月一九日に北中部ゲアン省ナムダン県ナムリエン社（現キムリエン社）キムリエン村で生まれたとされる。*1 幼名はグエン・シン・クン、後にグエン・タット・タインといった。

父のグエン・シン・サックは儒学者であり、科挙試験を受けてグエン朝の地方官吏である知県（県知事）という職に就いた。ホーは幼時には父親や他の儒学者のもとで漢学を学び、次いでゲアン省の省都ヴィンにフランス植民地政権がつくった小学校に通った。サックの友人には高名な民族主義者であるファン・ボイ・チャウがおり、サック自身も民族主義者であったとみられる。しかし、サックはファン・ボイ・チャウの呼びかけに応じて息子を日本に留学させることをせず、むしろフランス語を学ばせることを選んだようである。

一九一〇年にサックが農民に暴行を加えて死なせたとして知県を罷免されると、ホーは自活するために南部ファンティエットで私立学校の教師になったが、一九一一年二月頃にはサイゴンへ移り、同年六月五日、フランス商船の見習いコックとして祖国を離れた。この時、二一歳である。党の文献では、ホーは「民族解放の道」ないし「救国の道」を求めて旅に出たとされる。

グエン・アイ・クォクの誕生（一九一一〜一九一九年）

一九一一年七月六日にマルセイユに着いたホーは、九月一五日、マルセイユにある植民地官吏養成学校への入学願書を提出した。しかし、同校に入学するためにはインドシナ総督の推薦が必要であったため、願書は受理されず、ホーは船員を続けることになった。商船は一九一二年、アフリカ諸国などを経てアメリカ大陸に向かった。ホーは同年一二月にはニューヨークに上陸して、パン職人などをしながらアメリカに一年ほど滞在した。翌一九一三年の末にはイギリスにわたり、学校の雪かき夫、ボイラーマン、レストランの皿洗いからシェフ見習いまで体験した。

こうして行く先々で現地の人と交わり、その社会を間近に観察した後、ホーは一九一七年九月から一一月の間にフランスにもどり、パリにやってきた。第一次世界大戦でベトナム人がヨーロッパ戦線に動員されたため、この時期フランスには七〜九万人のベトナム人が在住していた。パリでホーは、以前から文通していた著名なベトナム人民族主義者のファン・チュー・チンらと合流し、「安南愛国者協会」を結成するなど、政治活動への関与を深めていく。

一九一九年初頭には、当時、植民地の問題に最も理解があると思われたフランス社会党に入党した。最初の本格的な政治活動は、一九一九年六月、ファン・チュー・チンらとともにまとめた「安南人民の要求」という請願書をベルサイユ講和会議に提出したことであった。請願書は八項目からなり、植民地原住民に言論・結社の自由などヨーロッパ人と同等の権利を与えることを要求していた。当時二九歳であったホーは、この行動によって、請願書に署名したグエン・アイ・クォク（阮愛国）という名前で知られるようになった。

共産主義との出会いからインドシナ共産党結成へ（一九二〇〜一九三八年）

ホーの共産主義との出会いは一九二〇年のことであった。フランス社会党機関紙『ユマニテ』に掲載されたレーニンの「民族問題と植民地問題に関するテーゼ原案」を読んだホーは、レーニンが先進国の労働者の革命闘争と植民地の民族解放運動を結びつけることを提唱していると知って、「これこそ私たちの解放の道だ！」と感激したという。同年一二月、ホーは党内左派グループによるフランス共産党結成に参加した。一九二一年一〇月には他の植民地出身者らとともに植民地同盟を結成し、翌年四月には機関紙『ル・パリア』を発刊して、植民地主義を告発する記事を精力的に執筆、発表した。

一九二三年六月、ホーはフランスを出てソ連に向かい、翌月初めにはモスクワに到着した。当初、ホーは、まもなく開催が予定されていたコミンテルン（共産主義インターナショナル。国際共産主義運動の指導組織）の第五回大会に参加した後、ベトナムに帰国して祖国の解放闘争の組織化に取り組むことを考えていた。しかし、レーニンの病気のため大会は延期され、翌年六月にようやく開催に至った。その間、ホーはコミンテルンのさまざまな活動に参加し、一九二四年四月にはコミンテルン東方局の部員に任命されている。

当時、中国国民政府の拠点であった広州にはベトナムの民族主義者が避難してきているという情報があり、ホーは中国へ行ってベトナムにおける革命運動との接点を探ることを希望していた。一九二四年九月、コミンテルンは、ソ連政府が中国国民政府に派遣する軍事顧問団の通訳という名目で、ホーを広州に派遣することを決定した。

同年一一月、広州に着いたホーは、そこで急進的民族主義者のベトナム青年たちに出会い、一九二五年六月、ベトナム共産党の前身ともいえる「ベトナム青年革命会」(「青年」)を組織した。かねてより望んでいた祖国の解放闘争組織化の第一歩を踏み出したのである。広州で政治教育を受けた「青年」の会員たちの多くは帰国して国内活動に従事し、特に優秀な者は東方勤労者共産主義大学[*2]などのソ連の教育機関に送られた。「青年」の会員数は一九二九年には一七五〇人に達し、その国内組織はベトナムの北部、中部、南部の各地に広がっていた。

しかし、一九二七年に中国の国共合作が崩壊すると、広州での「青年」の活動は困難になり、ホーも同年五月には広州を脱出してモスクワに戻った。その後、約一年半のタイ(シャム)滞在を経て、一九二九年一二月、ホーは「青年」本部が置かれていた香港に移る。同年五月には「青年」の第一回大会が香港で開催されていたが、その時顕在化した路線の対立から、「青年」はいずれも共産党を名乗る三つのグループに分裂していた。ホーは、一九三〇年二月、三グループの代表を招いて統一会議を招集し、ベトナム共産党の成立にこぎつけた。この会議が招集された二月三日が現在のベトナム共産党の創立記念日とされている。ホーは四〇歳になろうとしていた。

もっとも、初期のベトナム共産党におけるホーの影響力は限定的であったようである。一九三〇年四月、モスクワの東方勤労者共産主義大学で学んでいたチャン・フーが香港に戻ってきた。チャン・フーは、ホーによるベトナム共産党結成が党の民族的性格を重視しているなどの点で当時のコミンテルンの路線を逸脱していると判断し、一九三〇年一〇月、第一回中央委員会を開き、党名をベトナム共産党からインドシナ共産党に改め、その書記長に就任すると、同党をコミンテルンの路線により忠実な党に変革しようとした。一九三一年三月に開催された第二回中央委員会は、コミンテルンに対し、書簡や指示をホーを介さずに直接伝達することを提案している。

いずれにせよ、ホーのインドシナ共産党との関わりは、一九三一年六月、ホーが香港でイギリス官憲によって逮捕されたことで中断される。ホーに対しては、一九二九年一〇月、その故郷ゲアン省の裁判所が、ベトナム国内での反植民地闘争への関与を理由として欠席裁判で死刑を宣告しており、フランス植民地当局は香港政庁にホーの引き渡しを要請した。しかし、国際的な救援運動のおかげで、ホーは翌一九三二年中には香港の刑務所を出ることができた。この時、フランス官憲の追及を逃れるために、ホーの支援者はホーが死亡したと発表した。

一九三四年、ホーは密かにモスクワに戻ったが、今度はソ連側からイギリス秘密警察と密約を結んだ疑いをかけられ、その後約四年間、実践活動から離れてレーニン学校や民族植民地問題研究所での「学習」生活を送ることになる。

帰国から八月革命、ベトナム民主共和国設立（一九三八～一九四五年）

一九三八年、ホーは再び中国に入り、中国共産党の本拠地・延安に滞在した後、江西省桂林の八路軍弁事所を拠点として各地を回り、中国とインドシナの情勢についてコミンテルンに報告した。一九四〇年には推定一万人以上のベトナム人が在住していた雲南省昆明に至り、インドシナ共産党とも接触を再開した。同年六月、欧州でドイツ軍がパリに入城したことを知ったホーは、インドシナでも大きな政治的変動が起こることを予見し、行動を起こす準備を始めた。

一九四一年一月には中国国境を越えてカオバン省パクボに入り、国境近くの洞窟に拠点を定めた。一九一一年にサイゴンの港を出てから約三〇年ぶりに祖国の地を踏んだことになる。ホーは五〇歳になっていた。同年五月、ホーは、インドシナ共産党第一期中央委員会第八回総会を招集した。この時期、植民地当局の弾圧強化により、党が多くの中心的な幹部を失っていたことは、帰国したばかりのホーが党内で強い指導力を発揮することを可能にした。

第八回総会は、当面する革命の性格を「民族解放革命」と規定し、その達成のための民族統一戦線組織として「ベトナム独立同盟」（ベトミン）を結成することを決定した。それまでインドシナ共産党は「反帝国主義」と「反封建」の二つを掲げた「民族民主革命」路線をとっていたが、これを改めて、当面は前者を最重要課題として全力を集中することを明確にしたのである。ベトミンの結成はベトナムの反植民地闘争において決定的な役割を果たした。

ホーは、書記長に就任してほしいという同志たちの要請を断り、一九四二年八月には再び中国へ向かった。その主な目的は、蒋介石に会って中国を含む連合国のベトナム解放運動への支援の可能性を探ることなどであったとみられる。ホー・チ・ミンという名前を初めて用いたのはこの時であった。しかし、ホーは、目的地の重慶に向かう途中、スパイ容疑で中国国民党の地方政権に拘束されてしまい、以後約一年間にわたり獄中生活を送った。この獄中生活は過酷なものであったが、支援者たちの働きかけもあってホーは徐々に一目置かれるようになり、最終的には国民党軍司令官から現地のベトナム人民族主義者組織の指導部への参加を要請されるに至った。

自由の身になったホーは、その後も帰国してベトナム人民軍の前身であるベトナム解放軍宣伝隊の設立を指導したり、また中国へ渡って昆明のアメリカ戦略情報部（ＯＳＳ）と接触したりと精力的に活動した。そして日本の降伏が確実になると、八月一三日から一五日にかけて共産党全国会議を招集し、同会議は総蜂起の発動を決定した。また同一六、一七日には国会に代わる国民大会を開催し、ベトナム民族解放委員会を成立させている。八月一七日以降、ベトミンは各地で蜂起を主導し、行政権を掌握することに成功した。民族解放委員会はベトナム民主共和国（ＤＲＶ）臨時政府となり、その政府主席兼外相となったホーは、九月二日、バーディン広場で開催された独立記念式典で自ら起草した独立宣言を読み上げた。この時、ホーは五五歳であった。

抗仏独立戦争からジュネーブ協定へ（一九四五〜一九五四年）

新生ＤＲＶの独立は、しかしながら、直ちに国際社会によって承認されはしなかった。ＤＲＶ

政府は、植民地支配の継続を目指すフランスとの外交交渉による独立達成のために手を尽くすが、フランス側の譲歩を引き出せず挫折する。一九四六年一二月一九日にはとうとうハノイで本格的な軍事衝突が起こり、ホーは、「我々は平和を望み、譲歩した。だが我々が譲歩すればするほど、フランス植民地主義者はますます侵略してくる……否！　我々はすべてを犠牲にしても決して祖国を失ってはならない。決して奴隷にはならない。同胞たちよ、我々は立ち上がらなければならない……」（「全国抗戦のアピール」）と国民に呼びかけた。抗仏独立戦争（第一次インドシナ戦争）の始まりである。

DRV政府と人民軍はベトバクと呼ばれる北部の山岳地域を拠点としてフランス軍に抵抗を続けた。ホーは、団結して祖国のために戦うことを人々に求める一方で、自らが旧体制の支配者たちのように国民から隔絶した存在になってしまわないよう注意を払った。ホーは機会を捉えて積極的に人民や兵士と交流し、彼らの言葉に耳を傾け、彼らと苦楽を共にする姿勢を身をもって示した。幹部・党員に対しては、党派主義や官僚主義、腐敗などの傾向を戒め、人民の信頼を得るために幹部・党員が優れた人格と道徳をもつことの重要性を繰り返し説いた。

一九四九年一〇月に隣国中国で共産党が内戦に勝利し、中華人民共和国が成立すると、翌一九五〇年一月、ホーは政府を代表して改めて諸外国に国家承認と外交関係樹立を求めるアピールを出した。その四日後には中華人民共和国がこれに応えて世界で最初にDRVを国家承認した。その翌日、ホーは国境を越えて中国に入り、北京経由でモスクワへ向かった。モスクワでは訪ソ中の毛沢東の仲介でスターリンと会談し、ソ連からも国家承認を取りつけた。中国からの軍事支援は以後、人民軍がフランス軍との戦闘を有利に展開することに貢献した。

一九五四年五月、インドシナ戦争休戦のためのジュネーブ会議が始まる前日、ベトナム人民軍は、ディエンビエンフーでフランス軍に対し劇的な勝利を収めた。人民軍はその後も攻勢を続け、七月二一日の協定調印までには国土の四分の三近くを実効支配下に置いていた。しかし、ジュネーブ会議では東西両陣営の大国主導で交渉が進められ、最終的にベトナム領土内に存在する二つの国家（DRVとベトナム国[*3]）の間の軍事境界線を北緯一七度線とすることで決着した。DRVにとっては、暫定的にせよ国土を分割することになる上、人民軍の戦果を無視したこのような解決案は容易に受け入れられるものではなかった。しかし、七月初頭に中国に赴き周恩来と会談したホーは、国際情勢および中国の姿勢を見極めたうえで、当面の平和の実現を優先して交渉に応じることとし、他の幹部たちを説得して合意を取りつけた。ホーは六〇代半ばとなっていた。

ジュネーブ協定後死去まで（一九五四〜一九六九年）

ジュネーブ協定後、特にレ・ズアンが書記長になった一九六〇年頃からは、ホーが党の政策決定に果たす役割は目立たなくなる。一九五九年に党中央委員会が南ベトナム解放のために武力闘争を行うことを決定したのは、レ・ズアンの主張に基づくものであった。一九六八年一月末のテト攻勢[*4]の実行についても、実際に議論を仕切っていたのはレ・ズアンであった（フイ・ドゥック二〇二一：二一一―二一四頁)。

ただし、国家主席として国民や国際社会に向けたメッセージを発する役割については、最後まで余人をもって代えがたいものがあったと思われる。ドゥイカーは、一九五〇年代半ばから一九六〇年代半ばにかけて、国内におけるホーの主な役割は「愛されるホーおじさん」として学校や工場、農場などを訪れ、社会主義と民族統一の大義を広めることであったと述べている（Duiker 2000: 553)。米軍機が初めてハノイを爆撃した一九六六年には、「独立と自由ほど尊いものはない」という有名な言葉を含む「抗米救国檄文《げきぶん》」を読み上げた。

健康の衰えを自覚したホーは、一九六五年に最初の遺書を書き、その後、一九六九年九月に七九歳で死去するまでに二度にわたって遺書の内容を補足している。そこには国民および党員に宛てた多くのメッセージが込められていた。ホーは、当時まだその最中にあった抗米戦争について、困難であるが必ずベトナムは勝つと述べ、勝利した時には北部も南部もすべてまわって同胞や幹部、兵士にお祝いを言い、老人や青年、子どもたちを訪ねたい、その次には国民に代わってベトナムの救国の戦いを支持してくれた各社会主義兄弟国その他の友好国を訪れて感謝を伝えたいと考えていたと述べている。そのうえで、党に対しては団結することの重要性を強調し、そのために党内民主を実行し、批判・自己批判を行い、互いに同志として愛情を持たなければならないとする。また、党員・幹部は革命道徳を深く理解し、真に勤倹廉正、公平無私でなければならない、党を清廉に保ち、人民の指導者、人民に誠実な奉仕者にふさわしいようにしなければならないとも述べている。遺書の最後は、自分の最後の願いは、全党、全国民が団結・努力して、平和で、統一され、独立し、民主的で豊かなひとつのベトナムを建設し、世界革命事業に相応の貢献をすることであると締めくくられている。

二　ホー・チ・ミンの生涯、人物に関する主な争点

事実関係について

ホー・チ・ミンの生涯については、党公認の伝記等のなかの記述と研究者等による事実認定に食い違いがある点がみられる。以下では二点を取り上げる。

第一は、ホーがフランスに旅立った動機についてである。前述したように、党の公式文献によれば、ホーは「救国の道を求めて」故国を出たとされている。しかし、多くの研究者の見解によれば、ホーが最初からそこまで明確な意図をもっていたとは考えられていない。そのひとつの証拠とされるのは、ホーがマルセイユで植民地官吏養成学校への入学願書を提出していたことである。このことは、父親が知県を解任されるという状況の下で、ホーが植民地政権の官吏になって生計を立てようとしていたという解釈につながりうる。

もっとも古田によれば、ホーの入学願書には入学希望の理由として「フランスが私の同胞に対

するのに益となり、同時に同胞が学識の成果を享受するのを助けられるようにしたいと希望しております」と記されていたという（古田 一九九六：四三―四四頁）。これに基づき、古田は、ホーはたしかにこの時点でベトナム民族の将来に強い思いをはせていたということができ、そのような広い意味では「救国の道」を求めていたと解しうるし、それは生計を立てるというより現実的な目的とも両立可能であると述べている。このような解釈はドゥイカーやブロシューなどの見方とも概ね合致する。

第二は、ホーが結婚していたかどうかという問題である。「ホー・チ・ミンは生涯独身で通し、家庭も子どもも作らず、すべての人生を革命と民族のために捧げた」というのが党の公定解釈であり、またホー自身もそのように言及している。しかし、これも事実とは異なる「神話」であるというのが一般的な理解である。ホーは少なくとも中国で正式に結婚しているし、それ以外にもその生涯には親密な関係にあった女性が存在したことが多くの研究によって示唆されている。

これらの論点は、一見、ホーの功績や人格の評価にかかわるような重要な問題にはみえない。しかし、党はこれらの点に関する異論の余地を認めようとはしない。これらの点に関して党員や国民が党の公式見解に異議を唱えようものならば、処分・処罰の対象ともなりうるのである。[*5] ホーの生涯として語り継がれる物語はまさに一種の「神話」なのであって、細部において事実であるかどうかは重要ではない。問題視されるのはむしろそのような神話に異議を唱えるという行為のほうなのである（Dror 2016: 446-447）。

評価にかかる論点（一）　民族主義者か共産主義者か

次に、ホーに対する評価にかかる主な論点のひとつとして、ホーは民族主義者かという問題がある。実際、民族主義か共産主義かというのは、必ずしも二者択一ではない。ドゥイカーや古田らは、ホーにおいては民族主義と共産主義が共存していたと解釈することでこの問題に回答を与えている。しかし、この問題は主に二つの文脈においてより子細な検討の対象となりうる。

第一に、党内におけるホーの思想的立場の評価という文脈である。先にみたように、結党当初以来、ホーが表明してきた立場は民族主義を重視した共産主義路線ともいうべきものであり、より正統的共産主義者を自認する同志たちからはしばしば「右傾思想」という批判を受けてきた。この評価がその後どのように変わってきたかである。

この点については、古田が公式のベトナム共産党史の検討に基づいた分析を行っている。古田によれば、最初の公式の党史であった一九六〇年の党三〇年史は、コミンテルンの歴史的役割を高く評価する立場から、コミンテルンの方針に忠実な政治綱領を採択した一九三〇年一〇月の第一回中央委員会の方にホーが指導した同年二月の統一会議よりも重要な位置づけを与えていた。これに対し、一九七〇年の党四〇年史では、統一会議の内容が第一回中央委員会の政治綱領の基礎となったという表現で、前者にもより肯定的な評価が与えられるようになった。古田は、これをベトナム戦争の激化で民族的な動員の必要性が高まったことや、中ソ対立の中でベトナムの党がその「自主独立」を強調するようになったことなどによって生まれた変化であったと分析している（古田 一九九六：一八一〜一八二頁）。このように、当初党の公式見解のなかで意図的に曖昧にされてきたホーの民族主義的傾向は、一九七〇年頃以降は異端視されなくなってきたとみられる。さらに、後でみるように、ドイモイ期[*6]においては、共産主義と民族主義の結合は、ホー・チ・ミン思想として、完全にベトナム共産党の正統的なイデオロギーとなる。

第二に、アメリカ国内でのベトナム戦争研究の文脈においてである。アメリカの研究者たちの間では、ベトナム戦争は「誤った戦争」であったという認識が主流となってきた。このような議論のひとつに、ホーの本質は共産主義者である以前に民族主義者であり、この点をアメリカの政策当局者が見誤ったことがDRVを社会主義ブロックに追いやり、さらにはアメリカを「誤った戦争」に踏み切らせることにもなったという主張がある。

いわゆる「正統派」のこのような議論に対して異を唱えてきたのが「修正主義」と呼ばれる研究者たちである。たとえばオレゴン大学のトゥオン・ヴーは、一九四〇〜一九五〇年代にアメリカがホーのアピールに応じなかったことが、結果としてDRVをソ連陣営の側に追いやってしまったという「失われた機会」論を強く批判し、その論拠としてホーがさまざまな筆名で執筆した新聞記事を取り上げ、いかにホーが真の共産主義者であり、アメリカの資本主義社会を敵視ないし蔑視していたかを強調している（Vu 2017: 127-131）。

「修正主義」の主張に対しては「正統派」的立場からの反批判もあり、この文脈においてはホーが民族主義者か共産主義者かという論争はまだ収束していない。[*7]

評価にかかる論点(二) 政治的責任の問題

ホーの評価に関わるもうひとつの問題は、その公人としての行動や党・政府の決定への関与に関する政治的責任をどう捉えるかである。

「北」側のベトナム人でこの問題に正面から言及したのがブイ・ティンである。ブイ・ティンはジャーナリストであり、抗仏・抗米戦争に従軍した軍人でもあった。抗米戦争後はベトナム共産党の機関紙『ニャンザン(人民)』の副編集長まで務めたが、一九九〇年にフランスに亡命し、以後二〇一八年に彼の地で没するまで国外から体制批判や提言を行ってきた。その一九九五年の著作(Bui Tin 1995)のなかで、ブイ・ティンは、ホーに対する一定の尊敬の念を表明しつつその「神格化」を否定し、党・政府の政策や決定にかかるホーの政治的責任についても率直な批評を行っている。たとえば、一九五〇年代にベトナム共産党が断行した土地改革の実施過程で、地主と認定された多くの人々が不当な迫害を受けたことについて、ホーにも責任があると断じている。[*8]

ブイ・ティンのホーについての論評は同書の内容の一部にすぎないが、そのインパクトは小さくなかったと思われる。カーライル・セイヤーは、同書に寄せた巻頭言で、この回想録のもっとも驚くべき、また党内保守派の反発をひき起こすと予想された点は、ホー・チ・ミンは「人間であり、聖人ではない」としたところであると述べている（Bui Tin 1995: ix）。ブイ・ティンがホーを「侮辱した」ことは、今日に至るまでベトナムの国営メディアなどによる攻撃の対象となっている。

より全面的かつ根本的に、ベトナムに共産主義をもちこみ、共産主義イデオロギーにもとづく国家を建設したことについてホーを批判し、その責任を問う言説も、主として旧南ベトナム系の在外ベトナム人の間などでみられる。二〇一七年に岡山県美作市の公共施設にホー・チ・ミン像が設置された際の論争はその一例である。ベトナムとの交流を積極的に推進してきた同市は、二〇一七年、友好の証としてベトナム政府からホー・チ・ミン像を寄贈され、これを市の文化芸術センターに設置したが、これが議論を呼んだ。あるオンライン署名のサイトには、一九五〇年代の北ベトナムにおける「ホーチミン主導の」土地改革で何千人もの人々が虐殺されたこと、ベトナム戦争では「ホーチミンとベトナム共産党の首脳」が南ベトナムを侵略し、国を荒廃させ、何百万人もの犠牲者を出したことなどを理由として、美作市のホー・チ・ミン像の撤去を求める署名を六カ国語で呼びかけるページが現れた。[*9] この呼びかけに対して最終的には三六カ国から八〇〇〇人分を超える署名が集まったようである。[*10]

このような全面的な否定は、本質的には、ホー個人への批判というよりも、ホーが共産主義ベトナムの絶対的なシンボルであることに起因すると解される。さらにいえば、ブイ・ティンのような、より限定的な批判であっても、その根底にあるのはホーを「神格化」することで自らの統治を正統化し、議論を封じてきた党への異議申立てである。党がホーに対する批判に敏感に反応するのはそのためであろう。

実際、ホー自身の親しみやすいイメージとはむしろ対照的に、党によるその神格化・偶像化の傾向は時を追って強まっているようにみえる。次節では、ホーの「国父」としてのイメージがどのように生成され、利用されてきたかを検討する。

三 「国父」イメージの生成と利用

生前──党の指導下での国民統合の要

ホーの人物像形成に大きな役割を果たしているのが、ホーについて残された多くのエピソードである。ホーの前半生のエピソードを集めた伝記は、独立宣言後のかなり早い時期から書かれている。最も早い時期に書かれ、今日に至るまで繰り返し国内外で出版されている伝記として、チャン・ザン・ティエンによる『ホー主席の活動の人生の物語』という小編がある。[*11]

同書の前書きによれば、著者であるティエンは、独立宣言の翌日にホーに手紙を書いて面会を申し込み、翌九月四日にホーに会うことができた。そこで伝記を書かせてほしい旨を伝えると、ホーは「それはいい考えだが、今は他にやるべきことがたくさんある」と言って断った。そこでアプローチを変えて、ホーを知る人々に話を聞き、その結果をまとめたものがこの『物語』であるとされる。この書のなかでティエンは、ホーを「ベトナム民族の父」と呼んでいる。[*12]

この『物語』の著者とされるチャン・ザン・ティエンは実名ではないことが知られている。ティエンがホー自身であったかどうかについては説が分かれるが、いずれにせよ、その内容は本人以外に知りえない多くの情報を含んでいるところから、ホー本人または本人の協力を得た誰かであったと考えられる。

また、一九六一年にはT・ランの名で「歩きながら語る」というタイトルの一連の記事が『ニャンザン紙』に掲載され、のちに本にまとめられた。これはホーに従う幹部の聞き書きという体裁で『物語』と同様のエピソードを紹介したものだが、こちらはホー自身が書いたものであることが公式にも認められている。

これらの伝記は、ホーの半生を革命家のあるべき姿のモデルとして人々にわかりやすく伝えることをひとつの目的として書かれたものであったと想像できる。ホーは体系的な著作を残しはしなかったが、パンフレットや新聞記事、手紙や詩などは非常に多く残されており、その多くは党員や国民の啓発や教育のために書かれたものである。ホーは、「社会主義を建設するためには、まず社会主義者が必要である」と述べたとされ、党員・幹部や国民が共有すべき新しい道徳体系の構築とその「布教」に熱心に取り組むとともに、常に自ら模範を示そうとした。そこで強調されたのは、「倹約、自己犠牲、堅実さ、公平性、物質的利益への無関心、傲慢さや社会的地位の追及の否定、質問をして自分の誤りを認識する能力」といった一連の徳目である（Malarney 2002: 53-57）。

換言すれば、ホーは、ベトナムに社会主義を建設するため、ないし党の指導の下に新たな国民国家を形成するために、自身に対する一種のカルト（個人崇拝）を創造したということもできるだろう（Dror 2016: 446; Duiker 2000: 572）。

死後——ホーの後継者としての体制の正統化

一九六九年九月二日にホーが死去すると、ホーのカルトは党・国家に引き継がれ、変容していく。そのことを端的に示しているのがホーの遺体の扱いである。ホーの遺書には、自分の遺体を火葬にして遺灰を三つに分け、（統一ベトナムの）北部、中部、南部にそれぞれ埋めてほしいという希望が記されていた。また、盛大な葬儀を行ったり、墓所に石碑や銅像を建てたりすることはしないようにとも指示されていた。しかし、ホーの死去に先立ち、レ・ズアンは政治局の会合を開催し、全国の、特に南部の同胞がホーの姿を見てその思い出に敬意を表することができるよう、ホーの死後、その遺体を長期保存する方針を固めていた（Dror 2016: 458-459）。その結果、遺書のなかの火葬云々に触れた部分は秘匿され、ホーの遺体を安置するためにハノイのバーディン広場に壮麗な霊廟が建造されることとなった。

九月九日、内外から一〇万人を超す人々が参列したとされるホーの国葬は、ホー亡き後の党と国民が目指すべき方向を示す機会となった。弔辞のなかでレ・ズアンは、全党、全人民、全軍を代表して五つの誓いを読み上げた。

①ホーの願い通り、南部を解放し、祖国を統一する。

②ホーが示した社会主義と共産主義の理想を実現するために最善を尽くし、祖国に繁栄を、同胞に幸福をもたらす。

③ホーが常に述べていたように党の団結一致を守り、党の戦闘力を高め、全国民の団結の核心となるよう努める。

④ホーの純粋な国際精神を発揮し、社会主義陣営内と兄弟諸党間の団結一致を回復、強化することに貢献する。インドシナ諸民族間の団結友誼の精神を強化する。

⑤終生ホーの道徳、作法を学習し、革命的な品性を養い、困難や犠牲を恐れず、ホー主席の同志、弟子にふさわしい、党と人民に忠実な戦士となるよう鍛錬する。

一九七〇年に共産党の党史研究委員会がまとめた『正伝ホー・チ・ミン』は、「全党、全軍、全人民が以上の五つの誓いを実現することは、『ホー主席の神聖な遺書』を実現することであり、かれの偉大な事業を継承することになるのである」と記している（ベトナム労働党中央党史研究委員会 一九七〇：一四九頁）。党はホーの遺志の遂行をその統治の大義に加えることになった。

ドイモイ初期――ソ連・東欧社会主義体制の崩壊とホー・チ・ミン思想

一九九一年の第七回党大会は、「党の思想的基盤、行動の指針」として、従来のマルクス・レーニン主義に加え、「ホー・チ・ミン思想」を党綱領に初めて明記した。「ホー・チ・ミンの思想、道徳、作法に学ぶ」ことは以前から奨励されていたが、それが「ホー・チ・ミン思想」としてマルクス・レーニン主義と並んで公式に党の指針となったのはこの時からである。その背景には、この時期、ソ連・東欧における社会主義体制の動揺と崩壊という状況のなかで、マルクス・レーニン主義の普遍的価値に対する懐疑が広がっていたことがある。

ホー・チ・ミン思想の最もシンプルな定義は「マルクス・レーニン主義のベトナムにおける創造的な適用」であるが、ホー・チ・ミン思想の教科書では、若干敷衍《ふえん》して、「ホー・チ・ミン思想は、ベトナム革命の基本問題に関する全面的で深遠な思想体系であり、マルクス・レーニン主義のわが国の具体的条件への創造的な適用・発展、民族の美しい伝統的価値の継承・発展、人類の文化の精華の継受の結果であり、わが党と民族の限りなく大きく貴重な精神的財産であり、わが人民の革命事業が勝利を収めるための道を常に照らし続けている」と述べられている。つまり、マルクス・レーニン主義に加え、ベトナムの伝統的価値や、古今東西の文化に広く立脚していることがその特徴とされているのである。このような意味で、ホー・チ・ミン思想は、単にマルクス・レーニン主義の一流派というものではなく、むしろそれを超えた内容を持つものと考えられている。

古田は、現在のベトナム共産党は、ホー・チ・ミン思想という概念を提唱することによって、コミンテルンを正統としてきた従来の歴史観から解放されたと述べている（古田 一九九六：九頁）。ホーの民族主義的傾向を党史のなかでどう位置づけるかといった問題も基本的に解消され、ホー・チ・ミン思想は過去・現在・未来を通じて党と国民を導く「正しい教え」であると位置づけられるようになった。ホー・チ・ミン思想の提唱は、党がイデオロギーの危機を乗り越え、共産党一党独裁体制の継続を正当化することを可能にしたのである。

二〇〇〇年代半ば以降（一）「ホー・チ・ミン道徳の模範に学ぶ」運動

党による国父ホー・チ・ミンの利用には、二〇〇〇年代半ばから現在にかけて、主に二つの新しい展開がみられる。

第一は、ホー・チ・ミン思想の価値を再確認し、その普及・実践を促進する動きである。二〇〇三年三月、党は、「新しい段階におけるホー・チ・ミン思想の研究、宣伝、教育の促進に関する書記局二三号指示」という文書を出している。この文書で、党指導部は、一九九一年にホー・チ・ミン思想を党の行動指針とすることを決定したにも拘わらず、現状では大学等の教育機関でも十分にプログラム化されておらず、党員・幹部の業務にも生かされていないなどと指摘し、さらにその研究を進めるとともに、すべての党員・幹部の政治教育におけるその必修化、学校教育のための教科書の作成、マスメディアを通じた宣伝の促進などを行うこととしている。

続いて、二〇〇六年の「ホー・チ・ミンの道徳的模範の学習と実践運動の組織に関する政治局六号指示」は、二〇〇三年の二三号指示の成果を踏まえ、二〇一一年までの五年間、同運動を実践することとした。同文書は、その後も五年ごとに更新されて今日に至っている。

この運動導入の考えうる背景としては、この時期、党創設時以来の指導者たちが一線を退き、指導部の世代交代が進んだことや、幹部の汚職・腐敗の問題が深刻化したことなどに伴い、党内外で体制批判や民主化を求める声が強まってきたことがある。このようななかで、党内保守派が中心となって党内の規律を強化し、党の国家・社会に対する指導力を回復すべく提唱したのが「ホー・チ・ミン道徳の模範に学ぶ」運動であったと推測される。

二三号指示については、党の理論誌『タプチコンサン』(共産雑誌)二〇〇三年七月号に当時の中央理論評議会議長であったグエン・フー・チョンの論文が掲載されている。チョンは、まず論文の前半でホーの功績を振り返り、ホー・チ・ミン思想の正しさを強調し、それを称賛している。そして、科学技術の急速な発展、世界的な階級闘争・民族紛争の激化、敵対勢力による破壊の脅威といった近年の状況下で、党はこれまで以上に政治思想を堅固にし、言動を統一し、道徳や生活様式を清廉にし、組織・幹部を引き締めなければならない、すべての党員・幹部がホー・チ・ミン思想を学習・実践することで党は一党独裁制の危機を乗り越え、引き続き人々の支持を獲得することができるだろうとチョンは述べている (Nguyễn Phú Trọng 2003)。

二〇一一年にチョンが書記長に就任してからは、党内および社会におけるホー・チ・ミン思想・道徳の学習が一層強調されるとともに、党内の検査・監査や懲戒処分、人事管理などに関する規定の整備も進められてきた。たとえば党員の違反に対する懲戒処分について定めた二〇一七年の政治局一〇二号規定は、最も重い処分である除名につながる事由のひとつとして、「マルクス・レーニン主義、ホー・チ・ミン思想、民主集中原則、社会主義的民主主義、社会主義法権国家、社会主義志向市場経済を否定し、三権分立、市民社会、多元主義、多党制の実現を求めること」を挙げている。ここではホー・チ・ミン思想は、市民社会や多元主義などの概念とは対極に位置づけられている。実際にチョン指導部の下では、リベラルな思想で知られる知識人たちが党を除名されたり、自ら離党を宣言したりする事態も生じている。*13

二〇〇〇年代半ば以降（二）　ホー・チ・ミン像の建設

二〇〇〇年代半ば以来のもうひとつの動きとして、ホーを文字通り偶像化する政策がある。二〇〇四年に公布された「二〇一〇年までのホー・チ・ミン像計画に関する首相一八五号決定」という文書は、ホーの国家と民族に対する多大な貢献を記念し、ホー・チ・ミン思想を宣伝、教育し、ホーの道徳、人格を学習するため、全国各地にホー・チ・ミン像を建設することを定めた。二〇一五年のBBCの記事によれば、同年四月までに全国で一三四のホー・チ・ミン像が建てられ、二〇三〇年までにさらに五八件のプロジェクトが予定されているという。*14

この政策導入の具体的な経緯は明らかではないが、額面通りに受け取れば、これは「ホー・チ・ミン道徳の模範に学ぶ運動」を補完するものであると考えられる。ドゥロールによれば、党・国家にとっては、モニュメントというものは市場経済化が進むなかでイデオロギーを目に見える形にする数少ない手段のひとつであり、国民の指導者に対する愛情や国家への忠誠、国民と党、国家との結びつきなどを表現するものであると考えられる（Dror 2020）。

もっとも、この政策に関しては、巨額の建設費用が濫費や汚職の温床となることへの懸念も強い。二〇一五年には、北西部山岳地域の貧しい省であるソンラ省が一・四兆ドン（約六四〇〇万ドル）を投じてホー・チ・ミン像とその周辺の広場を建設するプロジェクトを承認したことに対し、多くの知識人や社会活動家が反対の署名運動を展開する事態となった。党・政府も恐らくこのような批判を認識しており、新しいホー・チ・ミン像の建設は続いている一方で、二〇一〇年以降の建設計画は策定されていない。

おわりに

ホー・チ・ミンが国民と親愛の情で結ばれた指導者であろうとし、その意味において「偶像化」を嫌ったことは、その立ち居振る舞いや遺書などの著作からもみてとることができる。他方、そのような立ち居振る舞い自体、党員や国民に範を示すために計算されたものという面もあった。ホーは「国父」をもって自ら任じ、その役割を意識的に演じていたと解されるが、それはホー個人の自己顕示欲などのためというよりも、党の指導の下に国民を統合するため、そして社会主義政治体制における党と国民の関係のあるべき姿を示すためであったと考えられる。

実際、ホーの死後、南北統一が実現した後も、社会経済が安定的な発展軌道に乗るまでにはさまざまな曲折があったが、こと政治体制に関しては大きな混乱をきたすことがなかったのは、ホーの遺産によるところが小さくないと思われる。党は、ホーの遺志の遂行をその目標に掲げることで、カリスマ的指導者亡き後の指導体制への円滑な移行に成功した。また、ソ連・東欧の社会主義体制の崩壊に伴うイデオロギーの危機に際しては、ホー・チ・ミン思想という概念を新たに提唱し、それをベトナム革命に関する独自の理論と位置づけることによってベトナムにおける社会主義路線の継続を正統化することができた。

ドイモイ路線が軌道に乗り始めて以来、党は、党員・幹部の腐敗の深刻化と国民の党に対する信頼の低下という課題への対処を迫られてきた。汚職への批判が体制転換への要求に転じることを危惧する党内保守派は、ホー・チ・ミン思想の学習を推進し、ホー・チ・ミン道徳の実践運動を展開しつつ、汚職と体制批判の双方に対する締めつけを強化している。そのようななかで、「国父」ホー・チ・ミンは、ベトナムの社会主義政治体制の守護神となっているようにもみえる。巨額の費用をかけて各地に建設されるホー・チ・ミン像はその象徴である。

＊注

(1) 以下、本節の記述は主として古田（一九九六）、Brocheux（2007）に基づく。

(2) コミンテルンが植民地および途上国の共産主義者の養成のために開設した学校。

(3) ベトナム国は、DRVに対抗して、グエン朝最後の皇帝バオダイを元首として一九四九年に設立された、フランス連合に属するベトナム人国家である。

(4) テト攻勢は、一九六八年の旧正月(テト)に、DRVと南ベトナム解放民族戦線の軍事勢力が行った奇襲攻撃である。アメリカ政府がDRVとの和平交渉を開始する契機となった。

(5) たとえば、一九九一年、トゥオイチェ紙の編集長ヴ・キム・ハインは、ホーが結婚していた可能性を示す記事を同紙に掲載させたことなどを理由に編集長を解任された(Bui Tin 1995: 17)。

(6) ドイモイ(「刷新」)とは、一九八六年の第六回党大会で公式に導入されて今日に至る、市場経済化を核とする改革路線である。

(7) "Cuộc chiến VN: Bàn về chủ nghĩa dân tộc và chủ nghĩa cộng sản" *BBC News Tiếng Việt*, 18 May 2023, https://www.bbc.com/vietnamese/articles/c6p0kxzgd1no(二〇二三年七月二〇日閲覧)など参照。

(8) 土地改革の「行き過ぎ」については、ホーをはじめとする当時の幹部が自らの誤りを認め、犠牲者の遺族に謝罪し、階級分類の修正を行うなどの措置をとったが、ブイ・ティンは党がその総括を十分行っていないと主張する(Bui Tin 1995: 27-29)。

(9) "Protest against installing the statue of Ho Chi Minh at Mimasaka, Japan", https://www.change.org/p/the-mayor-of-mimasaka-protest-against-installing-the-statue-of-ho-chi-minh-at-mimasaka-japan(二〇二三年七月二〇日閲覧).

(10) 署名は、像の撤去を求める請願書と共に同市市長に提出されたが、市は、ホーがベトナムで芸術家としても評価されていることなどを理由としてその設置を正当化している。

(11) 今日流通している同書は一九五五年版であるが、それより古い版も存在するという(Dror 2016: 437)。

(12) 同書では、ホーが独立宣言を読み上げた際に、人々はまずその出で立ちを見て彼が「子どもたちのところに帰ってきた優しい父親のように」簡素で親密な様子であることに驚き、さらにホーが宣言を読むのを中断して「皆さん、私の話がよく聞こえますか?」と聴衆に問いかけた時には、ホーと人民の間を隔てるものはすべて消え失せ、「主席はベトナム民族の『ホーお父さん』になった」と述べられている。

(13) 二〇一七年には、ドイモイ初期に二人の首相のアドバイザーを務めたトゥオン・ライ教授が、現在の共産党と関係を断つことを宣言した。二〇一八年には科学技術省元次官のチュ・ハオ教授が党を除名されている。

(14) "Tình cảm không thể cân đong đo đếm" *BBC News Tiếng Việt*, 4 August 2015,https://www.bbc.com/vietnamese/vietnam/2015/08/150804_hochiminh_memorials（二〇二三年七月二〇日閲覧）.

【参考文献】

フイ・ドゥック（二〇二一）『ベトナム：ドイモイと権力』中野亜里訳、めこん。

古田元夫（一九九六）『ホー・チ・ミン――民族解放とドイモイ』岩波書店。

ベトナム労働党中央党史研究委員会（一九七〇）『正伝　ホー・チ・ミン』真保潤一郎訳、毎日新聞社。

Brocheux, Pierre（2007）, *Ho Chi Minh: A Biography*, Cambridge: Cambridge University Press.

Bui Tin (1995), *Following Ho Chi Minh: Memoirs of a North Vietnamese Colonel*, Honolulu, University of Hawaii Press.

Dror, Olga (2016), "Establishing Hồ Chí Minh's Cult: Vietnamese Traditions and Their Transformations", *The Journal of Asian Studies*, Vol. 75, No. 2.

Dror, Olga (2020) "Controversies over Monuments Commemorating Hồ Chí Minh in Vietnam", ISEAS Perspective 2020/43, Singapore: ISEAS - Yusof Ishak Institute.

Duiker, William. J.（2000）, *Ho Chi Minh: A Life*, New York: Hyperion.

Malarney, Shaun Kingsley (2002), *Culture, Ritual and Revolution in Vietnam*, London: RoutledgeCurzon.

Vu, Tuong（2017）, *Vietnam's Communist Revolution: The Power and Limits of Ideology,* New York: Cambridge University Press.

Nguyễn Phú Trọng (2003), "Đẩy mạnh việc nghiên cứu, học tập và làm theo tư tưởng Hồ Chí Minh", *Tạp chí Cộng sản,* số 19.

第Ⅱ部

権威主義リーダーの交代と「建国の父」

第四章　ミャンマー　アウンサン

——三二歳で暗殺された指導者の歩みと、独立後の顕彰のゆらぎ

根本 敬

はじめに

ビルマ（ミャンマー[*1]）が一九四八年に英国から独立したとき、独立運動を率いたアウンサン（一九一五―四七）はそれを見届けることができなかった。その半年前に暗殺されていたからである。その後、彼は唯一無二の「独立の父」（建国の父）として政府から顕彰されてきた。それは反英武装闘争と抗日蜂起を率いた英雄としての賞賛であったため、必然的に「ビルマ国軍の父」という位置づけも彼に与えることになった。

しかし、この「国軍の父」に関する解釈については、一九八八年に生じた全土的民主化運動を機に様相が変化する。国軍による政治支配や市

アウンサン

民への抑圧に対抗すべく、国民の側からアウンサンを「国民を抑圧する」軍ではなく「国民のために尽くす」軍を創設した人物として強調する動きが生まれ、国軍当局にとってこの動きは痛手となった。民主化運動を指導するアウンサンスーチー（一九四五―）がアウンサンの娘であり、国民のあいだで絶大な支持を得ていたからである。アウンサンを「独立の父」として顕彰し続けることは娘の正統性を認めることになると考えた国軍は、運動を封じ込めた後の二三年間にわたる軍政期において、アウンサンの顕彰を控え続けた。

その状況は軍人と文民が共同で統治する擬似的民主制が導入された二〇一一年から変化し、アウンサンの顕彰は復活する。特に二〇一六年から五年間にわたったアウンサンスーチー政権期においてその傾向が強まった。一方で、今度は少数民族側からアウンサンの顕彰を「（多数派の）ビルマ民族による押し付け」として批判する動きがあらわれた。この動きは二〇二一年二月に生じた三度目の軍事クーデターによって国内が大混乱に陥ったため、論争する環境ではなくなったが（二〇二三年一一月現在）、アウンサン顕彰の在り方はいずれの日か再び問われる可能性が高い。本章ではアウンサンの歩みを歴史的背景とともに振り返ったうえで、独立後の彼の顕彰をめぐる経緯とゆらぎについて明らかにし、ビルマにおける「建国の父」の役割変化を追うことにしたい。

一　時代背景

アウンサンが生まれた一九一五年、ビルマはすでに英領インド帝国の一州（ビルマ州）として植民地統治下に組み込まれてから三〇年近くが過ぎていた。一八八五年の第三次英緬《えいめん》戦争によってビルマ王国（コンバウン朝）を滅亡させた英国は、全土を近代領域国家および植民地型の資本主義国家として作りかえた。二〇世紀に入り第一次世界大戦期を経ると、その後は限定的な自治権を付与する姿勢に転じる。一九二三年に両頭制を導入し、植民地議会の設置と行政権へのビルマ人の一部関与を認め、一九三七年にはビルマ統治法を施行してインド帝国からビルマを分離して、議院内閣制に基づく立法府とビルマ人による行政権の拡充に踏み切った。この結果、防衛と外交と貨幣発行権を除く全分野にビルマ人が関与できることになり、直轄植民地としての英領ビルマが自治領に近い形で完成するに至った（根本　二〇一〇：三〇―三七頁）。

これに対する土着社会の反応は二段階に分けてとらえることができる。第一段階においては植民地化のために王権の守護を失った上座仏教の衰退を憂いた信徒たちによって、大衆的な仏教保護団体が次々と設立され、その中でも一九〇六年設立の青年仏教会（ＹＭＢＡ）の活動が目立つようになった。この動きは英国が導入した「宗教」と「世俗」を分けて考える近代的な概念に直面した土着社会が、それを逆手にとるように、大衆の組織化を通じて「宗教」に属する事象や認識の範囲を拡大して主張し、「世俗」（政府）による土着の仏教コミュニティへの介入を制限しようと試みたものであった（Turner 2014：136-156）。

知識人たちの動きも見逃せない。一九一〇年に英人の植民地行政官とビルマ在住の欧州系知識人（民族学者、歴史学者、考古学者、言語学者など）が中心となって、近代教育を受けたビルマ土着の知識人たちの協力を得ながらビルマ研究協会（ＢＲＳ）という学術団体が結成された。同協会は活発な学術活動の展開を通じて、一九三〇年代までに近代的「ビルマ知」を植民地社会の高学歴層に提供することに貢献した。その試みは一九二〇年創立のラングーン大学にも受け継がれた。こうした知識人たちの行動は、ＹＭＢＡに代表される「宗教」運動と共に、ビルマにおける文化的ナショナリズム運動としてとらえることができる（Boshier, 2018）。その特徴はビルマ王朝史を中心に据えた「歴史」、ビルマ語とビルマ古典を軸とする「言語と文化」、そして上座仏教に代表される「宗教」という三要素を、ビルマの文化的支柱として植民地下の人々に受け止めさせることにあった。これによって、多民族が混住する植民地下の複合社会のなかで、経済的な接触以外に「つながり」を持ちえなかった人々のあいだに、反英意識や独立志向などの政治性を持たせない形で、文化的な一体感に基づく「ビルマ国民」意識を作り出そうとしたのである。この背景には、植民地政府による人口調査を通じて一九世紀末から広がった「民族」「言語」「宗教」分類がもたらした人々の新しい帰属意識の形成を通じて、「ビルマ民族」が植民地社会の多数派として認知されたことが影響していた。

しかし、文化的ナショナリズムはその成熟を見る前に、政治的ナショナリズムへ姿を変えていく。これを土着社会の反応の第二段階とみなすことができる。一九二〇年代以降、文化的ナショナリズムを推し進めようとした知識人の期待に反して、植民地支配の打倒を目指す政治運動が土着社会において展開されるようになった。そこではビルマの独立（ないしは英連邦内の自治領の地位獲得）が目標とされ、一九三〇年代半ばにはタキン党（我らのビルマ協会）という反英民族団体の運動が活発化し、その影響はラングーン大学学生同盟（ＲＵＳＵ）の運動と共鳴現象を生み出した。アウンサンも入党したタキン党は、一九三八年後半から三九年初めにかけて生じた「ビルマ暦一三〇〇年反乱」（大規模反英ゼネスト）において活動のピークを迎える。「反乱」自体は失敗におわったが、ビルマのナショナリズムの流れが英国からの独立を目指す大衆的政治運動へ変化したことを明確に示した運動だったといえる。

その後のビルマは日本軍による侵入と占領を経験する（一九四二―四五）。このとき、政治化したナショナリズムは日本軍のバックアップによって英軍と戦うための軍事組織を手に入れ、そのリーダーにアウンサンが就いた。当初、ビルマ独立義勇軍（ＢＩＡ）と名付けられた軍事組織は、ビルマ防衛軍（ＢＤＡ）への改編を経て、一九四三年八月には日本による「独立」付与に合わせてビルマ国軍（ＢＮＡ）となった。彼らはＢＩＡ期以来、二年半にわたって対日協力を続けたが、その後はタキン党から派生した二つの政治組織と組んで反ファシスト人民自由連盟（ビルマ語略称パサパラ、当初の名称は反ファシスト組織パタパ）を結成し、地下抗日活動へ転じた（一九四四年八月―）。その頂点が一九四五年三月末から八月にかけて展開された抗日蜂起であり、日本軍の敗北を確実にし、同時期にビルマ奪還作戦を展開していた英軍側を側面から利することになった。

しかし、ビルマを取り戻した英国は独立付与に関して慎重な態度をとる。これに対し、国内最大の政治組織に成長したパサパラはアウンサンを議長として頑強に抵抗し、いくつもの難局を乗り切って一九四七年一月にロンドンでアウンサン＝アトリー協定の締結にこぎつけ、独立実現への道を確実にした（根本　二〇一〇：一二一―一一八頁）。その後、憲法制定の審議が進められるなか、一九四七年七月一九日、アウンサンら閣僚七名は行政参事会の閣議中に乱入した武装集団に撃ち殺されてしまう。暗殺発生による大混乱のなか、総督の指名によって後任はパサパラ副議長のウー・ヌが継ぎ、同年一一月に英国との独立協定の締結を経て、翌年一月四日、ビルマは共和制国家として独立を達成した（国名はビルマ連邦）。

二　人生を振り返る

幼少期から青年期

アウンサンは一九一五年二月一三日、ビルマ中央平野部の小さな町ナッマウに六人兄弟の末子として生まれている。父は弁護士、母は王朝時代の在地領主の家系に連なっていたが、収入の少ない夫を支えるべく自宅で商売をして家計を支えた。アウンサンは地元の僧院学校へ通ったのち、一三歳になった一九二八年、遠方のイェーナンヂャウンにある国民学校（中高）へ転校する。国民学校とは一九二〇年代の教育運動を通じて国内各地につくられた私立学校のことで、英語以外の全教科をビルマ語で教えるところに最大の特徴があった。英領期には英語を教授言語とするミッション系の私立学校と、英語ビルマ語両言語を用いる官立学校が近代教育の主流を担ったが、それに対抗する位置にあったのが国民学校で、教員にはナショナリストが多く含まれた。

国民学校でのアウンサンもそうした特徴の影響を受け、文化的ナショナリズムの基盤となるビルマ語や古典、上座仏教の経典用語であるパーリ語、そして歴史と地理を熱心に学び、成績は優秀で奨学金が支給された。一七歳で大学入学資格試験を兼ねた一〇年生修了試験に合格すると、一九三三年に英領ビルマ唯一の総合大学であるラングーン大学に進学した。その頃、大学内では学生同盟（RUSU）の動きが活発化していた。一九三五年、彼はのちのタキン党の幹部や有力支持者となる友人らと一緒に学生同盟の執行委員に立候補すると、当選して広報担当として同盟の雑誌『オウウェイ』編集長になった。おりしも同盟の議長コウ・ヌ（のちに独立後初代首相となるウー・ヌ）が学長批判演説のために退学処分を受けたことがきっかけとなり、同盟は全学ストライキを決行し（一九三六年二月）、大学側は対抗措置の一環として学長批判の論評を掲載した『オウウェイ』誌編集長アウンサンにも停学処分を下した（IOR M/1/147）。

学生運動からタキン党活動家へ

のちに第二次ラングーン大学学生ストライキの名で知られるようになるこの運動は、植民地議会の議員らによる支援もあって、学生同盟側の勝利に終わった。アウンサンへの処分は取り下げられ、学生側が要求した多くの要求項目も受け入れられた（IOR M/1/147）。この勝利を通じて学生同盟の活動家の名前は社会に広く知られるようになり、アウンサンは大学を卒業すると、二派に分裂していたタキン党の本部派（主流派）から誘われ、一九三八年一〇月にコウ・ヌと共に入党した。二人はすぐに指導層に抜擢され、アウンサンは同年一一月、書記長に抜擢された。

アウンサンが書記長として最初に取り組んだ闘争は、ビルマ中央平野部の油田地帯にある英資本の石油会社で解雇された労働者数百名を、ラングーンまで六五〇キロにわたって抗議の行進をさせ、それに合わせてラングーンで大規模反英ゼネストを展開することであった。「ビルマ暦一三〇〇年の反乱」と名付けられたこの闘争は、一九三八年暮れから翌年二月まで盛り上がりを見せ、植民地政庁をてこずらせたが、最終的には封じ込められた（IOR M/5/4, M/5/5）。

この「反乱」時に植民地議会では初代ビルマ人首相のバモオが首相を解任される事態が生じた（IOR V/9/4091: 377-427）。それまで一貫してバモオを非難してきたタキン党は、彼が下野後に強い反英姿勢を示すようになったことを確認すると、共に組んでより強力な反英運動を展開する新しい政治団体を結成した。一九三九年九月、自由ブロックと名付けられたその組織の議長にはバモオが、書記長にはアウンサンが就いた。アウンサンはこの時期、タキン党から派生したビルマ共産党の結成にも関わり、短期間だけ書記長に就任している（Maung Maung 1962: 11）。一九三九年から四〇年にかけて、彼はタキン党書記長を含め三つの政治組織の書記長を兼任したことになる（根本　二〇一〇：九八―一〇〇頁）

思想と行動の特徴

学生運動の時期から日本占領期直前（一九四一年）までのアウンサンの思想と行動上の特徴をまとめると、次の三つを指摘することができる。ひとつは強い「反英独立」志向である。文化的ナショナリズムを土台に政治的ナショナリズムを展開したタキン党の影響を受け、彼は英連邦自治領（ドミニオン）ではなく共和制国家としての独立を志向した。もうひとつは「左翼思想の取り込み」である。タキン党（本部派）の書記長として党を左翼化させる流れを促進するなかで、社会主義と共産主義の両方を自国の独立運動に役立てることができると彼は確信していた。彼の場合、マルクス主義の影響を受けつつも教条的なコミュニストにはならなかった。社会主義理解にしても、タキン党全体の傾向がそうであったように、ソ連型の計画経済から、英国の社会民主主義、さらにはドイツのナチ党の民族社会主義まで、幅広い関心を共有していた。三つ目は「行動的な調整役」としての特徴である。彼はラングーン大学学生同盟の執行委員にはじまり、一九三八年初めには全ビルマ学生同盟の委員長、その後にタキン党（本部派）書記長、自由ブロック書記長、そして短期間だけビルマ共産党書記長にも就任した。このことからわかるように、実務能力と調整能力に優れた人物だったといえる。

日本軍と組む（日本占領期）

バモオ前首相と組んで結成された自由ブロックは激しい反英運動を繰り広げたが、植民地政庁による封じ込めによりバモオは捕らえられ、アウンサンにも逮捕状が出された。彼はそれを逃れるため、一九四〇年八月、タキン党の同志一名と共に貨客船で密出国し、中国のアモイへ渡った（Maung Maung 1962: 16）。当時のアモイは列強による租界（行政自治権と治外法権を有する外国人居留地）があり、その中の日本租界に入ったところを日本軍憲兵隊にとらえられ、同年一一月、東京へ連行された。この背後には陸軍参謀本部第二部八課（謀略担当）に属する鈴木敬司大佐の策略があった。

鈴木は当時の日本軍を悩ませたラングーンから重慶につながる英米による中国国民政府（蒋介石政権）への物資支援ルート（援蒋ルート）を閉鎖させるべく、英領ビルマで反英運動を展開する若手ナショナリストたちを国外に脱出させて武装訓練を施し、祖国に戻したうえで植民地統治にゆさぶりをかける謀略作戦を意図していた。新聞記者を騙ってラングーン入りした彼は、ビルマ人政治家らを通じてアウンサンの高い評価とアモイへの密出国の事実を知ると、現地日本租界の憲兵隊に依頼して彼の逮捕と東京への連行を実行させた（泉谷　一九八九：三四―三六頁）。日本に連れてこられたアウンサンは鈴木から日本軍に協力するよう執拗に説得され、南機関と名付けられたビルマ工作をおこなう大本営直属の謀略機関に加わることになった（Aung San 1946: 30-36）。彼はビルマへ秘密裏に戻り、タキン党員とラングーン大学の学生ら計三〇人（アウンサンを含む）を密出国させ、日本海軍が占領していた海南島に集結させた。彼らはそこで南機関の日本人メンバーによる軍事訓練を受けた。

同年一二月八日、日本は米英との開戦に踏み切る。援蔣ルートの閉鎖は英領ビルマへの侵攻作戦として進めることになり、謀略を行う必要性は薄らいだ。焦った鈴木大佐はサイゴンに置かれた南方軍司令部とかけあって、日本軍のビルマ攻略戦における現地補助部隊という名目で、南機関が指導するビルマ人ナショナリストたちの軍隊を別個につくる許可を得る。彼はただちにバンコクでビルマ独立義勇軍（ＢＩＡ）を結成し、自らを大将に、アウンサンを少将に任命し、タイ側からビルマへ進軍した（一九四一年一二月末）。鈴木は一方でアウンサンらに対し、ＢＩＡは独立獲得を目指す軍である旨の説明をしていたため、ビルマ人メンバーはそれを信じ、祖国に入ったら独立宣言をするつもりでいた（泉谷　一九八九：三四頁）。日本軍はそれを許さなかったため、アウンサンらは日本軍に不信を抱くが、現実的判断からそのまま日本軍のビルマ攻略戦に協力し、英軍と戦った（根本　二〇一〇：一〇〇―一〇四頁）。

作戦を順調に進めた日本軍は一九四二年六月にビルマ全土に軍政を敷く。その後は南機関を解散したうえでＢＩＡをビルマ防衛軍（ＢＤＡ）に縮小改編し、日本軍の指導下に置いた。軍政下においてはバモオが中央行政府長官を務め、一九四三年八月に日本が「独立」をビルマに付与すると、そのまま国家元首兼首相の座に就いた。アウンサンも入閣して国防大臣に就任した。ＢＤＡは拡充されてビルマ国軍（ＢＮＡ）となり、アウンサン国防相が司令官を兼任した。こうして彼の対日協力は続いた。

抗日闘争

しかし、翌一九四四年三月から七月にかけておこなわれた日本軍のインパール作戦が大敗に帰すと、アウンサンは姿勢を転換する。すでに国内が経済的にも疲弊しきっていたなか、彼は一転して抗日地下活動を推進すべく、タキン党から派生した非合法組織のビルマ共産党と人民革命結社（のちの社会党）と組み、同年八月に前述の抗日統一組織パサパラを結成してその議長に就いた（根本　二〇一〇：一〇六―一〇八頁）。こうして表面上はバモオ政府の国防大臣を続けながら、水面下では抗日準備活動を推進しはじめたのである。数か月間の準備を経て、一九四五年三月二七日以降、彼はバモオ政府とたもとを分かち、国軍兵力を軸にした一斉抗日蜂起を率いた。英軍はすでにビルマ奪還を目指して国内中央部に進攻中だったが、抗日蜂起自体はアウンサンたちの独自判断で開始された（根本　一九九一：一七三―一七九頁）。

反ファシズム戦争と名付けられた蜂起はゲリラ戦で展開され、一部地域では農民や少数民族も加わり、最終的に四七七四人（最大推定値）の日本軍将兵を倒す形で終了した（根本　一九九一：一七七―一九五頁）。英軍の東南アジア軍司令部最高司令官マウントバッテンからも高く評価され（IOR M/4/2600）、それは戦後のアウンサンらにとって追い風となった。

対英独立交渉の最前線に立つ

とはいえ、日本軍敗退後、避難先のインド西北部シムラからビルマに戻った植民地政府（ビルマ政庁）は、ドーマン＝スミス総督のもと、戦時中に英国政府が策定した『ビルマ白書』に基づき、戦前の体制にいったん戻すことを優先した。そのため即時独立を求めたアウンサンらとぶつかることになる。英国はまず、戦前からのビルマ植民地軍（英側の軍）にアウンサンが率いるビルマ国軍の将兵を半数程度合流させ、その際に彼を副司令官として迎え入れ懐柔しようと試みた。しかし、彼は両軍の合同には同意したものの、副司令官就任は拒否して軍服を脱ぎ、パサパラ議長として独立交渉に向けた政治活動に専念する選択をした（根本　二〇一〇：一二一―一一四頁）。この行動は国民がアウンサンを愛国的な将軍として理解する流れを決定づけ（Ba Yin 1946）、彼が軍籍を離れても尊敬の念を込めて「将軍（ボウジョ）」と呼ばれ続ける要因をつくった。

ビルマ政庁復帰後まもない一九四五年一二月、現地英字紙「バーマン（The Burman）」は、その時点でのビルマにおける著名人（政治家、行政官、芸術家など）計八人の詳細な紹介を数日に一回の頻度で紙面に載せはじめた。その第一号がアウンサンであった（同紙一九四五年一二月一一日付、The National Archives FO643/36 4F6 収録）。記事の冒頭は「アウンサン将軍はごく最近、英国首相によって「ビルマのティトー」と呼ばれ、その姿はユーゴスラヴィアの指導者に劣らない「任務に厳格な男」である」（同）という一文で始まる。続く文章で「まさに時の人、アウンサンは国民全体を魅了し、選挙が行われれば圧倒的支持を得ることが確実な勢いにある」とも紹介されている（同）。抗日闘争に関しても「国民が日本軍を嫌えば嫌うほど、アウンサンの名声は高まり、抗日蜂起の際はすべての国民は彼のもとに従った。闘争は決定的勝利に終わった。敵は騙され敗退した。……国民はアウンサンを公平無私の指導者として尊敬している」（同）と記している。戦後すぐのビルマで早くもアウンサンを英雄として高く評価する紹介記事を載せた英字新聞があったことは注目に値する。英側の公文書の中にこの記事の切り抜きが残されていることも、英国がビルマの世論のアウンサン評価に強い関心を抱いていたことを示唆している。

一方で、アウンサンは一九四六年に自分の半生をまとめた本を出版し、その中で日本軍と組んだ経緯について詳細に触れた（Aung San 1946）。彼は同書において日本軍と組んだのは自分たちがファシズムに親しみを覚えたからではなく、日本軍と組むことによって英国を追放できると考え、そのあと自力で日本軍を追い出して独立を達成できると安易に判断したためだと述べた。さらにその判断について、自分たち（タキン党員）の「小市民的臆病さ」による愚かなミスであったと認めている（Aung San 1946: 35-36）。そのうえで、日本占領期においては現実的判断から強力な日本軍との戦闘をあきらめ対日協力姿勢をとったが、時期を見計らって抗日闘争に転じ、ファシスト支配からの解放を勝ち取って今は英国との独立交渉に全力を尽くしていると説明した。この弁明はビルマの世論に幅広く受け入れられ、英国の東南アジア軍司令部最高司令官マウントバッテンも、こうした文脈の説明に理解を示していた（IOR M/4/2600）。

逮捕の危機を乗り越える

アウンサンはさまざまな政治団体が加盟したパサパラの議長としてその調整に苦労しつつ、即時独立を求めてストやデモなどを通じて植民地政庁との対決を継続した。一方、ドーマン＝スミス総督は戦前の反英運動と戦時中の対日協力の過去を持つアウンサンを信用できないでいた。そのため国民のあいだで彼の人気が高まることを憂慮し、ある事件に注目して彼の逮捕を本国政府に提案する。それは彼がビルマ独立義勇軍を率いてビルマ南部を進軍中だったときに生じたもので、ムスリムが集住する村で地元民から乱暴者として告発された男をアウンサンが現場の判断で超法規的に処刑した事件を指した（IOR M/4/2599）。これを戦争犯罪とみなした総督だったが、アウンサンを逮捕した場合の国内世論の強い反発を抑え込める自信が警察や英軍当局になかったことと、ほかの戦争犯罪を構成する諸事件とのバランスから、本国のアトリー首相は逮捕を承諾しなかった（IOR M/4/2599）。

逮捕問題が落着しつつあった一九四六年五月二三日の夜、アウンサンは事前連絡なしで総督公邸を一人で訪れ、総督と二人だけの会談を持った。彼はそこで自分の生い立ちを語り、ビルマ共産党に一時所属したことや日本軍と組んだ経緯とその過ちについても触れた。この会談を通じて総督はアウンサンの誠実さに感銘を受け、劇的ともいえる姿勢の変化を見せる。翌日、本国政府に長文の公電を打つと、そのなかでアウンサンの誠実さを高く評価し、彼を味方にすることができれば独立問題をめぐる平和的解決が一気に進むであろうと記した（IOR M/4/2602）。しかし、すでに別の理由から総督交代を決めていたアトリー首相は、この公電と関係なく彼を解任して後任総督を指名し、ビルマ独立問題の解決を早める姿勢を示した。

アウンサン＝アトリー協定

一九四六年八月に着任した新総督ランスは、本国政府の同意のもと、それまで軽視してきたパサパラの重要政治家たちを行政参事会に過半数迎え入れ、アウンサンに議長代行と国防担当という重要ポストを兼任で割り当てた。共産党関係者も加えられたが、同党の方針転換（パサパラからの離脱）によって辞任し、その結果、独立交渉におけるビルマ側の主体はパサパラ内の穏健社会主義者が中心となった（根本 二〇一〇：一一七頁）。

英国のビルマ独立問題における譲歩の姿勢は強まり、翌一九四七年一月にはアウンサンが団長となって代表団がロンドンを訪問し、英政府と直接交渉をおこなうに至る。このときアトリー首相の信頼を獲得したアウンサンは、二週間にわたる交渉を経てアウンサン＝アトリー協定に署名した。この協定ではビルマが英連邦内の自治領（ドミニオン）を選ぶか共和制による独立を選ぶかの選択権が認められる一方、辺境地域の帰属については主要少数民族の同意を得ることが条件づけられた（根本 二〇一〇：一一七―一一八頁）。アウンサンは帰国後、ただちにシャン州パンロンにおいて辺境地域の主要少数民族（シャン、カチン、チン）の藩王らと交渉をおこない、共に連邦国家を形成する同意を得た（パンロン協定）。つづいて四月には制憲議会議員選挙を実施してパサパラを圧勝させ（IOR M/4/2606）、共和制による独立実現に向けた憲法作成に入った。

暗殺死

同年五月から憲法制定準備に入ったパサパラは、アウンサンが示した共和制に基づく完全独立と、強い中央政府の存在を前提とした連邦制、二院制議会、議院内閣制、人権の尊重などを軸とした憲法草案をつくり（根本　一九九六：一七四―一八五頁）、翌月からその基本案を制憲議会に諮った。しかし、一週間の休会期間中に開催された行政参事会（閣議）で惨事が起こる。

七月一九日の土曜日、午前中に開催された閣議の冒頭で、四名の武装した男たちが会議室に乱入して銃を乱射、アウンサンは一三発被弾して即死した（IOR　M/4/2714）。彼を含む閣僚七名のほか、高等文官と守衛各一名も死亡し、閣議は凄惨な場となった。事件後、総督はただちに行政参事会のメンバーではなかったウー・ヌ（パサパラ副議長）をアウンサンの後任に指名し、犯人検挙と真相究明を命じた。容疑者が手当たり次第に拘束されたなか、戦前の第三代ビルマ人首相だったウー・ソオの部下が自白し、ウー・ソオの自宅敷地内から大量の武器と弾薬が発見されたため、当局はウー・ソオと部下たちによる犯行と断定した（IOR M/4/2714）。特別法廷で裁判がすすめられ、ウー・ソオらには死刑判決が下る（一九四八年五月執行）。しかし、彼の犯行動機と彼に金銭で武器を供与した英国人の腐敗将校との関係の究明が不十分なまま幕引きがなされたため、暗殺事件の真相はあいまいなままとなった（根本　二〇一〇：一五〇―一五七頁）。

「独立の父」となる

暗殺による死はアウンサンの評価を神格化させることになった。彼は事件前、英軍の武器庫から軽機関銃六〇丁が所在不明になったため警備強化の必要性を打診されていたが、「国民が自分を守ってくれている」として、特別な警護措置をとらせなかった（Kin Oung 1993: 51）。この話は彼の愛国的精神をいっそう際立たせることになった。後任のウー・ヌは予定通り憲法審議をすすめ、同年九月、アウンサンの基本構想通りに憲法を可決させるが、その間に議会をはじめ様々な場でアウンサンらの死を最大限の表現を用いて悼んだ。もはやこの段階でビルマ「独立の父」はアウンサン以外ありえない状況となった。戦前のビルマ人首相の中では、初代バモオと三代目ウー・ソオが著名な指導者であったが、後者は暗殺首謀者となったため論外となり、前者は最後まで対日協力の立場を貫き、亡命先の日本から恩赦でビルマに帰国後も反アウンサンの立場をとったため（根本 二〇一〇：七九—八五）、こちらも「独立の父」の候補としては論外であった。

日本占領期以降のアウンサンの特徴をまとめると次のようになろう。第一に政治指導者としての例外的な「若さ」である。抗日闘争への姿勢転換時に弱冠三〇歳、独立準備をととのえた中で暗殺されたとき三二歳に過ぎなかったその人生には、必然的に悲劇性がつきまとうことになった。第二に「現実の変化に応じて政治的手段を変える柔軟性」である。一九三〇年代の非暴力闘争から、その後は日本軍と組んで英国との軍事的戦闘に転じ、占領期後半には抗日武装闘争を展開、戦後は再び独立交渉という非暴力手段に転じたことからそれを見てとることができる。こうした政治的手段における柔軟性はイデオロギー面にも見られた。青年期から社会主義の影響を受けつつも、現実的判断から日本軍と組み、そのことの失敗を認識するや抗日闘争に転じ、戦後は英国的な議会制民主主義と、ソ連をイメージした強い中央政府のもとでの連邦制、そして資本主義との共存（混合経済）を経たうえでの社会主義経済化の推進を軸とした独立国家像を目指すようになった。これらは独立時の憲法に反映され、一九六二年に国軍がクーデターを起こすまで国家の基本方針となっただけに、アウンサンのビルマ政治における思想的影響を軽視することはできない。

三　独立後の扱われ方

ウー・ヌ首相期（一九四八―一九六二）

独立後のビルマはしかし、すぐに危機に見舞われた。段階的な社会主義経済化を目指したウー・ヌ首相率いる与党パサパラに支えられた政権は安定せず、少数民族問題（特にカレン民族の分離闘争）とパサパラから離れたビルマ共産党による武装闘争に悩まされた。政府への英国の武器支援もあって一九五〇年に最悪の危機は乗り切ったが、前後して中華人民共和国の人民解放軍に追われた国府軍（蔣介石の軍）の残党がビルマ東北部へ侵入し、その防戦にも手を焼いた（根本二〇一〇：二二三―二二九頁）。このため国内経済の回復は大幅に遅れ、福祉国家の実現を目指した政策も一九五五年を境に頓挫した。

一方で、独立後の国軍とパサパラの主要政治家たちとの関係は、日本占領期以来の同胞ということもあってしばらくは蜜月が続いた。しかし、内戦の長期化にともなう国軍の出動と戦死者の増加、与党の分裂や議会の混乱から、国軍側は文民統制（議会制民主主義）への不信を強めていった。自ら経済利権を確保すべく国防協会（ＤＳＩ）を結成し、その下でいくつもの企業を擁するようになり、政治への介入も考えるようになった。国内治安が安定しない中、議会の機能不全が頂点に達した一九五八年、国軍は議会の同意を得たうえで選挙管理内閣を組閣する。その後、強硬手段で治安を回復し、総選挙実施の環境整備に取り組んだ（根本　二〇二〇：二三九―二四〇頁）。これは国軍にとって政治介入の成功体験となった。国軍司令官ネィウィン（一九一一―二〇〇二）が率いたこの選挙管理内閣は、二年後の一九六〇年に総選挙を実施して文民統治に戻すと、再びウー・ヌが首相に返り咲いた。しかし、その後も議会政治は安定せず国軍は本格的な政権奪取を考えるに至る。

このように混乱を極めたウー・ヌ政権期におけるアウンサンの扱われ方はいかなるものであったろうか。政府広報誌 Burma Weekly Bulletin[*2] の一九五二年から五九年までの記事を概観して特徴を抽出すると三つのことがわかる。第一に、独立記念日（一月四日）、連邦記念日（二月一二日、パンロン協定締結日）、反ファシスト反乱記念日（三月二七日、一斉抗日蜂起開始日）、および殉難者記念日（七月一九日、アウンサンら閣僚らが暗殺された日）の四つの祝日において、毎年必ずアウンサンの「偉業」に触れた記事を掲載している。第二に、外国から新しい大使が赴任した際や重要外交使節がビルマを訪問した際に、彼らがアウンサンらの遺体を安置した殉難者廟へ表敬訪問した記事を毎回のように載せている。第三に、祝日等に関係なく、ウー・ヌ首相による議会や諸集会での演説紹介記事において、独立の偉業に触れた部分では例外なくアウンサンの名前が登場する。また連邦記念日に触れた際には、パンロン協定の精神と共にアウンサンが諸民族の団結を推し進め「連邦制確立の立役者」として貢献したことを評価している。このようにBurma Weekly Bulletinを通読する限り、ウー・ヌ政府はアウンサンを「独立の立役者」であるとともに「諸民族の団結を促した人物」という文脈で強調していたことが読み取れる。これは独立直後から少数民族武装勢力との内戦に直面した政府がとった必然的な解釈だったといえる。ウー・ヌ政権期におけるこの二点の強調は、その後のビルマにおけるアウンサンのイメージの「通奏低音」を形成することになったといえる。

この時期、紙幣と切手においてもアウンサンの肖像の利用が部分的に見られた。独立から一〇年後の一九五八年に発行された新しい一、一〇、五〇、一〇〇チャット各紙幣には彼の肖像が描かれた（Robinson and Shaw 1980: 139）。切手のほうは独立直後からアウンサンの肖像を印刷したものが三種類登場している（Min Sun Min 2007: 40）。それ以外はすべて別の絵柄（農村風景、仏塔など）であり、「独立の父」が切手において特段強調された跡は見られない。

アウンサンの銅像や彫像の建設に関しても特に力が入れられた形跡はなく、ラングーンのカンドーギー湖畔に銅像が建てられたほか、生家博物館（ナッマウ市）などの施設はつくられたものの、そこが「聖地」扱いされたわけではなかった。こうしてみると、ウー・ヌ政権期におけるアウンサンの扱いは、彼を神格化することによって政権の正統性を強調するレベルまでには至っていなかったといえよう。ただ、民間レベルでは一九三〇年代にタキン党の思想的土台を支えたタキン・コウドオフマインが編纂した『アウンサン伝』が一九五一年に出版され、そのほかアウンサンを扱った論説や小伝も数多く出された。[*3]

ビルマ式社会主義期（一九六二―一九八八）

一九六二年三月二日に国軍は一回目の軍事クーデターを起こし、議会制民主主義（文民統治）と少数民族の部分的自治権を認めた独立時の憲法を廃止すると、ネィウィン大将を指導者に据えた革命評議会を設置して軍政を開始した。ビルマ独自の社会主義（ビルマ式社会主義）を推進すべくビルマ社会主義計画党（ＢＳＰＰ）をつくり、一九七四年からは同党による一党支配をおこなった（実際はネィウィン独裁が継続）。ソ連型や中国型の社会主義を否定し、マルクス主義に基づかない独自の人間と環境の相互連関に基づく考えを基に「反共の社会主義」を推進した同体制は、具体的政策においては私企業の国有化に加え、小作制度の無効化と籾米強制供出制度による農業分野に対する統制を強めた。また国籍法を改正し、第一次英緬戦争（一八二四―二六）開始前年以前からビルマに住んでいた人々の末裔だけを「土着民族」と定義し、そこに含まれる人々にのみ正規の国籍を付与する制度を導入した。

ビルマ式社会主義は経済的にも政治的にも失敗に帰すが、二六年間にわたった同体制下においてアウンサンはウー・ヌ政権期以来の「独立の父」としてだけでなく、「国軍の創設者」および「社会主義者」としても強調されることになり、政府によるアウンサン顕彰は強まりを見せた。アウンサンの社会主義理解が既述のように柔軟なものだっただけに、それをビルマ式社会主義の正当化につなげることは難しくなかった。国営化されたすべての新聞には一九六〇年代後半以降、アウンサンの演説の抜粋が記載されることが増え、官公庁や国営商店、学校などではアウンサンの肖像がネィウィンの写真と共に並べて掲げられるようになった。これはビルマ式社会主義を率いるネィウィンがアウンサンの遺志を継いでいることを国民に示そうとするものであった。並行して紙幣にもアウンサンの肖像が積極的に採用され、一九六五年以降八五年まで一、五、一〇、二〇、二五、五〇、一〇〇チャットの各紙幣に彼の姿が描かれた（Robinson and Shaw 1980: Plate XI, XII）。その後、一九八六年から八七年にかけて一五、四五、七五、九〇チャットなど、ほかの国では考えられない数字の紙幣が出された際は別の人物や図柄が用いられたが、ビルマ式社会主義期において紙幣の世界ではアウンサンの肖像が中心を成していたといってよい。

このほか、ウー・ヌ政権期には着手されなかったタキン党史の公式編纂事業が進められ、アウンサンに関する書籍も検閲制度の下で伝記と回想録を中心に数多く出版された。なかでも抗日闘争において彼がビルマ共産党を含む左翼勢力と国内諸民族の団結を促したことに力点を置く本が多かった。国定歴史教科書においても次のような記述が八年生（当時の中学四年生に相当）の抗日闘争の説明文に登場した。

（ビルマ）連邦に住むすべての民族はファシスト日本撲滅に向けて一層団結した。これを政治・軍事の両面において信頼を受けていた国民の偉大な指導者アウンサン将軍が指導したのである。……一九四五年三月二七日、ラングーンの（現）革命公園においてアウンサン将軍率いるビルマ国軍は閲兵式を挙行した。……その後、反ファシスト組織（パサパラ）は諸民族を結集した人民戦争の形で反乱を展開した。……ビルマに居住するすべての民族は、ファシスト日本との闘いに、国軍兵士もしくは地元のゲリラ隊員として参加した。……こうした戦いによって連合軍の進撃が早まった。……ゲリラ戦術を得意とすることで有名な日本軍を撲滅したビルマ国軍の能力は、連合軍の各部隊長らによって称賛された。

（Pinnyayei Wungyitana, 1984: 18-19）＊カッコ内および点線は引用者

ここではアウンサンの抗日闘争への貢献だけでなく、闘争時の諸民族の団結も強調され、くわえて国軍自体の戦闘能力まで高く評価されている。ビルマ式社会主義期の国軍にとって、抗日闘争こそが最大の正統性根拠であり、その指導者として諸民族の団結を推し進めたアウンサンを顕彰するだけでなく、実際にファシストと戦った国軍についても国民が顕彰するよう歴史教育をお

こなったのだといえる。ただ、こうしたアウンサンと国軍の同時的強調は、後述する一九八八年の大規模民主化運動において、アウンサンの顕彰の方向性をめぐる対立が国民と国軍とのあいだで生じる要因をつくることになった。

転機としての一九八八年の民主化運動

ビルマ式社会主義は一九八八年に崩壊する。その年の九月前半に頂点に達した全土的民主化運動は、ビルマ式社会主義の廃止のみならず、国軍の政治からの撤退を求めるものでもあった（伊野 二〇一八）。主導したのは大学生たちで、徐々に市民や公務員が合流し、ラングーンでは大規模なデモや集会が日々展開される状態となった。八月後半以降、アウンサンの娘のアウンサンスーチーが参加したことによって運動はより拡大した。このときデモ参加者の中にアウンサンの肖像を掲げる例が多く見られ、シュピレヒコールも「国軍は我ら国民の軍（でなければならない）」というものが目立った。これにはデモ隊を封じ込める武装警察や国軍部隊に対し、アウンサンが創った国軍が「国民を守るための軍」であり「国民を抑圧する軍」ではないという、国民の側からの抗議のメッセージが込められていた。

民主化運動は非常な高まりをみせたものの、再度の軍事クーデターによって封じ込められた（同年九月一八日）。国軍は純粋な軍政という形で全権を握り、社会主義イデオロギーを捨て市場経済に政策を転じた。しかし、民主化運動後半に登場したアウンサンスーチーによって、「独立の父」

アウンサンの解釈はますます国民の間で別の意味合いを持つようなっていく。彼女は国軍側がいう「アウンサンは国軍の父であり、ネィウィンは第二の父である」という考え方を全否定し、クーデターの翌年、一九八九年七月一〇日にラングーン市中心部でおこなわれた大規模集会で「国軍の父、唯一の父はアウンサン将軍であるということを、国軍兵士も認めなければなりません。私たちは第二の父という言葉を全く認めません」（アウンサンスーチー 一九九六：二五七頁）と発言している。現状の国軍がアウンサンの創った「国民のための軍」から道を踏み外し、勝手に「第二の父」と称するネィウィンによって「国民を抑圧する」誤った方向を向いているというこの解釈は国民に広く支持された。

アウンサンスーチーはまた、一九八九年二月一四日の市民に向けた演説の中で「アウンサン将軍の道」という表現を用い、それは「熟考した末に状況に応じて適切な方法を探し行動する」ことであるとし、状況に応じて変えるべきところは変える柔軟性こそが大切であるとした。そのうえで、「国家の利益、国民大多数の利益のために敷かれた道が、アウンサンの道である」と語っている（アウンサンスーチー 一九九六：三三八—三三九頁）。これは換言すれば、国軍が政権を牛耳る体制を変革するためには民主化という正しい目的を設定し、民主主義に最もふさわしい手段（すなわち非暴力闘争）を選んで目的の達成を目指すことこそが、アウンサンの精神を生かすことになると彼女が解釈していたことを示している。このようにアウンサンスーチーは自国の民主化運動の基本精神の部分において父の生き方を正統性根拠のひとつに活用した。彼女への強い支持から考えて、大多数の国民はこの理解を受け入れたとみなせる。

アウンサンの顕彰を弱めた国軍

娘による父アウンサンの語りが広がりを見せるなか、国軍はアウンサンスーチーの人気を恐れ、父親の顕彰を大幅に弱めた。紙幣では一九九〇年を最後にアウンサンの肖像はいっさい採用されなくなった。国営メディアの報道でもアウンサンスーチーの名前から前半部のアウンサンを省き、単にスーチーという半端な呼称が使われるようになった。自らの歴史認識を視覚的に展示する国軍博物館においてもアウンサンの顕彰はおこなわず、かわって王朝時代の代表的な三人のビルマ王による国土統一の偉業をたたえ、その後の植民地期の独立闘争と、独立後の内戦を克服して国土の統一を維持してきた国軍の業績を強調する展示をおこなった（Callahan 2003: 214-217）。独立運動における主要人物の紹介展示の中でアウンサンは集合写真の中の一人となり、評価の格下げがおこなわれた。故郷ナッマウにある生家博物館の展示の質も落とした（軍政前の一九八七年と軍政期の九六年の筆者訪問時の比較）。こうして一九八八年以降の軍政期におけるアウンサンの顕彰は、娘の人気を嫌がる軍政によって一貫して控えられたのである。

四 「民政」移管期の顕彰復活（二〇一一―二〇二一年）

一九八八年から二三年間続いた軍政も二〇一一年三月に「民政」移管によって終わりを告げる。これは国軍による「上からの」体制変革で、二〇〇八年に作られた新憲法を土台に、軍人と文民の共同統治という形で国軍の権限を大幅に認めた制限的な議会制民主主義が導入された。国軍系政党が多数を占めた連邦議会ではテインセイン（一九四五―、軍政期最後の首相）が大統領に選出され、彼は五年任期の一年目から思い切った政治経済改革に着手し、国際社会を驚かせた（根本二〇二〇：二五九―二六二頁）。特に注目されたのは、延べ一五年二か月におよぶ自宅軟禁から解放されたアウンサンスーチーと大統領執務室で二時間にわたる一対一の対話を持ったことである。その際、執務室にはアウンサン将軍の遺影が飾られ、メディアに配付された二人が並んだ写真もその遺影の下で撮られた（根本・田辺 二〇一二：三一頁）。これは国軍出身のテインセイン大統領によるアウンサン顕彰再開の合図だったといえる。その後、アウンサンスーチーは上下両院と地方議会の補欠選挙に国民民主連盟（ＮＬＤ）を率いて圧勝し、野党第一党の党首となった。

五年間のテインセイン政権期の諸改革は国内外で高く評価され、彼はその勢いをもとに二〇一五年の総選挙に臨んだが、有権者は元国軍関係者の政権継続を嫌い、民主化運動指導者アウンサンスーチーが率いるＮＬＤを圧勝させた。ＮＬＤは両院共に六割の議席を獲得し（軍人議席を除けば八割弱）、その結果、理論上は彼女が大統領に選出されることになった。しかし、家族に外国籍の者がいる人間を正副大統領に就任させない旨の規定が憲法にあり、国軍はその条項に固執し、英国籍の息子を持つアウンサンスーチーの大統領就任資格を認めなかった。そのためNLDは別の政治家を大統領に就ける一方、国家顧問という新しい役職を議会の過半数の賛成を得てつくり、その役職に彼女を就けた（二〇一六年四月）。同ポストは大統領にも助言と指示が出せる事実上の国家元首だった。

国軍はアウンサンスーチーの国家顧問就任を嫌い、そのため新政権と国軍との関係は冷却化する。一方で、新政権のもとでアウンサン顕彰は本格的に復活し、国内各地で彼の銅像が設置されるようになり、公共施設の名称にアウンサン将軍が付される事例も増えた。紙幣にもアウンサンの肖像が三〇年ぶりに復活し（二〇〇〇チャット紙幣、二〇二〇年）、アウンサンスーチーと並んでアウンサンを顕彰する本や雑誌の特集も多く出回った。しかし、一連のアウンサン顕彰の復活は、一方で言論の自由が回復されたことによって発言力を増した少数民族側から不興を買うことになった。二〇一七年にはモン州バルー島で新しい橋にアウンサン将軍の名を付すことを拒否するモン民族の動きが強まり、のちにタンルウィン橋への改名されている。二〇一九年五月にはカレン州の州都パアンで州政府（NLD政権）が進めたアウンサンの銅像建立に対するカレン民族による反対デモが生じ、多数の逮捕者が出た。これらの動きは、アウンサンの顕彰が多数派のビルマ民族の歴史認識を反映したものにすぎないという少数民族側の思いを象徴している。アウンサンが「独立の父」であると共に「諸民族の団結を促した人物」として長く理解されてきた基本文脈そのものに、少数民族側が再考を突き付けたといえる。それは独立後の中央政府や国軍への不満を蓄積させてきた彼らの不満を象徴する行動だったともいえる。

おわりに――二〇二一年二月のクーデター後

ビルマはその後、多くの人々を驚かせた事態に突入する。国家そのものが二〇二一年二月に生じた三度目の軍事クーデターによって大混乱に陥ったのである（根本　二〇二三：一二一―一四六頁）。二〇二三年一二月現在、国軍による空爆や陸上攻撃のために国内避難民が二〇〇万人を超え、市民の死亡者も四〇〇〇人以上に達している。アウンサンスーチー国家顧問は拘束されたのち一九の「罪状」で起訴され、禁固三三年の「実刑判決」を下されて国民との接触を完全に断たれた。これに対し、クーデターに対抗する国民統一政府（NUG）と市民義勇兵から成る国民防衛隊（PDF）、そしてさまざまな少数民族武装組織による抵抗は長期化し、国軍側は国土の六割程度しか実効支配できない現状にある（The Irrawaddy February 16, 2023）。このような状況下ではアウンサン顕彰の在り方をめぐる議論はできる環境にない。

とはいえ、クーデターに抵抗する国民統一政府は少数民族の平等な権利を重視した「連邦民主制」を未来の国家構想として示しているため、その枠組みの中でアウンサンの顕彰をどのようにおこなうべきか、いずれ再検討せざるをえないであろう。一九八八年以来、国内ではNLDを中心にアウンサンを「国民に尽くす軍」を創設した人物として定義し直し、「アウンサンの道」に基づいて諸民族の団結を促した模範的指導者として強調する言説が繰り広げられてきた。それは国軍への対抗言説としては有効に機能したが、少数民族側との間では合意形成がなされないできた。残されたその重い課題は、「多民族から構成されるビルマ」という国家の歴史認識そのものを国民が根源的に問い直すことにつながるかもしれない。

＊注

(1)考察対象のアウンサンが生きた時代の地名呼称を優先するため、本章ではタイトルを除き、国名にビルマを用いる。また国内の地名についても原則として英領期の名称を使う。

(2) Burma Weekly Bulletin は週刊の政府刊行物で、情報局長（Director of Information）によって一九五二年四月九日付から一九五九年一二月一七日付まで発行された。各号八ページからなり、毎週の政府首脳の活動や、外交団との交流、新規の法律や布告、予算の告知、国内の情勢報告などから構成された。

(3) *Journal of Burma Research Society* 第五二巻（一九六九年六月号）にビルマ語で「アウンサン将軍の伝記と論説集一覧」という一〇ページにわたるリストが短い紹介文とともに掲載されている。採録範囲は第二次世界大戦直後から一九六八年までである。

【参考文献】

アウンサンスーチー（著）伊野憲治（訳）（一九九六）『アウンサンスーチー演説集』みすず書房。

泉谷達郎（一九八九）『ビルマ独立秘史』徳間書店。

伊野憲治（二〇一八）『ミャンマー民主化運動――学生たちの苦悩、アウンサンスーチーの理想、民のこころ』めこん。

根本敬（一九九一）「ビルマ抗日闘争の史的考察」伊藤利勝・栗原浩英・中野聡・根本敬（共著）『東南アジアのナショナリズムにおける都市と農村』東京外国語大学アジア・アフリカ言語文化研究所。

根本敬（一九九六）『アウン・サン――封印された独立ビルマの夢』岩波書店。

根本敬（二〇一〇）『抵抗と協力のはざま――近代ビルマ史のなかのイギリスと日本』岩波書店。

根本敬・田辺寿夫（二〇一二）『アウンサンスーチー――変化するビルマの現状と課題』角川書店

根本敬（二〇一四）『物語ビルマの歴史――王朝時代から現代まで』中公新書。

根本敬（二〇二〇）「ビルマ（ミャンマー）国家建設の歴史過程――三度の挫折と四度目の挑戦」田中明彦・川島真共編『二〇世紀の東アジア史』第三巻、東京大学出版会。

根本敬（二〇二三）『つながるビルマ、つなげるビルマ――光と影と幻と』彩流社。

Aung San（1946）, *Burma's Challenge*, Rangoon, Tathetta Sarpay.

Boshier, Carol Ann（2018）, *Mapping Cultural Nationalism: The Scholars of the Burma Research Society, 1910-1935*, Copenhagen, Nordic Institute of Asian Studies Press.

Callahan, Mary P.（2003）, *Making Enemies: War and State Building in Burma*, Cornell University Press, Ithaca.

Director of Information（1952-1959）, *Burma Weekly Bulletin*, Rangoon, Government of Burma.

India Office Records（1936）, M/1/147, "Rangoon University Strike", London, British Library.

India Office Records（1945-46）, M/4/2599 "Declaration of Amnesty for Political and Criminal Offences", London, British Library.

India Office Records（1945）, M/4/2600 "Treatment of Collaborators with Japan: Dr. Ba Maw", London. British Library.

India Office Records（1945）, M/4/2602 "Political Parties in Burma: AFPFL, Relations with Government", London, British Library.

India Office Records（1947）, M/4/2714 “Law and Order: Attack on Executive Council”, London, British Library.

India Office Records（1938）, M/5/4, “Governor’s Reports（Jan.-Dec.1938）, London, British Library.

India Office Records（1938）, M/5/5, “Governor’s and Home Secretary’s Reports（Jan.-Dec. 1939）, London, British Library.

India Office Records（1939）, V/9/4091, Burma Legislature Proceedings of the First House of Representatives, Vol. V, Fifth Session, First Meeting to Eleventh Meeting（1939）, London, British Library.

Journal of Burma Research Society Vol. LII（June 1969）, Rangoon, The Burma Research Society.

Kin Oung（1993 *Who Killed Aung San ?,* Bangkok, White Lotus.

Maung Maung（ed.）（1962）, *Aung San of Burma,* The Hague, Martinus Nijhoff.

Min Sun Min（2007）, *Stamps of Burma: A Historical Record Through 1988,* Chiang Mai, Mekong Press.

Robinson, Michael and Shaw, Lewis（1980）, *The Coins and Banknotes of Burma,* Manchester, M. Robinson and L.A. Shaw.

The Irrawaddy（February 16, 2023）, “Myanmar Junta Chief admits to rising resistance pressure” https://www.irrawaddy.com/news/burma/myanmar-junta-chief-admits-to-rising-resistance-pressure.html

The National Archives（1945）, FO643/364F6 “Internal Affairs, Report, Publications etc., Who’s Who in Burma”, London（Kew）, The National Archives.

Turner, Alicia（2014）, *Saving Buddhism: The Impermanence of Religion in Colonial Burma,* Honolulu, University of Hawai’I Press.

Ba Yin（1946）, *Bayinhkan ba pyo:pyo: taun. hta: aun san:*（『総督が何を言おうがひるまないアウンサン』）, Rangoon, Shwe ei: pounhnei’htai ＊ビルマ語

Pinnyayei: Wungyi:tana.（1984）, Myanma. thamain: hpa’sa 8（『ビルマ史教科書8年生』）, Rangoon. ＊ビルマ語

第五章　カンボジア　シハヌーク
——復活を繰り返した長命な「建国の父」

新谷春乃

はじめに

カンボジアの「建国の父」ノロドム・シハヌーク（一九二二—二〇一二年）は、国王、体制指導者、抵抗勢力の指導者といった様々な肩書を持ちながら、一九四〇年代から二〇〇〇年代にかけて長期に渡り政治の表舞台で活躍した。シハヌークは、一九五四年の完全独立後まもなく、自身を「建国の父」とする制度化を進め、正統性を強化した。一九七〇年にクーデタで失脚して抵抗勢力の指導者となった後も、人々を動員する際に「建国の父」という看板を利用した。一方で、その後の体制エリートたちは、シハヌークとの関係性や対外関係の観点から、「建国の父」シハヌークを否定または称賛し、正

シハヌーク

統性に利用した。本章では、シハヌークの生涯を確認した後、シハヌークがいかに自らを「建国の父」とする制度化を進め、正統性訴求手段として利用したのか、その後の体制エリートたちはこれをいかに継承・変容させたのかを検討する。

一　シハヌークの生涯*1

独立達成までのシハヌーク

シハヌークは、一九二二年に父ノロドム・スラマリットと母シソワット・コサマックとの間に生まれ、祖父はシソワット・モニヴォン王（在位一九二七—一九四一年）、曽祖父はシソワット王（在位一九〇四—一九二七年）とノロドム王（在位一八六〇—一九〇四年）であった。シハヌークは、プノンペンの高等教育機関リセ・シソワットで学んだ後、インドシナ最高峰の高等教育機関の一つであり、独立運動期や独立以降に著名な指導者となる人物を輩出したサイゴン（現在のベトナム南部ホーチミン市）のリセ・シャスルー＝ロバへ進学した（Corfield and Summers 2003: 294）。

リセ・シャスルー＝ロバ在学中の一九四一年、シハヌークはカンボジアへ戻り、若干一八歳にしてカンボジア国王に即位した。これは、シソワット・モニヴォン王が死去し、フランスが後継者として白羽の矢を立てたためである。フランスは、植民地時代を通して諍いが絶えなかったノロドム家とシソワット家両家の血を引くシハヌークを、両家和解のシンボルとして見なすとともに、他の候補者と比べて若く、従順で扱いやすいため、将来的にフランスと敵対する可能性が低いと考え、シハヌークを推挙した（Chandler 2008: 204、Gunn 2018: 81）。

シハヌークが即位した一九四〇年代前半のカンボジアは、ソン・ゴク・タンやパーチ・チューンといったナショナリストが台頭した時期でもあった。これらナショナリストによって一九三六年に創刊された『ナガラ・ヴァッタ』紙は、カンボジアで初めて政治的な問題を扱ったクメール語新聞であった。ソン・ゴク・タンは、一九四二年七月に反仏活動を行ったとの咎《とが》で僧侶ハエム・チアウが逮捕されたことに抗議し、デモ行進を行った際に、逮捕を逃れて日本へ亡命した。一方で、ソン・ゴク・タンとともにデモ行進をした他のナショナリストらは軒並み逮捕された（笹川二〇〇六：八八頁）。ナショナリストが再び政治の表舞台に戻ってくるのは、日本軍が仏領インドシナ連邦においてフランス軍を武装解除した仏印武力処理以降である。

一九四五年三月、仏印武力処理によって、日本軍はカンボジアに独立を宣言させ、国王であったシハヌークは首相に就任した。しかし、同年八月に三万人の群衆が王宮へ向けて行進し、シハヌーク内閣の閣僚がデモ隊に捕まる事件が起き[*2]、シハヌークは首相辞任を余儀なくされた。その後任として、同年五月に亡命先の日本から帰国し、外務大臣を務めていたソン・ゴク・タンが首相になったことで、シハヌークはソン・ゴク・タンらナショナリストがデモを仕組んだと考え、敵視するようになった（Corfield 1994: 9、Chandler 2008: 209）。

日本が敗戦し、フランスの植民地統治が復活するなかで、カンボジアで初めて政党政治が導入され、ナショナリストによる政党・民主党が台頭した。一九四五年一〇月にプノンペンに入城した英国軍が日本軍を武装解除し、翌一九四六年一月、シハヌークとフランスは保護条約を調印し、フランスは再びカンボジアを保護関係下に置いた（天川 二〇〇一：三四頁）。その一方で、保護条約では、カンボジアにおける憲法制定と政党結成が認められたため、フランスからの早期完全独立と立憲君主制に基づく議会制民主主義の実現を掲げた民主党や、フランスとの協調を重視して漸進的な独立を志向する自由党などが結成された（Osborne 1994 : 51、山田 二〇一一：四六九頁）。

民主党は党首のシソワット・ユッテヴォン殿下をはじめとする若手のクメール人エリートを擁し、ユッテヴォン殿下のリセ・シソワット時代の同窓生が各地で官僚や教員になっていたために、そのネットワークを活かして全国規模に組織された最初の政党となった（Corfield 1994 : 11）。一九四六年九月に実施された制憲議会選挙では民主党が圧勝し、議会政治の中枢を占めた。民主党は、同年の選挙以降、常に国民議会の安定多数を占める与党であり続けたが（天川 二〇〇一：三四頁）、シハヌークとの軋轢、党内の主要勢力の離党、党首の死による求心力の低下によって、安定的な政権運営ができなかった（桜井・石澤 一九七七：二九八―三〇〇頁）。

一九四九年一一月に締結されたフランス・カンボジア協定によって、一八六三年と一八八四年に締結された不平等条約の撤廃が実現した。しかし外交・司法・軍事・財政などでさまざまな制約がつけられており、国内ではシハヌークに対する批判が噴出するとともに、完全独立を求めるクメール・イサラク（クメール語で「自由クメール」）らは武装闘争を強め、地方での治安悪化に拍車をかけた（桜井・石澤　一九七七：三〇二─三〇三頁）。

クメール・イサラクはベトナム独立同盟のような明確な綱領を持つ組織化された運動体ではなく、フランスの復帰に反対すること以外は共通項を持たない、抗仏勢力の緩やかな連合体であった（天川　二〇〇二：一四五頁）。クメール・イサラクの主要勢力として、ソン・ゴク・タンが合流したゲリラ組織と、ベトナムの共産主義運動と連携した勢力があった。ソン・ゴク・タンは日本敗戦後に独立の維持を訴えてフランスの復帰に反対したために、一九四五年一〇月にプノンペンに入城した英国軍に逮捕され、サイゴンの刑務所へ移送された後、フランスへ追放された（山田　二〇二一：四七一頁）。シハヌークの許可を得て、一九五一年に帰国したものの、翌一九五二年に地方調査という名目でシアムレアプ州へ向かい、非共産主義系のゲリラ組織に合流した（Osborne 1994 : 67）。ソン・ゴク・タンの抵抗勢力は、若者を中心に支持を集めたが、規模は大きくなく、独立以降は、タイからの支援を受けて、反シハヌーク活動を継続した。

一方、完全独立を掲げ、共産主義運動と連携した抵抗勢力を率いたのは、一九四五年にインドシナ共産党に入党したソン・ゴク・ミンとトゥー・サモットであった。インドシナ共産党の工作によって、一九五〇年に全国大会を開催し、トゥー・サモット率いる全国民族統一戦線委員会（クメール・イサラク統一戦線）と、ソン・ゴク・ミン率いる暫定中央民族解放委員会を選出した。翌一九五一年のインドシナ共産党第二回党大会においてベトナム、ラオス、カンボジアにそれぞれの国民で構成される各国独自の党を設立することが決議された。カンボジアではクメール人民革命党設立運動委員会が設立され、ソン・ゴク・ミンとトゥー・サモットが指導者に選出された（山田　二〇二二：四七二頁）。クメール・イサラク統一戦線は一九五二年までに国土の半分から五分の三を支配するに至った（Vickery 1986: 11）。

国内政治の場では、完全独立を自らの手で達成しようと考えるシハヌークと民主党との対立が深まっていた。一九五二年六月、民主党のフイ・コントゥル首相が、一九五〇年に同党の党首であったイアウ・カウフを暗殺した疑いで、シハヌークとの結びつきが強かったイエム・サンボーを逮捕させた。これを契機として、シハヌークは民主党に対する怒りを強め、フランスからの協力を得て、フイ・コントゥル内閣を総辞職へ追い込んだ（Corfield 1994: 15）。シハヌークは自らを首相とする内閣を組閣して全権掌握し、三年以内に完全独立を達成すると国民に約束した。[*3] これに対して民主党は、王制を廃止して共和制の樹立を主張するようになり、翌一九五三年一月に再招集された国民議会では、予算案を含むシハヌークが提出した法案を相次いで否決し、対決姿勢を鮮明化させた。シハヌークは国民議会議事堂を軍隊で包囲したうえで、民主党が多数派を占める国民議会を解散し、治安維持法を公布して敵対的な民主党員を逮捕し、裁判を経ずに投獄した（Chandler 2008: 225、山田　二〇二二：四六九―四七〇頁）。

国内政治において、民主党との闘いを制したシハヌークは、同年二月より「王による独立のための十字軍」と自称した活動を開始した。療養を口実に渡仏したものの、フランスでの交渉が進展せず、シハヌークはカンボジアへの帰路、カナダ、アメリカ、日本でカンボジアの窮状を訴え続けた。帰国後もフランスとの交渉が進展しなかったため、シハヌークは自らタイへ「亡命」するとして、タイへ行ったものの歓迎されず、シアムレアプ州へ移動してフランス行政当局との対話を一切拒絶する姿勢を示した。フランス政府は、自国内において第一次インドシナ戦争の長期化と犠牲の増大により世論が厭戦に傾いていたことに加え、シハヌークの抵抗もあり、自身の権益を守りながらいかに戦争を終結させるかという観点から、シハヌークの要求を聞く姿勢へと転換していった（天川　二〇〇一：三五頁）。一九五三年八月に警察権と司法権、一〇月に軍事権がカンボジアに移譲された。シハヌークは、逗留先のシアムレアプから沿道に集まった国民の歓声を聞きながらプノンペンに戻り（Osborne 1994: 81）、一一月九日にカンボジア王国の独立を宣言した。一九五四年三月に外交権の移譲が完了したことで完全独立が達成された（桜井・石澤　一九七七：三〇八頁）。

武装活動を通して完全独立を目指していたクメール・イサラク統一戦線は、第一次インドシナ戦争を終結させた一九五四年七月のジュネーヴ協定締結後、急速に弱体化した。その理由として、同協定はクメール・イサラク統一戦線の再結集地をカンボジア国内に認めず、約二万人の勢力のうち、主要幹部を含む一〇〇〇人以上がシハヌークによる弾圧を恐れて北ベトナムへ亡命したためであった（山田　二〇二二：四七二頁）。

このように、国内政治においてはライバルの民主党を封じ込める一方、武装活動を通してカンボジアの国土の半分以上を制圧した共産主義勢力を弱体化させたことで、シハヌークはカンボジアの独立運動の主要な担い手となることに成功した。

独立後のシハヌークによる統治時代

独立後、シハヌークは退位して政党を結成し、自らへの権力集中をさらに進めた。シハヌークは一九五五年二月に自身の独立運動の成功を問う国民投票（第二節で詳述）を実施し、九九・八％という圧倒的支持を得たことで自信を強め、自ら国政の指導に当たることを決意した。翌三月に退位を発表し、父ノロドム・スラマリットへ譲位した。四月にはサンクム・リアハ・ニヨム（クメール語で「人民社会主義共同体」の意味。以下、サンクム）という翼賛政治運動組織を結成し、自ら総裁に就任した。サンクムは他党員が参加することを認めておらず、他党の切り崩しも狙った（Chandler 2008: 230）。

同年九月に独立後初の選挙となる第三回国民議会選挙が実施され、王制の護持を掲げるサンクム、共和制の樹立を主張する民主党、共産主義系の人民グループなど八党の候補者が九一議席を争った（山田　二〇二二：四七六頁）。選挙前から、非サンクム政党に対する抑圧が横行しており、非サンクム系の新聞が廃刊に追い込まれ、その支持者らが警察など治安部隊から暴行されたり（Chandler 2008: 231）。選挙では、サンクムが八二％の得票率で、国民議会の全議席を独占した。サンクム勝利の要因は、非サンクム政党に対する抑圧に加え、人口の約八割を占める農村部でのシハヌーク人気によるものであった（Heder 2002: 3）。選挙に勝利したシハヌークは、首相兼外務大臣に就任した。退位したものの、シハヌークは「前国王殿下」という称号を得て、事実上の国王としての地位や尊厳、特権を維持した（Osborne 1994: 92、山田 二〇一二：四七七頁）。

非サンクム政党は党内の弱体化や警察による抑圧によって、弱体化した。非サンクム政党の衰退、反シハヌーク活動の徹底的弾圧を背景に、総選挙ではサンクムが勝利し続け、国民議会の全議席を独占した（Chandler 2008: 233-224）。

シハヌークは、一九六〇年にスラマリット王が崩御したことを契機に個人支配を強化した。シハヌークは復位の意思がない一方、強い権限を有する国王の座を他の王族に継承させるつもりもなかった。この機会を利用して全権掌握を企図したシハヌークは、同年六月にシハヌーク（サンクム）、ソン・ゴク・タン（民主党）、共産主義者（人民グループ）のいずれを支持するか問う国民投票を実施した。結果は、明らかに水増しされたものの、九九・八％の票を得たシハヌークは、憲法を改正して「国家元首」を創設し、そのポストに就いた（桜井・石澤 一九七七：三二三頁、山田 二〇一二：四七七頁）。国家元首は、改正された憲法第五三条において「至高なる国家元首は、神聖にして不可侵」と規定さた（高橋 一九七四b：五八頁）。シハヌークはサンクム総裁という地位と国家元首という地位の二つを得ることで、個人支配を強化した。

シハヌークによる個人支配は、一九六〇年代半ばの経済政策の行き詰まり、対中・対越傾斜、対米関係の悪化、それによるサンクム内親米右派による反発の増大から陰りが見えるようになっていった。アメリカとの関係悪化は、同国からの軍事援助に頼っていた国軍がシハヌークに対して不満を募らせる契機ともなった。また、高等教育の拡充によって増加した高学歴の青年らは、卒業後の受け皿が縁故主義の蔓延により不足するなかで、シハヌークに対する不満を募らせていった（高橋　一九七二：六九─七〇頁）。地方では、一九六三年のサムロートの農民反乱を契機として、各地で蜂起が起こり、治安状態は悪化の一途をたどった。

シハヌークはフランスでの静養から帰国の途にあった一九七〇年三月一八日、親米右派のロン・ノル首相とシハヌークのいとこであるシリクマタク第一副首相が主導したクーデタで、国家元首を解任された。シハヌークによる個人支配は終焉を迎えた。

抵抗勢力となったシハヌーク

クーデタにより国家元首を解任されたシハヌークは、北京において中国の周恩来首相と北ベトナムのファン・ヴァン・ドン首相と会談した後、「クメール・ルージュ」と呼んで弾圧してきた共産主義者との共闘を受け入れ、ロン・ノル政府に対する抵抗闘争を開始した。三月二三日、シハヌークはカンプチア民族統一戦線を結成を宣言し、その指導者となった。軍事部門である民族解放軍はポル・ポト率いるカンプチア共産党の指揮下に置かれた。カンボジアは、同年一〇月にクメール共和国に改号され、ロン・ノル政府と民族統一戦線との内戦状態に陥った。

一九七五年四月一七日、民族解放軍が首都プノンペンに入城し、ロン・ノル政府を打倒した。

国名は民主カンプチアに改号され、カンプチア共産党による一党独裁体制が敷かれた。同体制におけるシハヌークの役割はカンプチア共産党にとって懸案事項であった。民主カンプチアと友好関係を築いていた中国や北朝鮮は、北京にいるシハヌークを政府要職で迎えることを期待していた（Short 2004: 329）。そこでカンプチア共産党は、シハヌークを国家元首に据えることを決定し、同年九月、シハヌークは帰国した。しかしながら、シハヌークに実権はなく、一九七六年三月には有名無実化していた国家元首の地位の辞任を自ら申し出、翌月に辞任が認められた（Osborne 1994: 232-233）。それ以降は、王宮での軟禁状態となり、民主カンプチア体制を離脱した元同体制中堅幹部によって結成されたカンプチア民族団結戦線がプノンペンに入城する直前、カンプチア共産党によって国連へ送りだされるまで、その生活は続いた。

一九七九年一月七日、ベトナム軍を伴って進軍したカンプチア民族団結戦線が民主カンプチア体制を打倒し、カンボジアはカンプチア民族団結戦線とベトナムに長期滞在してきた共産主義者で構成されるカンプチア人民革命党[*3]による一党独裁体制となった。国名もカンプチア人民共和国に改号された。ポル・ポトら民主カンプチア体制の指導者はタイ国境へ敗走し、そこでカンプチア人民共和国体制への抵抗闘争を展開した。国連安全保障理事会の緊急会合へ送られたシハヌークは表舞台に再登場し、民主カンプチア体制を批判するとともに、カンプチア救国団結戦線とともにカンボジアに侵攻したベトナムを強く批判した（Osborne 1994: 244）。その後シハヌークは北京で亡命生活を送っていたが、中国や西側諸国からの働きかけによってカンプチア人民共和国体制との対決を決意し、一九八一年三月にパリで独立・中立・平和・協力のカンボジアのための民族統一戦線（FUNCINPEC）を結成した。FUNCINPECは、一九八二年にカンプチア人民共和国に対する抵抗闘争を展開していたポル・ポト派とクメール共和国体制の元高官らを擁するソン・サン派とともに、民主カンプチア連合政府（通称、三派連合政府）を樹立し、シハヌークは三派連合政府の大統領に就任した。

一九八四年から翌年の乾期にかけてベトナム軍とカンプチア人民共和国軍が展開した攻勢によって、三派連合政府軍のカンボジア国内における主要基地が一掃された（天川　二〇〇一：五〇頁）。残された政治的解決は、一九八〇年代後半の急速な国際環境の変化が追い風となり、一九八七年一二月にカンプチア人民共和国政府首相のフン・センと三派連合政府大統領の座を一時的に離れたシハヌークがフランスで直接会談したことで、カンボジア人同士の和平交渉の端緒が切られ、その後カンボジア各派による和平に向けた動きが本格化した（山田　二〇一一：三八—三九頁）。

再即位したシハヌーク

一九九一年一〇月、内戦の当事者四派を含む一九カ国の代表によってパリ和平協定が締結された。翌一一月、国民からの熱烈な歓迎を受け、シハヌークはカンボジアに帰国した。カンボジアは一九九三年の制憲議会選挙を経て制定された憲法で立憲君主制を採用し、再び王国となった。

国王に復帰したシハヌークは、加熱していた人民党とFUNCINPECを前身とするフンシンペック党との間の政党間争いの調停者としての役割を演じ、選挙後にたびたび生じた政治的膠着状態の打開に寄与した。しかしながら、二〇〇三年の国民議会選挙後の働きかけに失敗し、政治的影響力が低下したことを背景として、二〇〇四年に息子のノロドム・シハモニーへ譲位し、退位した。退位後は療養を理由にカンボジアと中国を行き来して過ごし、二〇一二年一〇月、シハヌークは療養先の北京で死去した。遺体はカンボジアに戻され、盛大な国葬が執り行われた。

二 「建国の父」となったシハヌーク

「建国の父」シハヌークの制度化は、シハヌークが主導した。独立後まもなく、シハヌークは「建国の父」が誰かを確定させた。一九五五年二月、シハヌークは、「国王は独立達成の使命をはたしたか?」という課題のもと、国民投票を実施し、その結果、九九・八%の圧倒的な支持を受けた（桜井・石澤 一九七七：三一六頁）。この投票は、反対票は国王への不敬罪に値するというあからさまな宣伝とともに、役人と治安警察に監視されるなかで実施された（Osborne 1994: 89）。このように投票の秘密が無視された中で実施された国民投票において、シハヌークは「建国の父」としての立場を確立した。それと同時に、この投票はシハヌーク以外の「建国の父」の可能性を排除する機能も持った。シハヌーク以外の独立運動を担った勢力が独立後の政党政治においてシハヌークの対抗勢力となる中で、国民投票を通してそれらの勢力が「建国の父」を名乗り、国内政治で台頭することを妨げる効果を持った。これは民主党や人民グループが国内政治の場で存在感を持っていた一九五〇年代末までは特に重要だった。

さらにシハヌークは自らを「建国の父」として、自国史の中に組み込み、歴史教育や記念式典、書籍の出版などを通して記憶させようと試みた。歴史教育に関しては、学習指導要領において、シハヌークの独立運動を初等教育の最終年度にあたる上級科と中等教育の三年次（現在の高校一年生相当）で学ぶことが規定された（新谷 二〇二〇：一一二頁）。シハヌークが執筆した一五四ページにわたるフランス語の歴史書 *La Monarchie Cambodgienne et la Croisade Royale pour l'Indépendence*（一九五〇年代出版）は副読本として中等教育の歴史の授業の中で用いられた（Ayres 2003: 42）。一九六〇年代後半に中等教育を受けた人によると、中等教育修了資格取得試験の歴史科目の設問が「シハヌークによる独立のための十字軍を説明せよ」の一択であった（新谷 二〇二〇：一一二頁）。

教育のみならず、毎年一一月九日に開催される独立記念式典もまた「建国の父」としてシハヌークのイメージを定着させる装置の一つであった。式典では、シハヌークの独立への貢献を称える冊子が配布された（新谷 二〇二〇：一一二頁）。一九六二年に情報省が宣伝用に作成した三〇七ページにわたるフランス語のブックレット *Cambodge* においても、独立運動はシハヌークによる占有物として描かれた（新谷 二〇二〇：一一三頁）。

中央省庁や地方自治体の建物には、シハヌークの肖像画が何枚も飾られ、首都プノンペンや地方都市の目抜き通りには、シハヌークによる国家建設の実績を称える巨大な写真パネルが設置された。パネルには、「殿下万歳！」、「殿下とともに国家建設を邁進しよう！」といったスローガンが盛り込まれた（高橋　二〇一六：二六五頁）。このように、シハヌークを「建国の父」とする制度化は、シハヌーク以外の「建国の父」に関する選択肢を排除し、シハヌークを国家建設の要として称揚する動きとともに進められた。

ただし、「建国の父」はシハヌークにとって唯一無二の正統性ではなかった。シハヌークは「建国の父」となる以前から、「国王」というカンボジアの統治者としての正統性を有していた。カンボジアでは、一四世紀まで上座部仏教が広がり、上座部仏教が王権を正統化するうえで重要な役割を担うようになった。王位に就く者は、前世において獲得した宗教的功徳である良いカルマ（業）を有すると見なされ、祭政両面において王は最高権力者として絶対的存在であり続けた（高橋　一九七四ａ：三六―三七頁）。植民地体制下にあったノロドム王の時代には、一九世紀末の反仏反乱の鎮圧後、各地の知事などの任命権が王に一元化されたことで、ノロドム王の支配下にあるという住民の認識が強化され（北川　二〇一四：一一二頁）、ノロドム王治世末期の二〇世紀初頭には国民の大部分を占める農民の多くが国王を神としてあがめる状況となった（Osborne 1994: 17）。このような正統性は農村部においては特に重視されており、シハヌークに対する農村部での支持の高さを反映した。

シハヌークは、すでに「国王／元国王」という正統性を有しているにもかかわらず、独立以降、自身を「建国の父」とするとともに、カンボジアにおける栄光の時代であった「アンコール時代の王の末裔」という血筋を強調し、正統性に利用した（高橋　二〇一六：二六四頁）。シハヌークは特にアンコール時代に最大の版図を築いたジャヤヴァルマン七世（在位一一八一―一二一八年頃）を称揚し、その治世の再来と自身をその王の末裔と主張した（高橋　一九七四b：五四頁、笹川　二〇〇六：二〇五―二〇六頁）。このようなアンコール時代の王との結びつきを強調した背景として、ナショナリズムに関心の高い都市部の知識人層や青年層からの支持獲得を狙ったと考えられる。

このように他の正統性の資源とともにシハヌークによる正統性訴求に用いられた「建国の父」は、シハヌークがクーデタで失脚したことで、見直されるようになった。

三　シハヌーク体制後のエリートたちによる「建国の父」の利用

カンボジアは、シハヌークが一九七〇年三月のクーデタで失脚して以降、度重なる体制転換を経験した。その中で、シハヌークは時々の体制エリートに対する抵抗勢力または協力者として存在した。このようなかで、シハヌーク体制後のエリートたちは「建国の父」を正統性訴求手段としていかに継承・変容させたのか、体制ごとに検討する。

クメール共和国（一九七〇―七五年）

クーデタによってシハヌークを失脚させた後に成立したクメール共和国体制は、シハヌークとシハヌークによる統治を強く批判し、クーデタを正当化した。クーデタを主導したロン・ノルは、「クメール人は皆で一九七〇年三月一八日の革命を生み出し、クメールの封建的王制を倒した」(Lon 1974: 62) という認識を示し、シハヌークによる統治を「封建的」であり、打倒されるべき存在と見なした。

そのなかで、前体制下では困難であった王族以外の反仏闘争に関わった人物の顕彰が進められた。たとえば、植民地時代後期の反仏闘争では、ソン・ゴク・タンやブン・チャンモルといった独立後に国境付近で反シハヌーク闘争を展開し、クーデタ後にカンボジア政治の表舞台に復帰したナショナリストの貢献が強調された。（新谷 二〇二〇：五七―五九頁）。独立運動については、「様々な独立運動が展開」（教育省 1973: 204）されたとして、シハヌークによる独立運動の言及を避けた。

一方、抵抗勢力としてカンプチア民族統一戦線の指導者となったシハヌークは、同勢力へ協力するよう農村部で呼びかける際、「私の性格と私の名声は大いに役立つ」として、自らの人気を支持獲得に利用した（高橋 一九七四b：八三、八五頁）。この点は、シハヌークと共闘した民族解放軍も認識しており、シハヌークという看板を掲げることで、シハヌークを支持する地方の若者を次々と取り込むことに成功した（山田　二〇一一：二五頁）。

民主カンプチア（一九七五—七九年）

カンプチア共産党は、一九七〇年からシハヌークと共闘関係にありながら、カンプチア民族統一戦線の主導権を早い段階から掌握し、クメール共和国体制を打倒した後に民主カンプチア体制の指導者となった。カンプチア共産党は、名目的とはいえ、シハヌークを国家元首に据えた。その理由として、国外にいるシハヌークのもとに反対派が集結する可能性を潰すとともに、国外居住者や体制に同情的な外国人たちに、体制の正統性を確信させるうえでシハヌークの名声が有効であると考えたためであった。現に、民主カンプチア体制の主な同盟国である中国と北朝鮮はシハヌークの政権参加を希望していた（Short 2004: 329）。シハヌーク自身、一九七五年九月にカンボジアへ戻り、翌一〇月に国連総会において、民主カンプチア政権を擁護する演説をし（Short 2004: 330）、体制の正統化に与した。一九七六年四月に国家元首の辞任が承認されて以降、シハヌークは出国が認められず、王宮内で事実上の軟禁状態に置かれた。これは、民主カンプチアを支援していた中国や北朝鮮との関係が、シハヌークの扱いをめぐって悪化することを懸念していたためであった。民主カンプチア体制は、中国や北朝鮮に対し、シハヌークの処遇をめぐり安心させるために、「偉大な愛国者」と明言し、敬意を表して記念碑を建立し、年間八〇〇〇ドルの国家恩給を与えると発表した（Short 2004: 335）。これは実現しなかったが、対外関係上、シハヌークがいかに重要な存在かを表した。民主カンプチア体制は、国内向けには、一九七〇年代前半のようにシハヌークを正統性のために利用することはなかったが、数少ない支援国との良好な関係維持において、シハヌークの存在を重視し続けた。

カンプチア人民共和国・カンボジア国（一九七九—九三年）

カンプチア人民共和国（一九八九年以降はカンボジア国）を率いたカンプチア人民革命党は、再び抵抗勢力の指導者となったシハヌークと敵対関係にあった。人民革命党はこれまでの体制リーダーと同様にカンボジアの独立運動におけるシハヌークの貢献を想起させないよう、あらゆる歴史記述の中から独立運動へのシハヌークの貢献に関する言及を避けた（Frings 1994: 832）。一九八七年に出版された八年生（中学三年生）用の歴史教科書では、独立運動はカンプチア人民革命党の直接の起源であるクメール人民革命党が主導したと描写された（新谷 二〇一三：一九頁）。

ところが、人民革命党は、シハヌーク率いる三派連合政府との和平プロセスが進展し、一九九一年のパリ和平後にシハヌークが帰国すると、一九九二年に発表した党史において、シハヌークに対する歴史的評価を肯定的なものへと大きく転換した。独立運動は、同党が独立を勝ち取った「唯一の勢力」という主張から、「他の愛国勢力とともに」抗仏独立闘争を戦ったという記述に変更された。同時に、シハヌークによる統治時代は、「独立・平和・中立を享受した時代」として肯定的に描写された（Frings 1995: 358）。

党史の変更だけでなく、人民党は自らをシハヌークが指導したサンクム路線の正統な後継者であると明言し（Frings 1995: 359-360）、パリ和平協定で定められた制憲議会選挙を一九九三年に控えるなか、国民の間で絶大な人気を誇るシハヌークを支持獲得のために利用した。シハヌークの後継者を自任する人民党は、シハヌークが一九九一年一一月に帰国する際、フン・セン首相自ら北京まで出向いてシハヌークを迎えた。シハヌークは帰国後、国家元首に就き、「国父」の称号を回復した。カンボジア南部の港湾都市であるコンポン・サオム特別市は、シハヌークが一九九二年五月に訪問するのに合わせて、シハヌークヴィル特別市に改称された（Frings 1995: 359）。

カンボジア王国（一九九三年―）

帰国を果たしたシハヌークは、「建国の父」としての立場を再び獲得した。一九九三年七月には首都の道路名が革命を想起させるものから、過去の著名な王族らの名前へ変更された（Frings 1995: 361）。独立記念塔が位置する目抜き通りは「シハヌーク通り」と名付けられ、「建国の父」としてのシハヌークのイメージが再構築された。シハヌークが独立宣言をした一一月九日は再び独立記念日となった。歴史教育もまた、シハヌークを「建国の父」として称揚する内容へ変更された（新谷　二〇一三：二六―二九頁）。

再び「建国の父」となったシハヌークは、一九八〇年代半ばから展開された和平交渉の立役者としても称揚された。二〇〇一年に発行された一二年生（高校三年生）の歴史教科書では、「民族団結と国民和解のため、カンボジア紛争の当事者たちはクメール人同士の紛争の終結を求めるノロドム・シハヌーク殿下の願いを受け入れた」（教育青年スポーツ省 2001: 44）と描写された。

このように、シハヌークを「建国の父」かつ、カンボジア和平の立役者とする認識が再構築・構築される一方、人民党や一九九〇年代に同党とライバルであったフンシンペック党も、支持獲得のためにシハヌークを利用した。人民党は先に述べた通り、シハヌークが主導したサンクム体制の後継者を自任したが、シハヌークが率いた FUNCINPEC を前身とし、シハヌークの息子ノロドム・ラナリットが党首を務めるフンシンペック党もまた、「フンシンペック党はシハヌークの党である」と喧伝し、選挙キャンペーンでシハヌークを利用した（山田　二〇一一：八八頁）。これは、両党がシハヌークを国民からの支持を動員する上で有効であると認識していたからに他ならない。

二〇一二年にシハヌークが亡くなると、翌二〇一三年一〇月、独立記念塔横の広場にシハヌークの銅像が建立された。銅像には、「独立、領土の完全性、クメール民族団結の父」と刻まれた。銅像の除幕式においてフン・センは、「建国の父」としてシハヌークを記憶し続ける意向を示した（新谷　二〇一五：一三頁）。その一方で、カンボジア和平の功労者とする認識は、徐々にフン・センによって浸食されるようになった。一九九〇年代末にフンシンペック党との政党間争いを制して優位を確立した人民党は、政治綱領や選挙キャンペーンなどで繰り返し、「内戦を終結させ、平和を実現した」と強調し（山田　二〇〇九：二二頁）、歴史教育にもそのような歴史観を導入しようと試みた。しかしながら、歴史教育への導入はフンシンペック党からの抗議で頓挫した。公教育における新たな歴史観の導入は、人民党による一党支配が強化された二〇〇〇年代後半まで待たねばならなかった。人民党による一党支配が強化されて以降の教科書改訂では、「現代史上の良い指導者」として、シハヌークとともにフン・センも「平和と民族団結」の功労者として描写されるようになった（新谷 二〇一五：一〇頁）。フン・センを、国民からの人気が高いシハヌークと並ぶ指導者とすることで、人民党支配の正統性に利用した。

フン・センによる個人支配がさらに進んだ二〇一〇年代後半には、フン・セン個人が人民党の正統性の主張でより強調されるようになった。二〇一八年末、フン・センが「平和と民族団結」のために主導した「ウィン・ウィン政治」[*5]を記念するウィン・ウィン記念塔が建立された。記念塔の外壁には、シハヌークの姿が一部描かれているものの、フン・センが主導して平和をもたらしたことを想起させる一連の絵が描かれた。記念塔が建立された一二月二九日は、二〇一八年以来、毎年盛大な式典が開催されるようになり、二〇二一年末には「ウィン・ウィン政治の日」として制定するようフン・センが要請した[*6]。その動きとともに、全国の公共施設や学校には、フン・センによる平和への貢献を感謝する「ありがとう平和」というスローガンが飾られるようになった。こうして、「平和と民族団結」という正統性の資源はフン・センが占有するようになった。シハヌークは依然としてカンボジアの「建国の父」であり続けているが、人民党の正統性戦略の中核にはもはや位置していない。

おわりに

独立後、シハヌークによって制度化され、正統性に利用された「建国の父」は、シハヌーク体制後にシハヌークと体制エリートが対立または共闘関係であったために、正統性訴求手段における扱われ方が変化し続けた。その背景にはシハヌークが長きにわたり影響力を保持し続けたことがある。

シハヌークは、一九九〇年代初頭に再び「建国の父」として復権したものの、その後、政治的影響力が減退し、二〇一二年にこの世を去った。この間、独立後最長となる人民党による支配体制が継続し、人民党は正統性を主張する際に「建国の父」シハヌークを利用してきた。しかしフン・センの個人支配が強化されるなかで人民党は「建国の父」シハヌークはかつてのように正統性訴求手段として利用しなくなった。現在のカンボジアでは、シハヌークを正統性訴求手段として称揚する動きは影を潜めたが、「建国の父」として国民の記憶の中で生き続けている。

＊注

(1)本節は、新谷（二〇二四）の内容を一部加筆したものである。

(2)事件の引き金となったデモの要因をめぐっては、「反王政デモ」（Chandler 2008）、「フランスがインドシナに復帰することを懸念した反仏デモ」（Corfield 1994）、日本軍による兵士と労働者の動員への不満から「反日デモ」（Gunn 2018）と、研究者間で評価が割れている。

(3) このような「合法的クーデタ」を可能にしたのは、「すべての権力は国王から発する」と規定した一九四七年憲法第二一条の存在であった（山田　二〇二二：四六九頁）。

(4) 一九七九年一月時点では、カンプチア人民革命党として再建されたが、一九八一年五月にカンプチア人民革命党に改称された（山田　二〇一一：二九頁）。

(5) 一九九〇年代のポル・ポト派との内戦の際、ポル・ポト派への軍事攻勢を積極的にかける一方で、政府側へ投降してきた場合は、たとえ同派幹部であっても罪は問わないことによって投降を促すという手法で、同派の殲滅をはかった（天川　二〇〇一：五六―五七頁）。フン・センはこれを「ウィン・ウィン政治」と呼んだ。

(6) Khmer Times. 2021. "Prime minister wants win-win day to be marked on calendars." (30 December 2021.)

【参考文献】

天川直子（二〇〇一）「カンボジアにおける国民国家形成と国家の担い手をめぐる紛争」天川直子編『カンボジアの復興・開発』アジア経済研究所。

天川直子（二〇〇二）「カンボジアの紛争――『ポル・ポト問題』の一般化に向けての試論」武内進一編『アジア・アフリカの武力紛争――共同研究会中間報告』アジア経済研究所。

北川香子（二〇一四）「スロック・スラエの反乱――コンポン・チャーム―クラチェの一八八五年反乱」『東南アジア――歴史と文化』四三号。

桜井由躬雄・石澤良昭（一九七七）『東南アジア現代史Ⅲ　ヴェトナム・カンボジア・ラオス』山川出版社。

笹川秀夫（二〇〇六）『アンコールの近代――植民地カンボジアにおける文化と政治』中央公論新社。

新谷春乃（二〇一三）「カンボジア国家の現代史認識――カンプチア人民共和国成立以降のカンボジアの国定教科

書の変遷」修士学位論文（東京大学・学術）。

新谷春乃（二〇一五）「現代カンボジアにおける政治指導者像構築の試み――国定歴史教科書と二〇一三年選挙キャンペーンの分析を中心として」『AGLOS: Journal of Area-Based Global Studies』二〇一四年特別号。

新谷春乃（二〇二〇）「独立後カンボジアにおける自国史叙述の展開」博士学位論文（東京大学・学術）。

新谷春乃（二〇二四）（予定）「ノロドム・シハヌーク（一九二二―二〇一二）」姜尚中監修・青山亨他編『アジア人物史第一二巻――アジアの世紀へ』集英社。

高橋保（一九七二）『カンボジア現代政治の分析』日本国際問題研究所。

高橋保（一九七四ａ）「カンボジアの農村社会と農民の価値意識」高橋保編『東南アジアの価値意識上』アジア経済研究所。

高橋保（一九七四ｂ）「ノロドム・シハヌークにおける政治意識と行動」高橋保編『東南アジアの価値意識上』アジア経済研究所。

高橋宏明（二〇一六）「一九六〇年代カンボジアの政治体制と社会変化――シハヌーク時代の実態について」『東海大学教養学部紀要』四六号。

山田裕史（二〇〇九）『カンボジア人民党の特質とその変容（一九七九―二〇〇八年）』上智大学アジア文化研究所。

山田裕史（二〇一一）「ポル・ポト政権後のカンボジアにおける国家建設――人民党支配体制の確立と変容」博士学位論文（上智大学・地域研究）。

山田裕史（二〇二二）「カンボジア――シハヌークによる政治権力の独占と王政の成立」粕谷祐子編『アジアの脱植民地化と体制変動――民主制と独裁の歴史的起源』白水社。

Ayres, David M（2003）, *Anatomy of a Crisis: Education, Development, and the State in Cambodia, 1953-1998*, Chiang Mai: Silkworm Books.

Chandler, David（2008）, *A History of Cambodia,* Colorado: Westview Press.

Corfield, Justin J（1994）, *Khmers Stand Up!: A History of Cambodian Government 1970- 1975,* Victoria: Center of Southeast Asian Studies, Monash University.

Corfield, Justin, and Laura Summers（2003）, *Historical Dictionary of Cambodia,* Lanham, Maryland, and Oxford: The Scarecrow Press, Inc.

Frings, Vivian K（1994）, *Allied and Equal: The Kampuchean People's Revolutionary Party's Historiography and its Relation with Vietnam*（*1979-1991*）, Victoria: Center of Southeast Asian Studies, Monash University.

Frings, Vivian K（1995）, "The Cambodian People's Party and Sihanouk." *Journal of Contemporary Asia,* 25（3）.

Gunn, Geoffery C（2018）, *Monarchical Manipulation in Cambodia: France, Japan, and the Sihanouk Crusade for Independence,* Copenhagen: NIAS Press.

Heder, Steve（2002）"Cambodian Election in Historical Perspective", John L. Vijghen（ed.）, *People and the 1998 Elections in Cambodia: Their Voices, Roles and Impact on Democracy,* Phnom Penh: Experts for Community Research.

Lon Nol（1974）, *Le Neo-Khmerism,* Phnom Penh: Khmer Republic.

Osborne, Milton（1994）, *Sihanouk: Prince of Light, Prince of Darkness,* Honolulu: University of Hawaii Press.

Short, Philip（2005）, *Pol Pot: The History of Nightmare,* New York: Henry Holt.

Vickery, Michael（1986）, *Kampuchea: Politics, Economics and Society,* London: Frances Pinter.

Krosuong Abârum（教育省）（1973）, *Brovottevityea thnak ti 3*（歴史三年生）, Phnom Penh.

Krosuong Abârum Yuvochon Keyla（教育青年スポーツ省）（2001）, *Seksa sangkom: Brovattesastr Kâmpuchea thnak ti 12*（社会科：カンボジア史12年生）, Phnom Penh.

第六章　パキスタン　ムハンマド・アリー・ジンナー
——ムスリムの自由を求めた「建国の父」

井上あえか

ムハンマド・アリー・ジンナーは、現在パキスタンで、「カーイデ・アーザム（偉大なる指導者）」もしくは「バーバーエ・コウム（国民の父）」という称号を付され、その功績を讃えられる唯一の人である。一方インドでは、彼はイギリスの分割統治政策に乗せられ、頑迷に妥協を拒んで「インドを割った男」として批判されてきた。正反対の評価になった背景には、インドの独立運動が抱えていた事情があった。

ムハンマド・アリー・ジンナー

英領インドの独立運動においては、インド国民会議（以下、国民会議派と表記）という最大の指導政党が存在し、ジンナーも政治活動を開始した当初はそのメンバーであった。彼は国民会議派に所属すると同時に、一九一三年からはムスリムの政党である全インド・ムスリム連盟（以下、ムスリム連盟と表記）にも加わり、両政党の間をつなぐ存在となっていた。一九一六年にはジンナーとガンディーが中心となって、ムスリム連盟と国民会議派が連携してイギリスに対抗することを約束するラクナウ協定を結んでいる。

しかしヒンドゥー教徒とイスラーム教徒の間の対立が先鋭化するなど、状況の変化の中で、インド・ムスリムの権利を代表することを自らの使命としたジンナーにとって、ネルーやガンディーが率いる国民会議派との共闘は困難なものへと変わっていった。ジンナーは独立運動の終盤に、ムスリム連盟の総裁として、イギリスや国民会議派を相手に独立交渉にあたることとなった。中央集権的な統一インドを一貫して追求した国民会議派に対して、ジンナーは少数派であるムスリムのための政治的単位が必要だと主張した。インドの独立運動が、多くのインド人にとって思わざる結果であったパキスタン・インド分離独立という結末を迎えた時、ジンナーは「インドを割った男」とされたのである。

ジンナーに関する研究は、長きにわたって多くの蓄積がある。独立後に出版されたボリートによる公式の伝記である『ジンナー　パキスタンをつくった人』（Bolitho 1954）や、ウォルパートの『パキスタンのジンナー』（Wolpert 1984）、ジャラールの『孤高の代弁者』（Jalal 1985）などが広く知られている。一九八〇年代までは、分離独立の責任はもっぱらジンナーとムスリム連盟にある、という説がインドやイギリスの南アジアの独立運動史研究の前提であった。英領インド総督の秘書官を務めていたV・P・メノンが独立後に出版した著作（Menon 1957）がそのような立場の代表的な例である。彼は、ジンナーがイギリスの分割統治政策に乗せられてムスリム国家を分けるという考え方をもち、それを最後まで押しとおした、という見方をとっており、それがインドの公式の歴史に影響を与え、オックスフォード大学やケンブリッジ大学のインド現代史研究にも多く参照された。

これに対して、この通説に疑問を呈し、ジンナーという人物は、大勢力であった国民会議派の意向に反して分離独立を勝ち取れるほど強い指導者ではなかったと、幾重にも実証を重ねて論じた研究もある（Jalal 1985）。彼らはリヴィジョニストと呼ばれ、独立運動史研究に重要な視点をもたらした。また、国民会議派のムスリムであったモウラーナー・アーザードも、その著書（Azad 1959）の中で、ジンナーが決して多くのムスリムに支持された強い指導者ではなかったことを明らかにしている。しかし強い政治家でなかったという観察は、彼が果たした政治的役割の重さを減じるものでは決してない。時には孤立しながら、彼は忍耐と厳格な公平さでインド・ムスリムのために力を尽くした。

ムハンマド・アリー・ジンナーと、ガンディーやネルーなどインド独立運動の主流にいた政治家たちは、はじめは同じ国民会議派の一員としてイギリスに対峙しようとしていた。彼らの間に生じた対立はどのようなことだったのか。また、ジンナーがもっとも重視したことはなんだったのか。独立後のパキスタンはわずか一年でジンナーを喪《うしな》い、政治が安定しない時代が続いたが、その後彼の遺志は歴代指導者たちにとってどんな意味を持ったのか。そして彼が独立から七六年を経た今日のパキスタンにおいてなお、カーイデ・アーザムとして尊敬を集め続けていることの意味を考えてみたい。

一　家族と生い立ち

ムハンマド・アリー・ジンナーは一八七六年一二月二五日、英領インドのカラチに七人兄弟の長子として生まれた。父ジンナー・プーンジャーと母ミッティバーイーは、出身地のグジャラートで商人として成功し、カラチに移り住んでいた。彼は初等学校までをカラチで過ごしたのち、ボンベイのゴークルダース・タージ・プライマリースクールを経て、一六歳でカラチのクリスチャン・ミッショナリーソサイエティ・ハイスクールを卒業すると、当時の出世の道であった弁護士資格を得るためにイギリスへ留学した。これに先立ち、ジンナーは慣習にしたがって一五歳で両親が決めたカーティヤーワール出身のホジャ派ムスリムのアマーイー・バーイーと結婚したが、彼のイギリス留学中に、彼女は病で世を去った。

一六歳から二〇歳にかけてイギリスで学んだことは、ジンナーの生涯に大きな影響を与えた。一八九〇年代という時代背景も重要だった。イギリスでは労働党が躍進し女性参政権運動が高まっていた。またインドやエジプトにおけるナショナリズムの高まりに対するイギリスの姿勢を目の当たりにしたことが、ジンナーに政治への目を開かせ、「改革（リフォーム）」を求める政治信条をもたらしたと言われる（Bolitho 1954: 3-6）。

とりわけ重要だったのは、ダーダーバーイー・ナオロージーとの出会いである。ダーダーバーイーは、一八八五年のインド国民会議設立メンバーの一人であり、ロンドンで実業家として成功し、ジンナーがロンドンにやってきた一八九二年に、インド人として初めて下院議員選挙の候補者となった人である。ジンナーはその選挙戦を積極的に支援する中で、ダーダーバーイーの穏健主義やリベラリズム、そしてインドへの愛着に接したとされる。当時のロンドンにはダーダーバーイー以外にも、スレンドラナート・バネルジー、ゴーパル・クリシュナ・ゴーカレーなど、初期インド国民会議を支えた指導者がおり、ジンナーは彼らから穏健改革主義の政治理念を学び、継承した。ジンナーは後年、彼らこそ「インドでムスリムが最も尊敬を寄せる指導者たちであった」と述懐している（Zaman 1985: 2）。

ジンナーはロンドンの法学院の一つ、リンカーンズ・インに学び、わずか二年でバリスター（法廷弁護士）の資格を得ると、当時インド人として史上最年少の法廷弁護士としてさらに二年間ロンドンに留まったのち、一八九六年に二〇歳でインドへ帰国した。彼がカラチに戻った時、妻と母はすでに世を去り、父は商売に失敗して財産を失っていた。当時カラチは海運の街ではあったが小さな港町に過ぎず、彼は活躍の場を求めて翌年ボンベイ（現ムンバイ）に拠点を移し、三年後に、ボンベイ管区治安判事の地位に着き、ようやく生活の安定を得た。これを機に、彼はカラチから末妹のファーティマを呼び寄せ、カトリックの学校へ入学させた。ジンナーは後年四二歳で再婚するが、この結婚も長くは続かず妻を失うこととなる。結局、妹のファーティマだけが生涯を通じてこの孤独な兄に寄り添う家族であった。パキスタン独立後、彼は「我が妹は一条の光であり希望であった。彼女の抑制がなければ私の不安はもっと大きく、私の健康はもっと悪くなっていただろう」と述べている（Bolitho 1954: 91）。

治安判事を務めたのち、彼は弁護士として頭角を現した。論理的な弁論と、不正を嫌い絶対裏取引に応じない厳格さで知られ、ボンベイで誰よりも高い報酬を取る弁護士だったという。カラチからボンベイへ移ったのも、親戚縁者のいる場所で縁故によって地位をえたと思われたくなかったからだ、とジンナーの伝記作家H・ボリートは書いている。これは多分に建国の父への賛辞を含んでいるかもしれないが、独立交渉の過程におけるジンナーを見れば、原則を曲げない厳格な姿勢には通じるものがある。

ジンナーは後年、若いムスリムたちに「自分の基礎ができるまでは政治に加担してはいけない」と助言したという。その言葉どおり、彼が政治家として衆目を集めるのは、一九〇六年、三〇歳の時であった。この年、彼はインド国民会議派カルカッタ大会に、ダーダーバーイー・ナオロージーの秘書として参加し、初めて演説を行った。この演説は、イギリスがムスリムの法、感情、習慣に配慮した統治を行っているか監査する委員会の設置を支持するもので、この中で彼は、ムスリムが望むことがムスリムの法なのであり、必要なら現行法の改正も行われるべきだ、と主張している。

一九一三年、ジンナーは全インド・ムスリム連盟に加入した。彼はそれまで国民会議派には参加していたが、ムスリム連盟とは距離をとっていた。ムスリム連盟は一九〇六年の結成当時は民族運動に冷淡で親英的な組織であった。しかし一九一〇年代に入って、文学者シブリーやA・K・アーザードらムスリム知識人の中に、国民会議派を支持しムスリム連盟を批判する人々が増えると、ムスリム連盟は方針を転換し、他の宗教コミュニティーとの協調によって「インドにふさわしい自治」の獲得を目標に掲げるようになった。これによってムスリムの権利の擁護のために活動してきたジンナーにとっても、ムスリム連盟に関わる理由が生まれた。彼はムスリム連盟への加盟に際して、ムスリム連盟・国民会議派共同の組織再建計画を示し、連盟は統一インド誕生への中心として今後成長してゆくはずだ、との期待を述べている（Jalal 1985: 7）。政治活動を始めた当初から、ジンナーがヒンドゥー・ムスリム両コミュニティーの協調をめざしてきていたことがここに現れている。その後、ジンナーはムスリム連盟と国民会議派の間に立ち、一九一六年一二月に両者が協力して自治を求めてイギリスと交渉することを定めたラクナウ協定の締結に尽力した。さらにムスリム連盟ラクナウ大会において議長に選出されると、インドの自治という共通の目標のために国民会議派と協調することを重ねて訴えた。

イギリスは一九〇九年から、選挙の際にムスリムのための枠を設ける分離選挙制を一部で導入していたが、国民会議派はインド人を分断するものとしてこれに反対していた。ラクナウ協定では、国民会議派が分離選挙制を承認し、ムスリム連盟と国民会議派はインドの完全自治のために協力することで合意した。ジンナーはラクナウ協定締結を主導したことで、「ヒンドゥー・ムスリム協力の大使」と呼ばれた。

私生活においては、一九一八年に当時一八歳のラタンバーイー・プティと再婚した。彼女はゾロアスター教徒の富豪の令嬢で、父親はジンナーの親しい友人であった。親子ほども年の離れたジンナーと、親族の大反対を押し切って結婚するために、彼女はムスリムに改宗し親族と絶縁状態となった。翌年娘のディーナが誕生したものの、結婚生活は長く続かず、一九二二年半ばには別居することとなった。彼女はうつ状態に陥っていたとも言われ、その後二九歳で病没している。

二　国民会議派からの脱退

ジンナーは、結婚生活に行き詰まった頃、政治生活においても孤立状態に置かれていた。一九二〇年の国民会議派大会において、ガンディーがヒラーファット運動への参加を会議派の活動方針とすることを提案した。ヒラーファット運動とは、第一次世界大戦末期の一九一八年、オスマン帝国敗戦の可能性が高まる中で起きた、カリフ制維持を主張する運動である。オスマン帝国の皇帝はイスラーム世界全体のカリフであるという考え方をとるムスリムにとって、帝国の解体と皇帝の廃位は深刻な問題であり、ヒラーファット運動はトルコよりむしろインドにおいて高まっていた。一九一九年、インドに中央ヒラーファット委員会ができると、ガンディーは、ムスリム社会にとって重要な問題は、兄弟であるヒンドゥーにとっても重要な問題として共有されなければならないとして、ヒラーファット運動を国民会議派の活動方針として採択することを主張したのである。

ガンディーは、このムスリムにとっての大問題を、ヒンドゥーを含むインド全体で共有することで、ウラマーの信頼を獲得し、自身のサティヤグラハ運動[*1]の参加者をも広げることができると考えていた。しかし、ジンナーはこれを日和見的連合と批判し、政治と宗教の混合はきわめて危険で、父子や兄弟を引き裂く結果を招くだろう、と指摘して強く反対した。国民会議派にも、C・R・ダースなど、ガンディーの提案に危惧を抱く人々もあったものの、大会で明確な反対意見を述べたのはジンナー一人だった。しかし、当時圧倒的な影響力をもつ指導者であったガンディーの方針は、熱狂的に支持された。国民会議派の先行きに失望したジンナーはこの大会をもってこれを脱退し、ガンディーと袂を別つこととなった。

ジンナーが警戒したのはガンディーの宗教性であった。ガンディーにとって植民地からの独立とは近代とのたたかいであり、イギリスがもち込んだ近代的なものをすべて拒否し、イギリスによって蔑まれ否定されたインドの文明や伝統を復活させることであった。宗教はガンディーにとって近代によって失われかけていた最も重要なものの一つで、真の独立のためにはその尊重と復権がなければならなかった。一方、ジンナーは、近代的で合理主義的な考え方を重視した。政教分離はその中でも最も重要な価値であった。宗教的な感情に訴えて大衆動員をはかろうとするガンディーの運動は、ジンナーには受け入れ難いことだった。そしてこの二人の対立はこの後分離独立に至るまで、和解を見ることはなかった。

一九二七年に、イギリスがインド統治法改正のために任命したサイモン委員会への対応をめぐって、ムスリム連盟が分裂するなど、二〇年代は彼にとって不遇の時代だった。このサイモン委員会をめぐって、ジンナーは国民会議派に対して、この機をとらえてインド人による憲法草案を作るためにヒンドゥーとムスリムが再び協力することを提案している。しかしインドの連邦制をめぐって、国民会議派が強い中央集権を目指したのに対して、ムスリム多数派州は州の権限を温存した弱い連邦制を求めた。ジンナーはこの両者の調停に努めた。調停は不調に終わったものの、彼がふたたび国民会議派との協力の可能性をもとめていたことは、注目されていいだろう。

ところでヒラーファット運動は、オスマン帝国の崩壊後、周知のとおりトルコが近代化を選び共和国となったことにより挫折した。ガンディーの運動は混乱の中で、ヒンドゥーとムスリムの対立を表面化させることとなった。

三　ムスリム連盟指導者への道

ジンナーは一九三〇年にイギリスが開催したロンドン円卓会議にムスリム代表として出席した。この頃、彼はロンドンに留学中の学生ラフマット・アリーに会う。ラフマットはジンナーに対して、ムスリムのための分離国家の必要を述べ、パキスタンという国名を提案したという。[*2] 分離国家のアイディアはすでに文学者のムハンマド・イクバールらによって提唱されていたが、ジンナーはその賛同者ではなかった。熱弁するラフマットに対して、ジンナーは「不可能な夢」と一蹴したという。

ジンナーはこの頃、ムスリム連盟から再三、議長就任を請われていたが、消極的であった。しかし、彼を本格的に政治に向かわせる状況が訪れる。一九三七年に中央・州議会選挙が行われ、ムスリム連盟は惨敗を喫し、ムスリム議席も含めて国民会議派が圧勝した。この時、前年の大会まで国民会議派議長を務めたジャワーハルラール・ネルーが、「インドには二つの勢力しかない。イギリスとインド国民会議だ」と、ムスリム連盟を軽んじ、多数派支配を感じさせる主旨の発言をしたことが、ジンナーを発奮させた。彼はムスリムの代表者として中央政治の場へ復帰することを決意し、その手始めとして、ムスリム多数派州で地主などの名望家層へ働きかけを開始した。ジンナーがインド・ムスリムの代表として行動するためには、ヒンドゥー支配への危機意識を共有し、中央における交渉者として認められる必要があったからである。

英領インドには北西部と東部に、ムスリムが多数派を占める地域があった。現在パキスタンとなっている地域とバングラデシュとなっている地域である。そこにはパシュトゥン、パンジャービー、シンディー、バローチー、ベンガーリーといった人々が住んでいる。彼らの中の地主や大商人といった名望家層は、ムスリムが多数派を占める社会の上層で特権を享受している。ジンナーはそれらの人々のもとへ乗り込んで、このままでは独立後のインドはヒンドゥー教徒が多数派として支配し、ムスリムは少数派として従属的な立場に置かれる、そうならないために自分が中央で交渉するので、ムスリム代表として認め支持してほしい、と訴えた。しかし、インド全体ではヒンドゥーが圧倒的多数派であっても、彼らの世界ではヒンドゥーは少数派に過ぎず、ジンナーと危機感を共有することは難しかった。むしろ、にわかにやってきたジンナーに対して、既得権を脅かすのではないか、と警戒する人たちも多かった。ムスリムが多数派を占める各地を回ったジンナーは、どこでも歓迎されず、信用も得られなかった（Jalal 1985）。この頃のジンナーは、ムスリムの中にあってもいわば「孤独な代表者」であった。

四　二民族論の表明と激化するコミュナル対立

一九四〇年三月二三日、ムスリム連盟ラホール大会において、ジンナーは議長演説の中で「二民族論」という考え方を示した。この考え方はその後パキスタン建国の根拠となった。「インドは宗教の違いによって、文明も歴史的伝統も全く異なる二つの民族〔ネーション〕から構成されている。西欧型議会制民主主義が導入されれば、大民族〔ヒンドゥー〕が小民族〔ムスリム〕を支配することになる。……インドを『主権をもつ複数の国』に分割して主要な民族が別々に祖国をもつしかないことを認めるべきである。」(Pirzada 1969: 341)

ジンナーがこうした考え方を提示するに至った背景には、第一に、当時激化していたヒンドゥーとムスリムの間のコミュナル対立・暴動があった。コミュナル対立は、宗教間の暴力的な対立を意味し、一九二〇年代頃から激しさを増し、四〇年代には略奪、暴行、放火などが深刻な状況となっていた。これは前近代のインドには見られなかったもので、イギリス植民地時代の分割統治政策が、宗教コミュニティ間の対立を生み、増幅させた結果と考えられている。これに加えて第二に、二つの指導政党の間に独立インドについての考え方の対立が生じていたことである。インド国民会議は中央集権的な統一インドを最重要要件として求めたのに対して、ジンナー率いるムスリム連盟はムスリムの自治を求めた。ムスリムは統一インドであっても構わないが、ヒンドゥーによる支配は拒否するということで、中央政府をヒンドゥーが占めるなら、州への分権を求めたのである。

そのような状況の中で、ジンナーは二民族論を提唱したが、その一方で、これは分離独立国家の要求ではない、とした。その証拠にこの二カ月前に、彼は「一つの母国に政府〔ガバナンス〕

を共有する二つの民族（ネーションズ）」という憲法構想を発表している、というのである。二民族論こそはジンナーがインドを割った張本人と言われる論拠の一つであるが、実は本気の分離国家要求ではなく、ムスリムの自治確保のための交渉のカードとして発表された、という見方もある（Jalal 1985: 57）。

いずれにせよ、二民族論によって、ジンナーとムスリム連盟はムスリムのための分離国家要求という可能性を開いた。ラフマット・アリーに「パキスタンなど不可能な夢」と語ったジンナー自身が、その一〇年後にムスリムのための独立国家を求める演説をしたわけである。ただ、インド亜大陸のどの地域がムスリムのための国家に含まれるか、またどのような国家体制となるのかなど、詳細については曖昧なままであった。

その後、この独立国家の内容は少しずつ明らかにされ、一九四六年四月のムスリム連盟中央・州議会議員総会では、このムスリムのための独立国家はパキスタンと称する主権独立国家であるとされた。しかし、ムスリム連盟による憲法草案が作られることはなかった。ジンナーは、国内のムスリムの独立についての考え方や、イスラームに対する姿勢の違いに配慮して、あえてそれらの内容を曖昧なままにした、という見方もある（Jalal 1985: 54）。明確にすれば必ず反対勢力から反発がおき、ムスリムを統合することができなくなるからである。

一方で、ジャマーアテ・イスラーミーやジャミーアトゥル・ウラマーエ・ヒンドなどのイスラーム政党は、ムスリムのための独立国家に反対した。なぜならこの国家がイスラーム国家ではなく、近代的な民主主義体制のムスリムのための国家として構想されていたためである。

五　誰も望まなかった結果としての分離独立

ジンナーが二民族論を示した後、イギリスや国民会議派の中にも、分離国家の可能性を取り上げる人々が現れた。まず、一九四二年にイギリス労働党のクリップスを団長とする調査団がインドを訪れた。クリップスは第二次大戦が終われば、ただちに自治領としてインド連合を樹立し、連合に加わることを望まない英領インドの州は別の国をつくることができるという案をもたらした。また、インド国民会議派のラージャーゴーパラチャリヤは、ムスリム連盟が国民会議派と協力して臨時政府の組閣を行うなら、北西部と東部のムスリム多数派地域で、分離国家の樹立について住民投票で決めることもありうるという案を策定した。

一九四四年九月、この案をもとにガンディーとジンナーが会談したが、二人の協議は決裂に終わった。協議は失敗だったが、ガンディーと一対一で会談をおこなったことで、ジンナーとムスリム連盟の存在感はたかまり、大きな宣伝効果があった。さらに一九四五から四六年にかけて実施された中央・州議会選挙の結果、ムスリム議席の多くをムスリム連盟が獲得し、ようやくジンナーとムスリム連盟はインド・ムスリムの代表として、イギリスにも認められることとなった。

第二次世界大戦が終結する頃、イギリス、国民会議派、ムスリム連盟の間で、独立後の国家体制について交渉が一進一退を繰り返していた。閣僚使節団が一九四六年五月に緩やかな連邦制をとるインド憲法案を提示すると、インド国民会議とムスリム連盟は、一度は承諾した。閣僚使節団の案を承諾したということは、この時ジンナーは、それによってムスリムの自由が守られる見込みがあるとみなして、パキスタンの分離独立という要求を撤回していることは注目される。しかし、組閣の交渉が始まると、国民会議派が独立へ向けた中間政府への入閣をめぐってイギリスと駆け引きを続けるのを見たムスリム連盟は、怒ってこの案の承諾を撤回した。そしてパキスタンの即時分離独立の実現を求めて、一九四六年八月一六日を「直接行動の日」と定めて、全国にハルタール（ストライキ）や集会の実施を呼びかけた。

「直接行動の日」は、決して暴力を奨励した決起の呼びかけではなかったが、結果的に、インドの広い地域にこれまで以上に暴力と混乱を拡大、激化させるきっかけとなった。翌日には「カルカッタ大虐殺」として知られるコミュナル暴動が起こり、数千人が犠牲となった。さらにボンベイ、連合州、パンジャーブへとコミュナル暴動は拡大していった。インドが騒乱の巷と化す中で、ガンディーは村々を行脚して宗教間の宥和を解き、ムスリム連盟と国民会議派は中間政府をめぐる攻防を続け、イギリス植民地政府は早期の撤退を考えた。

一九四七年三月、最後のインド総督マウントバトンが着任した。それからわずか三カ月後の六月三日、マウントバトンはインドを分割して独立させる裁定を発表した。その前日、マウントバトンはインド各派の指導者たちを総督府に呼び、この分離独立案を内示した。この時の経緯について、ジャラールは、そのジンナー研究の中で以下のように描写している。

六月二日午前一〇時、マウントバトン総督は国民会議派およびムスリム連盟の指導者たち、スィクの指導者一人と会合をもち、彼らに分離独立案を手わたすと、「事態は急を要する」として、インド独立法案がイギリス本国議会を通過次第、二つの国家に対して権力を移譲する、とそっけなく通告した。

（中略）国民会議派の指導者たちは、党運営委員会はこれを受諾するだろうという確信を示した。ジンナーは、党の評議会に諮る前に言質を与えるつもりはなく、意見をまとめるために一週間の猶予を求めた。マウントバトンは、一日も待てない、一週間なんてとんでもない、と答えた。ジンナーはその日のうちに党運営委員会の回答を書面でなく口頭で伝えることを約束せざるを得なかった。（中略）最終期限とされた真夜中の一時間前、カーイデ・アーザムはこの分離独立案の公表を思い止まらせようと総督を説得するつもりで総督府に戻ってきた。引き延ばして時間を稼ぎ、再交渉の場を設定させようと考えていたジンナーは、総督に、ムスリム連盟の評議会はこの案を受け入れないと伝えた。総督はこれに対して、それは「混沌を意味し、あなたは永久にパキスタンを失うだろう」と応じた。（Jalal 1985: 283-284）

この後、ジンナーは分離独立案の受諾を余儀なくされた。この文章に表れる限り、ジンナーはこの時初めて分割案を知って、平静を保ちつつ党へもちかえってゆっくり協議しようとしているが、ネルーは事前に内諾していたように見える。イギリスと国民会議派は独立後のインドが中央集権的であることを重視した点で一致しており、ムスリム多数派州の自治を求めたジンナーの要求とは対立的であった。ネルーとマウントバトンの間で分離独立案が合意されていたとすれば、インド分割を決めたのは、州分権を求める厄介な存在を排除しようとしたイギリスと国民会議派だったという見方も可能である。

ムスリム連盟は六月九日の評議会で、国民会議派は一四日の全インド会議は委員会で、それぞれ分割案の受諾を決めた。この案ではベンガルとパンジャーブがそれぞれ二つに分割されることになっていた。いずれの州にもムスリムとヒンドゥーがおり、それぞれ棲み分けられていたが、ベンガーリーもパンジャービーも本来は宗教的な違いを凌ぐ民族的な一体性があり、分割されることには大きな抵抗があった。

一九四七年七月一五日、イギリス議会でインド独立法案が成立し、八月一〇日には制憲議会が発足して、ジンナーが議長に選出された。八月一四日、まず英領インドからパキスタンが分離独立し、一五日の真夜中をもってインドがイギリスから独立した。ジンナーは初代パキスタン総督に就任し、リヤーカト・アリー・ハーンが中央政府首相となった。

英領インドの独立は、ジンナーが長く求めた統一インドの形では実現されなかった。イクバー

ル ら一部のムスリムの間には、一九三〇年代からパキスタン構想があったとはいえ、インド国民会議やムスリム連盟といった独立運動の中心では多くの人々が、分離独立を望んではいなかった。いわば誰も望まなかった形で、英領インドは独立することになった。このことをジャラールは、「実はイギリス人がインドのコミュナリズムの狂気を収める責任の重さに耐えかねて、そこから脱出するために仕組んだ恥ずべき逃亡劇ではなかったか」(Jalal 1985:293)と問いかけている。そのように考えれば、インドを分割した責任を、ジンナーが長く負わされることになったことは、理不尽というほかない。

六　ジンナーが求めたもの

見てきたようにジンナーは、独立運動の長い間、「インドを割った男」というほど強い力のある政治家ではなかった。ムスリム名望家層からの支持を得るために苦労し、また独立運動の指導者として主流にもいなかった。主流にいたガンディーの宗教性を危惧して対立し、宗教と政治の分離を主張した。二民族論を掲げながら、その明確な国家像への言及を避け、独立に至るまで、ムスリム間の対立が表面化しないように留意した。ジンナーが重視していたのは統一か分離かという国家の形態ではなく、ムスリムがムスリムとして自由に生きることへの確実な保証だったのではないだろうか。国民会議派は統一インドを求め、ムスリム連盟は分離国家を望んだ、という図式ではジンナーの苦心が切り捨てられてしまうように思われる。

二民族論を、分離国家への要求だけではないという前提で見直してみると、重要なのは「西欧型議会制民主主義が導入されれば、大民族が小民族を支配することになる」という論点であろう。実際、独立後のインドで、インド国民会議が与党であった間は、多様性をインドのメリットとする建前があり、少数派への配慮もあったが、ヒンドゥー至上主義を掲げるインド人民党政権下のインドでは、現実にムスリムへの迫害が起こっている。ジンナーにとって、リベラルなインド国民会議派の指導者たちの保証だけでは充分とはいえず、明確な州分権などの国家制度を整えることによる保証を求めていたのではないだろうか。

ジンナーについて、本当はパキスタン分離独立を強引にもぎ取れるような強い政治家ではなかった、という見方は既に研究者の間ではよく知られているにもかかわらず、なぜジンナーはパキスタン以外では、いつまでもインド統一を阻んだ元凶といわれ続けるのだろうか。一つの答えは、彼がガンディーという南アジアの偉大な指導者の理想を阻んだ敵対者となったからではないかと思われる。

ガンディーの主著である『真の独立への道（ヒンドゥ・スワラージ）』（ガンディー　二〇〇〇）によると、彼が希求した統一インドとは、前近代のインド像に依拠した理想的インドだった。かつてインド社会は多くの宗教が共存する習合的な宗教環境にあったが、それはイギリス支配によって破壊されてしまった。宗教にかかわらず一人一人のインド人がそれを自覚して、ヒンドゥーとムスリムなど異なる宗教間の宥和を取り戻さなければならない。現実にあるヒンドゥーとムスリムの対立に合わせて対応を変えるのではなく、現実を理想に近づけるべきだと、ガンディーは考えていたのではなかろうか。

これに対してジンナーは、穏健主義の政治家を手本として政治活動に入り、近代的な政治システムの中で、議会制民主主義による統一インドを求めた。彼は絶えず難しい現実に直面し、それらとどう折り合いをつけるかを考え続けた。ムスリム多数派地域のムスリムはヒンドゥーへの危機感を共有せず、大地主たちが既得権を守ろうとしたり、イスラーム指導者がウンマ（ムスリム共同体）を強調したり、分離国家を求める人々がいたりする中で、彼はその全てのムスリムたちを代表し糾合することを考えていた。多くのムスリムが必ずしも彼を自分たちの代表者と考えない中でも、彼は孤軍奮闘を続け、統一インドの中でムスリムが少数派として保護の対象として扱われることなく、ムスリムとして自由に安心して生きられる国家となるよう制度を整えることを目指していたのである。

七　独立パキスタンの政治体制と多様なイスラーム

ジンナーは、イスラームと独立国家の関係や政治体制について、ただ「民主体制のムスリム国家」とのみ表現し、あえて独立前に憲法草案など細部を明示することを避けたことは既に述べた。独立後、ジンナーは亡くなるまでの一年間、病をおして全国を遊説し、また外国に向けても新生パキスタンを語っている。パキスタンはムスリム国家であるが近代民主主義体制をとり、宗教によって政治が左右されない政教分離の国家であること、他のいかなる宗教にも寛容であること、これからイスラームの根本原理を備えた民主主義の憲法が作られること、などである（Jinnah: 1948）。イスラームはパキスタンにおいて政治的正統性の根拠と位置づけられた。

彼は死の一カ月前、国民にむけてイード（断食が明けた後の祭りで、ムスリムにとっては最大の年中行事）を祝うメッセージのなかで次のように述べた。「どんな言語で私の言葉を聞いていても、あらゆるムスリムは、公正、誠実、無私の態度で、このパキスタンを守らねばならない」（Allana G. 1967: 527-528）。一九四八年九月一一日、ジンナーは病によりカラチで七二歳の生涯を閉じた。独立から一年余であった。現在もカラチにある大理石のジンナー廟がその亡骸を守っている。

ジンナー亡き後、民主体制の確立は進まなかった。憲法が制定されたのは独立から九年を経た一九五六年になってからであったが、それも一九五八年にアユーブ・ハーン陸軍参謀長の軍事クーデタで停止され、軍事政権下の一九六二年に新たな憲法が制定された。アユーブ・ハーンの軍政は軍部と官僚による支配体制を構築したが、「基礎的民主制」と称する制度を導入するなど、ジンナーが強調した政教分離の近代国家を将来の目標とする政権ではあった。その後、一九七一年にパキスタンからバングラデシュが独立したのち、ようやく選挙が行われ、パキスタン人民党のZ・ブットー首相の下で民主体制への一歩が踏み出されると、一九七三年に新憲法が制定された。これが現行憲法である。この間、軍政の時代を含みつつ、目標とすべき政治体制は政教分離の民主主義との認識は共有されていたという意味で、独立からブットー政権まで、ジンナーが残した民主主義のムスリム国家という目標は、理念としては引き継がれた。

一九七七年、ズィアーウル・ハク陸軍参謀長がクーデタにより政権を取った。戒厳令司令官のちに大統領として一一年に及んだ彼の政権は、パキスタンはイスラーム国家になるために分離独立したという全く新しい解釈を示して、宗教政党の指導者を入閣させ、国内のイスラーム化を進めた。その背景には、いずれも一九七九年に起きた隣国アフガニスタンへのソ連軍の侵攻やイランのイスラーム革命、サウジアラビアのマッカ事件といった、イスラーム世界の大きな変動があった。ズィアーウル・ハクは、東西冷戦の中でイスラーム世界の東の盟主となるという野心のために、政教分離と近代的議会制度という建国以来の原則を退けたのである。

しかし結局、彼は一九八八年に飛行機事故で急死し、その野心は潰えた。ソ連がアフガニスタンから撤退を開始した直後であった。その後、議会制民主主義が復活したが、一九九〇年代は、選挙で選ばれた政権の背後で軍の影響力がさらに強まった。これに伴い、政治が目指すところとしての政教分離の議会制民主主義は、なかなか実現できない目標としてより重視されるようになっていった。一九九九年にムシャッラフ陸軍参謀長がクーデタにより政権を取った際、彼は国民向けテレビ演説で、首相の暴走を止め、真の民主化を準備するための行動だったと説明した。ジアーウル・ハク政権の九年間を例外として、独立後のパキスタンの政権は、いずれもジンナーが掲げた国家像を目標として継承してきた。対立する隣国であるインドでは、一九五一年に憲法が施行されて以来、ほぼ欠かすことなく定期的に選挙が実施されてきているが、パキスタンはこのことに憧憬に近い意識をもってきた。なぜ我々は同じようにできないのか、と。

八　多様なイスラーム

ジンナーがインドのムスリムの多様性に鑑みて、パキスタンとイスラームの関係を曖昧なままにしたことは既に述べた。その曖昧さは独立後のパキスタンのムスリム社会に、多様性を許容する寛容性につながっているのかもしれない。パキスタンのイスラームのあり方は地域によって、人によって多様である。スンナ派もシーア派も共存し（ただし宗派紛争が激化する時もある）、イスラームに関して様々な立場で議論することもできる。下院（定数三四二）には、女性のための六〇議席とともに、非ムスリムのための一〇議席が留保されている。パキスタンの国旗の左三分の一の白い部分は、国内に少数派を含むことを象徴している。

ここで、アフマディーヤ（カーディヤーニー）についてのジンナーの考えに触れておかなければならない。アフマディーヤは、一九世紀のパンジャーブでミルザー・グラーム・アフマドによりイスラームの改革派教団として発足した。信徒は自らをムスリムと考えているが、パキスタンでは異端とされ、一九八〇年代に憲法でムスリムではないと規定された。ミルザー・グラーム・アフマドが自らをマフディー（救世主）と主張したことが、ムハンマドを最後の預言者と信じるイスラームの根本教義に反するため、異端とされる、と説明されている。

ジンナーは、一九三六年に国民会議派支持者のムスリムから、アフマディーヤをムスリム連盟から排除すべきだと言われ、これを拒否したという。また一九四四年に報道陣から、カシュミールの民族政党であるムスリム・カンファレンスはアフマディヤを排除すべきか、と問われたジンナーは、次のように答えたという。ムスリム連盟はどのムスリムでも宗派や信条に関係なく参加できる、カシミールのムスリムたちもそのような宗派的な問題を提起すべきではない、自分自身をムスリムと呼ぶ者をムスリムではないと宣言することなど、誰にできるというのか。[*3] ジンナーのこうした立場は、近代合理主義者の法律家らしく、リベラルな寛容性が表れていると同時に、宗教が政治的に利用されることへの拒否感が示されている。アフマディーヤへのジンナーの寛容性は、パキスタンの社会に継承されなかったと言わざるを得ない。

おわりに

冒頭に述べたように、今でもパキスタンの人々にとってジンナーはカーイデ・アーザム（偉大な指導者）である。ジンナーの国父としての地位も、彼が示した国家像がもつ重要性も、現在に継承されている。官公庁や学校にはジンナーの肖像が掲げられ、今、カーエデアーザムをどう思うか問えば、なぜ今さらそんなことをきくのか、彼はパキスタンをつくった指導者だとの答えが返ってくる。

ジンナーが目指した近代的な立憲民主主義を否定する政権は、軍政、民政を含めてジアーウル・ハク軍事政権以外はない。ジアーウル・ハクだけは例外的に、パキスタンはイスラーム国家となるために独立した、と主張したが、他の軍事政権はいずれも、民主化の道筋をつけるための過渡的な役割を自任してきた。

ジンナーがパキスタンという国家の誕生に果たした役割は計り知れない。しかし見てきたように、ジンナー自身が本気で分離独立を望んだかはわからない。確実に言えることは、ムスリムが自由に、少数派とならずに安心して暮らせる体制を求めたということだろう。少数派となるということは、悪ければ迫害され、良くても保護の対象となるということを意味する。ジンナーはそのいずれをもいさぎよしとせず、ムスリムがムスリムとしていられる、ということを求めた。

独立運動の過程でジンナーを懐疑的に見ていたムスリム多数派州がパキスタンを構成したことが、統合の原理の希薄さにつながったかもしれないが、現在のパキスタンに独立当時のような統合の危機はもうない。しかし民主体制の確立はまだ緒についたばかりである。政治家より軍のほうが大衆に信頼されているというのはあるべき姿からは遠いが、少なくとも、民主体制の発展が目指すべき方向である、というコンセンサスはある。

パキスタン建国は、インド・ムスリムにとってたしかに恩恵となった。現在のインドを見れば、一九九〇年代からのヒンドゥー至上主義勢力の拡大は、確実にムスリムの存在を圧迫し、政治的迫害を生んでいるし、二〇〇一年のアメリカ同時多発テロ以降、世界でイスラームを脅威とする言説が溢れた。しかし、インド世界が本来もっていたという宗教的寛容性は、もう取り戻せないのだろうか。少数であろうと迫害もされず保護の必要もない、多様な信仰が相互に影響し合い変容し、共存する社会は、不可能なのだろうか。

一九三〇年代のムスリム多数派州の名望家層は、中央でムスリム代表が交渉権をもつことの重要性を理解できなかった。ジンナーによって守られたものは、独立から数十年を経てから、ようやくその真の意味が明らかになったのかもしれない。パキスタンにおけるジンナーへの敬意は、ムスリムの自由という簡潔な目標が意味をもつかぎり、これからも生きつづけるように思われる。

＊注

(1)サティヤグラハは真理を掴んで離さない、の意でガンディーの反英独立の思想と運動全般を指す。

(2)パキスタンという国名は、英領インドでムスリムが多数を占めていた地域のうち、パンジャーブのP、アフガン（当時の北西辺境州）のA、カシュミールのK、シンドのS、バローチスタンのTANを連ねたもので、全体としてペルシア語で「清浄な国」を意味する。

(3) Ahmadiyya Anjuman Isha`at Islam Lahore Inc. U.S.A.´ https://www.muslim.org/pakistan/qazam1.htm

【参考文献】

ガーンディー、M・K（二〇〇〇）『真の独立への道』田中敏雄訳、岩波書店。

Allana, G（1967）, *Quaid-e-Azam Jinnah: A Story of the Nation,* Ferozsons Ltd.

Azad, Maulana（1959）, *India Wins Freedom,* Orient Longman.

Bolitho, Hector（1954）, *Jinnah: Creator of Pakistan,* John Murrey London.

Jalal, Ayesha（[1985）, *The Sole Spokesman: Jinnah, the Muslim League, and the demand for Pakistan,* Cambridge University Press.

Jinnah, Quaid-e-Azam Mohmed Ali（1948）, Speeches 1947-1948.

Menon, V.P, The Transfer of Power, Orient Longuman.

Pirzada, S.S.（ed.）（1969）, *Foundations of Pakistan: All India Muslim League Documents 1906-1947,* vol.2, Karachi, National Publishing House.

Wolpert, Stanley（1984）, *Jinnah of Pakistan,* Oxford Univ Press.

Zaman, Waheed-uz（1985）, *Quaid-i-Aam Mohammad Ali Jinnah: Myth and Reality,* National Institute of Historical Research, Islamabad.

第七章　中央アジア諸国　ナザルバエフ、カリモフ、ニヤゾフ
――「建国の父」の威光はなぜ失われるのか

宇山智彦

一　中央アジア諸国の「建国の父」とは誰か

「建国の父」はいつまで「建国の父」でいられるのか

「建国の父」を「建国の父」たらしめる要因は何だろうか。一般的に考えられるのは、独立運動または国家建設の指導者としての功績やカリスマ性だろう。場合によっては、ビルマ（ミャンマー）のアウンサンやインドのガンディーのように、建国の直前や直後に殺されたなどの悲劇性も「建国の父」のイメージを高める。

建国後、指導者の地位が世襲され初代の権威が子孫の地位の正統化に使われる場合（北朝鮮など）、世襲ではないが同じ政治体制が続く場合（中国、ベトナムなど）、「建国の父」が建国神話や

国家理念に組み込まれ、後継勢力が国民統合のシンボルとして利用できる場合（パキスタン、カンボジア、トルコ、アメリカなど）は、死後も権威・名声が長く保たれる。逆に、韓国、台湾、インドネシアのように、「建国の父」とは異なる社会層・政治グループの人々が権力を握り、政治体制や歴史観が変化すれば、権威・名声が揺らぐことが多い。

しかし中央アジアでは、在任中は賞賛や個人崇拝の対象だった初代大統領が、死後・辞任後、政治体制も歴史観も大きく変化したわけではないのに、威光を失ったり存在感が弱まったりする例が目立つ。具体的には、カザフスタンのヌルスルタン・ナザルバエフ、ウズベキスタンのイスラム・カリモフ、トルクメニスタンのサパルムラト・ニヤゾフである。そこで本章では、この三カ国の建国と三大統領の権力掌握・強化、死後・辞任後の権力継承の経緯を追い（特に失脚という劇的な結末を迎えたナザルバエフについて比較的詳しく述べる）、彼らがどのような意味で「建国の父」と言えるのか、なぜ威光を失ったのかを考察する。そしてそこから、国家建設と指導者の個性の関係と、中央アジア諸国における政治的権威の所在や権威主義体制の特徴を考えたい。

なお、中央アジアには五つの独立国が存在するので、他の二か国について簡単に付記したい。クルグズスタン（キルギス）の初代大統領アスカル・アカエフは、「建国の父」というより民主的指導者としてのイメージ宣伝に力を入れたが、中途半端な権威主義化と腐敗の悪評の中、二〇〇五年の政変（チューリップ革命）で国外逃亡し、その後も国内での評価は概ね低い。タジキスタンでは独立の過程と政治的混迷が並行し、内戦（一九九二〜九七年）の間に力を伸ばした指導者エモマリ・ラフモンが一九九四年に大統領になったのち国父的なイメージ作りを進め、二〇一五年には「平和と国民的統一の創始者にして国民の指導者」という称号を得て現在に至っている。

中央アジア諸国の「建国」とは何か*1

中央アジア諸国の建国の経緯を一言でまとめれば、ソヴィエト連邦の中にあった五つの共和国が、ソ連の共産党体制の動揺と遠心化の中で、一九九〇年六～一二月に主権宣言、一九九一年八～一二月に独立宣言をし、同年一二月のソ連解体で最終的に独立したということになる。以前から民族意識は存在し、ソ連末期には共和国の権利拡大の動きが活発だったので、独立が完全に受動的なものだったわけではない。しかしバルト三国やジョージア、ウクライナに比べ独立志向が弱かったのは確かで、予想できないスピードで進んだソ連の崩壊過程に市民による独立運動の成長が追いつかないまま、各共和国指導部の情勢判断で独立を宣言したのである。

ソ連時代における各国の前身について言えば、ウズベキスタンとトルクメニスタンは一九二四年にソ連邦構成共和国として設置され、その時に自治共和国や自治州だったタジキスタン、カザフスタン、クルグズスタンも三六年までに共和国に昇格した。結果的にはこれらの共和国が独立国に移行したので、建国者はソ連だと言うことも法的には可能だが、ソ連指導部の側は将来の独立を想定していたわけではなく、むしろ独立志向を抑えるための「上からの自決」として共和国を設置した（マーチン　二〇一一）。それでも、連邦構成共和国が形式的に主権と連邦脱退権を持っていたことは、多くのアジア諸国の前身である植民地とは異なる。形式的だった主権を実質化させようとしたのが上記の主権宣言、脱退権を行使したのが独立であった。

中央アジア諸国の法的な意味での前身はソ連時代の共和国だけだが、各国の歴史観では、前近代にそれぞれの領土に存在していた国や、各国の中心民族が形成した国も、現在につながる国家建設の歴史の中に位置づけられている。たとえばウズベキスタンではティムール帝国の建設者ティムール（一四世紀）、カザフスタンではカザフ・ハン国の中興の祖アブライ・ハン（一八世紀）といった人々が国史の中で重視される。また、ロシア革命期の民族運動の指導者や、ソ連初期の共和国共産党の幹部が国家建設史上の功労者と見なされることもある。しかしこれらの人々を現在の国家の直接の建国者と呼ぶのは明らかに無理であろう。

「建国の父」としての初代大統領とその登場前史

したがって、「建国の父」と見なすことのできる最も有力な候補者は、各国の独立時または直後の時期の大統領ということになる。中央アジア諸国の独立時の大統領は旧・ソ連共産党のエリート（アカエフを除いて各共和国の共産党中央委員会第一書記）で、共和国の自立性を高める路線を取ってはいても、ソ連解体の直前まで連邦の維持・刷新を支持しており、独立運動を率いたわけではない。しかしそれまでソ連邦中央の指示・統制下で運営されていた各共和国を、独立国家として機能させるための国家建設を率いたという意味では、建国の重責を担ったのは間違いない。

本章で取り上げる三人の経歴を詳しく述べる前に、彼らの登場の背景として、ソ連時代後期の中央アジア政治史を簡単にまとめておく。ソ連は形式としては連邦制、実質的には共産党による集権制だったが、レオニード・ブレジネフがソ連共産党書記長だった時期(一九六四~八二年)には、モスクワに対し忠実である限り共和国にある程度の自主性と裁量が認められ(特に人事)、共和国政治エリートの紐帯が強まった。しかし次のユーリー・アンドロポフ期(一九八二~八四年)には、共和国の人事と規律に厳しい眼が向けられて、ウズベキスタンを中心に綿花生産高の水増しなどの不正や汚職が捜査され、共和国エリートの受難が始まった。一九八五年に書記長に就任したミハイル・ゴルバチョフも、しばらくは引き締め路線を継続・強化した。翌年にかけて、長く共和国共産党第一書記を務めていた人々を退かせ、慣行や地元の意向を無視して、中央の言うことを聞きそうな人々を登用したのである。その一人がニヤゾフであった。

しかしゴルバチョフのペレストロイカ(立て直し政策)の途中で共和国に対する姿勢は反転し、分権化が進んだ。その流れの中で共産党第一書記になったのがナザルバエフとカリモフである。一九九〇年に、ソ連で共産党の指導的役割の放棄と引き換えにゴルバチョフの指導力を維持するため大統領制が導入されると、権限拡大を進めつつあった諸共和国もこれに倣い、中央アジアでは多くの場合、各共和国の共産党第一書記が大統領を兼務した。このように、本章で取り上げる三人が、独立国の初代大統領だっただけでなく、独立前の共和国の共産党第一書記・大統領でもあったということは、彼らの権力のあり方を考えるうえで重要なポイントである。

それでは三人の経歴、特に政治指導者としての歩みを見ていこう。

二　ナザルバエフ――引き際を誤った「啓蒙的独裁者」

工場労働者からの大出世と一九八六年一二月事件

ナザルバエフは一九四〇年七月、カザフ共和国の首都アルマトゥ郊外の農牧村であるシャマルガン村に生まれ、五八年にカザフスタン中部の製鉄工場（のちのカラガンダ金属コンビナート）に就職した。そこからウクライナのドニプロゼルジンスクの金属工場併設の工業専門学校に送られて一九六〇年に卒業し、六七年にはカラガンダ金属コンビナート付属の工業大学も卒業している。

ナザルバエフ

一九六九年からはコムソモール（共産主義青年同盟）や共産党の役職に就き、共産党の立場からコンビナートを指導した。生産現場のさまざまな問題のほか、党の行事に合わせて突貫工事が行われるなど、党の指導の矛盾も感じたという（Назарбаев 1991: 80-82）。彼は積極的な仕事ぶりでカザフスタン共産党中央委員会第一書記ディンムハメド・コナエフ（ロシア語式にはクナエフ）に気に入られて、一九七九年に同委員会工業担当書記に抜擢された。

一九八四年にカザフ共和国大臣会議議長（首相に当たるが共産党に従属）になったナザルバエフは、計二〇年以上カザフスタン共産党第一書記を務めていたコナエフの後継候補の一人と見られるようになった。しかし、ゴルバチョフが綱紀粛正とペレストロイカを唱えると、彼はその波に乗って、カザフスタンの政治・経済・社会が抱える問題を公然と指摘し、恩人コナエフと対立した。

コナエフは一九八六年一二月に辞任したが、ソ連共産党指導部が後任として事実上指名したのは、ロシア人のゲンナディー・コルビンだった。共和国に縁のない人間をトップにしたのは異例の人事で、市民の憤激を買った。諸都市で大規模な抗議集会が開かれたが、治安部隊により暴力的に鎮圧された。アルマトゥのロシア語名にちなんでアルマ・アタ事件とも呼ばれたこの一二月事件は、ソ連が解決済みと称していた民族問題の存在を示すものとして世界に知られた（宇山 一九九三）。

ソ連およびカザフ共和国の指導部は、この事件を人事の誤りではなくカザフ人の民族主義や部族主義によるものと見なし、民族主義批判キャンペーンを展開した。しかし、よそ者のコルビンはカザフ人の協力なしには共和国を統治できないため、カザフ人エリートは一部が解任されたものの、大部分は地位と一体性を保った（地田　二〇〇四b）。コルビンは不人気で、ナザルバエフは次期指導者の本命として力を温存した。

共和国指導者としての活躍とソ連邦維持・刷新の努力

一九八九年六月、コルビンに代わってナザルバエフがいよいよ第一書記に就任した。彼は経済政策を強みとしたほか、歴史の見直しや言語問題などで、カザフ人と非カザフ人の双方に配慮を示した。これにより民族間関係の安定を保ち、カザフスタンはソ連で「最も安定した共和国」だというイメージを作り出した。こうして彼は、政治エリートの結束と、多民族にわたる幅広い市民に支えられながら、共和国の漸進的な自立化の主導権を握ることができた。

一九九〇年四月に、カザフ共和国最高会議（国会）はナザルバエフを大統領に選出した（九一年一二月に改めて国民の選挙で当選）。バルト三国などの独立の加速で従来の形でのソ連邦の維持が不可能となった一九九一年、彼はゴルバチョフやロシアのボリス・エリツィン最高会議議長（七月から大統領）と共に、連邦を共和国主体の形で刷新する動きの中心となった。しかし同年八月、新連邦条約調印予定日の直前に保守派のクーデターが起き、その失敗によってソ連の崩壊過程はさらに加速した。それでもナザルバエフは連邦の刷新・維持に最後まで尽力した（Видова 1998: 98-174）。

一九九一年一二月八日にロシア、ウクライナ、ベラルーシというスラヴ系三カ国が一方的にCIS（独立国家共同体）結成を宣言すると、ソ連解体は決定的になった。これを受けて、カザフスタンは一六日にようやく独立を宣言した。スラヴ系と非スラヴ系の分裂を食い止めるため、ナザルバエフは二一日に関係諸共和国の首脳をアルマトゥに集め、一一か国で改めてCISを形成する作業のとりまとめをした。彼はソ連解体とCIS結成という劇的な過程をスムーズに進行させた功労者の一人と言えるだろう。

独立国家建設の主導と権威主義化・個人崇拝

ソ連時代末期に人事や経済運営などの分権化が進んでいたとはいえ、ロシア以外の旧ソ連諸国が独立国家として必要とする制度・機構の整備は、独立前夜以降に急遽進めなければならなかった。旧共和国共産党中央委員会の人材やリソースを利用できた大統領府はまだよい方で、かつてソ連中央の省庁の下請けのような位置づけだった各共和国の省庁は、手探りをしながら独立国の政府機関としての体裁を整えていった。たとえばカザフスタン外務省は、ソ連の外交官だった少数のカザフ人（その一人がトカエフ現大統領）を迎え入れたほかは、研究者など外交未経験の人々を採用しなければならなかった。カザフスタン軍は、共和国に配備されていたソ連軍の諸組織を引き継いだが、ロシア人などの軍幹部が去る中で、カザフ人幹部の育成を急いだ。ナザルバエフは、長く一緒に働いてきた信頼できる人材の活用と、若手の積極的な登用の両方向で指導力を発揮した。

特に困難な課題は経済の運営と改革だった。共産党と国家機構が一体となって計画経済を運営するソ連の経済体制は、ソ連末期に崩壊しつつあったが、ソ連解体で混乱はさらに増した。特にカザフスタンの鉱工業生産者の多くは、ロシアなど他の共和国にまたがる複雑なサプライチェーンの中で原料や半製品を提供していたため、その麻痺による打撃は大きかった。経済は悪化を続け、一九九九年の米ドル建て名目GDPは九一年の三分の二となった（世界銀行データ）。困難な状況の中で、ナザルバエフは国有企業・財産の私有化と外国資本の導入など大胆な改革に取り組んだが、これらもまた混乱と腐敗、貧富の差の拡大に結びついた。[*2]

しかし独立と改革、そして諸外国との交流の活発化が、国民にさまざまな新しい機会と活気をもたらしたのも確かである。筆者は一九九四年から九六年までカザフスタンで暮らしたが、社会の雰囲気は経済統計の数字よりも明るいものであった。社会的な安定が保たれたことはナザルバエフ一人の功績ではないにせよ、彼の権力の正統性の根拠となった。

政治面ではカザフスタンは当初、ペレストロイカ期の民主化路線を継続させ、政権批判を含め活発な言論が展開された。しかし一九九三年から大統領と国会の軋轢が生じ、九五年三月には憲法裁判所が突如、一年前の選挙に部分的な問題があったことを理由に国会を非合法化した。一〇カ月半の国会不在の間に、ナザルバエフは二度の国民投票で自分の任期延長と、大統領の権限を大幅に強化する新憲法採択を実現した。権威主義体制が一気に確立したのである（宇山 一九九六）。

その後もナザルバエフは反対派を時に排除し、時に懐柔した。大統領派の複数の政党が二〇〇六年に合同して結成されたヌル・オタン党は、下院で圧倒的多数の議席を占め（岡 二〇〇八）、一党優位制が確立した。ただし同党の名称にナザルバエフの名の一部である「ヌル」が冠されたことに示されるように、彼の権威のもとで動く個人政党であり、党としての自律性は低かった。

ナザルバエフの権力強化とともに、個人崇拝的な傾向も増していった。「ナザルバエフ」や「ヌル」が付く組織名・施設名が増え、非公式に彼をハン（君主）になぞらえる言説も目立つようになった。二〇〇〇年七月には初代大統領法が制定され、「歴史的使命」を帯びる初代大統領は生涯にわたり国家の重要問題についてイニシアティヴを発揮する権利を持つとされるなど、早くも退任後の権力維持のための規定が設けられた。この法は二〇一〇年には、カザフ語で「国の長」ないし「国民の指導者」を意味する言葉を併記して、「初代大統領＝エルバス法」に改められた。

このように個人崇拝が進む間も、ナザルバエフはカザフスタンの国家建設と国際社会での地位向上のための取り組みを怠っていたわけではない。経済的に苦しい時期に進められた資源開発のための外資誘致などの政策の成果は二〇〇〇年代に現れ、カザフスタンは年一〇％程度の急速な成長を遂げた。二〇一〇年代以降はやや停滞しているものの、旧ソ連でロシアに次ぐ経済大国、世界の中でも中進国としての地位を確立した。新しい技術・知識を取り入れた進歩的でオープンな国造りの姿勢から、ナザルバエフは啓蒙的独裁者とも呼ばれた。

外交面では、旧ソ連・欧米・アジアなどの諸国と全方位的に関係を深める「多ベクトル」外交を推進した。多国間外交や世界規模の外交でも、一九九四年にユーラシア同盟構想を発表し、のちにロシア主導でのユーラシア経済同盟の設立（二〇一五年）につながる旧ソ連諸国の地域統合に先鞭をつけたほか、アジア相互協力信頼醸成措置会議（ＣＩＣＡ）の設立、世界的な宗教間対話、反核外交といったさまざまなイニシアティヴを発揮した。ただし国際社会での存在をアピールする政策もナザルバエフの名誉欲と結びついており、成果としては表面的なものが多かった。

功績は否定できないとはいえ、さまざまな仕掛けで大統領の多選禁止規定を反故にして再選を続け、権力や経済的うまみのあるポストに家族・親族を登用するナザルバエフの国民の間での評判は、圧倒的支持の演出と裏腹に、必ずしも好ましいものではなかった。カザフスタンは他の多くの旧ソ連諸国と同様、日常生活にまで広がる汚職・腐敗の問題が深刻で（岡 二〇一九）、政権は汚職取り締まりを掲げてきたが、大統領とその周辺に巨額の汚職の疑いがある状態では説得力に欠けた。

同時に、彼が開明的指導者としての体面もあって、カリモフやニヤゾフほど全面的な言論統制を行わなかったことは、国民、特に若者や知識人が批判精神を保つことを可能にした。カザフスタンでは十分に体系的な世論調査が行われていないが、ナザルバエフへの批判的な空気が調査結果に表れる場合もあった。「デモスコープ」プロジェクトが二〇一五年二月に発表した調査では、大統領選挙が突然繰り上げられたことについて、否定的に見ると答えた人が四五・九％で、肯定的と答えた二七・三％を大きく上回った。二〇一六年一一月発表の調査では、国会議員の一部が首都アスタナ（一九九七年にアルマトゥから遷都）の「ヌルスルタン」または「ナザルバエフ」への改称を提案したことについて、やや誘導尋問的な選択肢の設定ではあるが、「完全に馬鹿げている」が六六・八％、「必要ない」が三二・四％で、「重要な提案」と答えた人は〇・九％しかいなかった。[*3]

「院政」から失脚へ

あと一年余りで八〇歳になる二〇一九年三月、ナザルバエフはついに大統領を辞任した。大統領が任期途中で辞任した場合は上院議長が後任となるという憲法規定に従い、カスム＝ジョマルト・トカエフ（一九五三年生まれ）が大統領となり、六月に改めて選挙で当選した。

しかしナザルバエフは安全保障会議議長、ヌル・オタン党議長などの地位と、初代大統領＝エルバス法に定められた多くの権限・特権を保持し、決して政界から引退したわけではなかった。高齢になった彼は日常業務から自らを解放したうえで実権を保ち、いわば「院政」を敷いたのである。

後任のトカエフは、ソ連外務省で中国専門家として仕事をしたのち、カザフスタンの外相や首相、国連の事務次長などを務めた経歴を持つ。一九八五年に北京でナザルバエフと出会った運命に「命の続く限り感謝し続ける」と書いた、極めて忠実な人物だった。二〇一九年三月の大統領就任演説で、アスタナをヌル＝スルタンに改名し、全州都の目抜き通りもヌルスルタン・ナザルバエフ通りに改称することを提案するなど、一時的にはナザルバエフ個人崇拝をさらに強めた。政策としてはデジタル化などの改革に取り組んだが、基本的にナザルバエフ路線を継続した。

ナザルバエフの引退を待ち望んでいた一部の市民はこの状況に落胆し、「老人［ナザルバエフ］は去れ！」、「ヌル＝スルタンは私たちの首都ではない」、「トカエフは私たちの大統領ではない」、「めざめよ、カザフ！」といったスローガンを掲げ、大規模ではないものの広範な抗議行動を展開したが、弾圧された（宇山　二〇一九）。

しかし大統領としての日常業務をトカエフが行う以上、二重権力的な現象が必然的に生じた。ナザルバエフは外国の要人と会ったり首脳会議に参加したりし続け、彼とトカエフの役割分担は不明確だった。官僚はどちらを向いて仕事をすればよいのか困る場合があったと言われる。また、トカエフ以外のナザルバエフの側近や家族と、トカエフとの間でも軋轢が生じたと見られる。

二〇二二年一月に液化石油ガスの値上げをきっかけにカザフスタン西部で抗議行動が始まり、他の社会経済問題に関する不満や、ナザルバエフが影響力を持ち続けていることへの不満と合わさりながら、全国に広がった。アルマトゥなどいくつかの都市では抗議行動に乗じた大規模な暴動が起き、確認できる限りで二三八人が死亡する惨事となった。暴動の背景には不明な点が多いが、ナザルバエフの側近がトカエフを失脚させるために関与した疑いがある（宇山　二〇二二）。

トカエフは危機に立たされながらも、暴動を迅速に鎮圧して乗り切った。そしてナザルバエフの親族・側近の職を次々と解き、一部の人々を逮捕した。事件中雲隠れしていたナザルバエフ自身も、安全保障会議議長などの辞任を余儀なくされて事実上失脚した。二〇二三年一月には初代大統領＝エルバス法も廃止され、ほとんどの特権を失った。トカエフ政権はナザルバエフの長年の功績は否定されるべきでないとの立場ではあるが、二〇二二年九月に首都名をヌル＝スルタンからアスタナに戻すなど、個人崇拝の痕跡を消しつつある。政策的にはそれほど大きな変化は起きていないが、トカエフは「新しいカザフスタン」というスローガンのもと、現代化と部分的な民主化を進めようとしている。ナザルバエフの忠実な後継者として大統領の座についたトカエフは、今やナザルバエフとの違いを打ち出すことを自らの正統性の基盤としようとしている。

三　カリモフ──独自の政策へのこだわりと後継者の路線変更

ウズベク人エリートがモスクワから受けた打撃と経済官僚カリモフの登用

カリモフは一九三八年一月に古都サマルカンドで生まれ、六〇年に首都タシケントの中央アジア工業大学を卒業し、航空機工場などで技師として働いたのち、六六年からウズベク共和国の計画経済を担うゴスプラン（国家計画委員会）で長く仕事をした。共産党員ではあったが、党官僚ではなく経済官僚として経歴を積んだのである。一九八三年に財務大臣、八六年にゴスプラン議長兼大臣会議副議長（副首相）になったが、すぐに共産党カシュカダリヤ州委員会第一書記という地方のポストに回された。

カリモフ

一九八〇年代半ばのウズベク人の共産党・政府幹部の中では、カリモフの運命は悪い方ではなかった。第一節で触れたように、アンドロポフ期からゴルバチョフ期前半にかけて、ブレジネフ期（シャラフ・ラシドフがウズベキスタン共産党第一書記を務めた時期と概ね一致）に要職にいたウズベク人幹部の多数が、汚職や不正の疑いで解任・逮捕されていたからである。これによりウズベク人エリートの一体性とヒエラルヒーが崩されたが、共和国外の人材やラシドフ期に干された人々だけでモスクワが現地の状況を十分に把握できるはずもなく、一九八七年頃からは拙速な人事や非能率な行政への批判が党内でも現れた。綿花関連の不正はモスクワによる過大な生産目標の押し付けのもとで生じたにもかかわらず、「ウズベク事件」と名付けられてウズベク人への偏見を助長したことも、不満を招いた。弾圧が弱まると、ウズベク人エリートは苦しい経験を糧に再結集を図った。

一九八九年六月、ウズベキスタン共産党第一書記だったラフィク・ニシャノフがモスクワに転任すると、それまでさほど目立つ政治家ではなかったカリモフが後任となった。一説によれば、ウズベキスタンの主要地域出身の有力者が集まってカリモフを指名し、モスクワもこれを認めたのだという。傍流だったカリモフがトップに立ったのは、一九八〇年代半ばに多数の幹部が排除されたことによる人材不足に加え、ウズベキスタンで地域閥が強かったことを背景に、諸地域のエリートにとって扱いやすい人物として選ばれた可能性がある。

カリモフの就任直前には、フェルガナでウズベク人とメスフ人（メスヘティア・トルコ人）の乱闘に端を発する大規模な暴動が起きており、彼は民族紛争後の事態収拾という重責を担った。状況正常化後に共和国で強まった安定志向は、当時人気を得つつあった民主化・民族運動による政権への挑戦を抑えるうえでカリモフに有利に働いた（宇山　二〇二〇）。

個人崇拝色の薄いハードな権威主義体制

一九九〇年三月、ウズベキスタンはソ連の共和国として初めて大統領職を導入し、最高会議がカリモフを大統領に選出した。しばらくの間は共和国内エリートとモスクワの双方に配慮した政治運営が必要だったが、一九九一年八月三一日の独立宣言後、カリモフは体制内の潜在的な反抗者・競争相手をつぶす動きを強め、九二年一月にはタシケント閥のリーダーだったシュクルッラ・ミルサイドフが務めていた副大統領職を廃止した。その後十数年かけて、地域閥は徐々に弱められていく。

独立当時は野党も活発で、一九九一年一二月の大統領選挙では野党候補のムハンマド・サリフが公式発表でも一二・五％、実際にはもっと多くの票を得たと見られるが、カリモフは野党への圧力を強め、サリフは九三年四月に逮捕されたのち亡命した。カリモフへのもう一つの深刻な挑戦はイスラーム運動であり、一九九一年一二月にはナマンガンの旧共産党州委員会の建物を占拠した人々から野次を浴びながら、イスラームの国教化を国会に提起するよう約束させられる屈辱的な体験もした。いずれにせよ、諸方面からの挑戦・脅威に立ち向かう中で、カリモフは諸地域エリートのバランスの上に乗った指導者から、強権的で警戒心の強い指導者に変貌していった。

独立国家建設にあたってカリモフは、多くの旧ソ連諸国の指導者と比べ理念・イデオロギーを強調する傾向が強く、ウズベク人の伝統的価値観の重視、ソ連時代への否定的評価、ウズベク型発展モデルの強調などを含む「民族独立理念」が体系化された（帯谷　二〇二二）。彼はまた、「新しい家を建てないうちに古い家を壊すな」、「大きな未来の国」などのスローガンを多用し、独自の政策の遂行と正当化に強いこだわりを見せた。特に経済面では、多くの旧社会主義国が当初採用した急進的市場化改革を批判して、国家統制下での漸進的改革路線をとり、その成功を自賛した。

ウズベキスタンが旧ソ連諸国の中では例外的に一九九〇年代の経済悪化を小幅にとどめ、穀物と燃料の自給、輸入代替工業化といった経済構造転換の目標を達成できたことは事実である。しかし成功の理由としては、この国が綿花や金という、新たな開発が必要ないうえ、ソ連中央を通さずに輸出できるようになったことにより大きな収益をもたらす産品を持ち、特に綿花が穀物や鉱工業生産拡大の原資として機能したことが大きい（野部 二〇一二）。また、カリモフの集権的な経済統制政策は、ソ連崩壊の衝撃を和らげるためには有効だったが、民間の活力を刺激し効率性を高めるという観点からは有益でなかった（Ruziev et al. 2007）。

ソ連崩壊後の悪化幅が小さかったと言っても、人口の割に経済規模が小さくソ連の中で貧しい共和国だったウズベキスタンは、独立時点の経済水準自体が低く、特に二〇〇〇年代には石油・ガス輸出で急速に成長したカザフスタンとの差が大きくなった。数百万人単位の人々が、働き口とより高い収入を求めて労働移民・出稼ぎ労働者としてロシアなど外国に行き、送金によってウズベキスタン経済を支えたが（菊田 二〇一八）、カリモフはこの現実に向き合おうとせず、自国で仕事をしない労働移民は怠け者で恥だなどと発言した（Радио Азаттык 2013）。

統治のうえでは、カリモフは官僚機構、特に治安機関（内務省と国民保安庁［旧KGB］）と経済関連の省庁や地方行政府を強力にコントロールした。さらに、町内会的組織であるマハッラ委員会を行政の末端に位置付けて、社会を管理・監視した（須田 二〇〇四）。社会管理の重要な目的は、イスラーム原理主義的な思想が政権の正統性に挑むのを防ぐことだったが、モスクの閉鎖などの厳しい宗教統制はかえって、それに不満を持つ信徒をリクルートした過激派の勢力増大を招き、二〇〇〇年前後には都市でのテロや国境付近でのゲリラ活動（一九九九年のクルグズスタンでの日本人拉致事件を含む）に悩まされた。しかしゲリラの主力がアメリカによるアフガニスタンでの対テロ戦争でターリバーン側に立って戦死したことがカリモフ政権にとって僥倖となり、その後数年の間に国内の過激派や原理主義的勢力を力で押さえ込むことができた。

外交面でもカリモフは独自色を出そうとしたが、その方向性は安定しなかった。ロシアの影響力を減らすために欧米に接近しては、欧米から民主化・人権の問題で批判されてロシアとの関係を改善するということを繰り返したのである。特に、二〇〇五年にイスラーム組織の武装メンバーを含む市民集会を治安部隊が銃撃して多数の死者が出たアンディジャン事件の後、欧米との関係は極めて険悪になった。中央アジア域内の諸隣国との関係も、カリモフの非妥協的な態度でしばしば緊張した。

このようにカリモフは、敵を排除し政策面での自分の意志を貫徹させるという面でハードな権威主義体制を築いたが、個人崇拝色は比較的薄かった。存命中、彼の銅像が建てられることも、彼の名が施設に付けられることも基本的になかった。それでも、賞賛あるいは皮肉を込めて彼を「ユルトバシ」（国の長）と呼ぶ人々がいるなど、国父的なイメージが形成されていった。カリモフの主導で大々的に展開されたティムールの称揚も、両者を重ね合わせる「代理個人崇拝」だったとする解釈もある（Adams 2010: 40-41）。なお、カリモフ自身の腐敗の噂はナザルバエフに比べ少なかったが、家族についての悪評は多かった。晩年には政策の硬直化が目立ち、諸隣国との関係悪化や、国内の閉塞感が深刻だった。

ミルジヨエフ改革——体制維持と前任者路線の事実上の否定

カリモフは二〇一六年九月に病死した。独裁者の死で大混乱が起きるという観測もあったが、体制を支える政府・官僚機構は継続的に機能し、混乱は起きなかった。カリモフの側近として二〇〇三年以来首相を務めていたシャフカト・ミルジヨエフ（一九五七年生まれ）が大統領代行となり、二〇一六年一二月の選挙で正式に大統領に就任した。

ミルジヨエフはカリモフを手厚く葬り、タシケント国際空港に彼の名を付けるなど、前任者に敬意を表した。タシケントの旧大統領官邸にはカリモフを記念する博物館と像が設置され、ミルジヨエフや諸外国の首脳はサマルカンドのカリモフの墓廟をよく訪れている。「父」としてのカリモフを中心に据えた建国神話が、生前よりも明確に形成されたのである（帯谷 二〇一八）。

しかし政策面では、ミルジヨエフはカリモフの方針の多くを覆して、大胆な改革を行っている。

経済面では、複数為替の一本化、外貨交換の自由化などで投資・貿易環境を改善し、広範な規制緩和で国内の企業家のビジネス環境も改善した。政治面では、カリモフ時代の抑圧体制を支えていたルスタム・イノヤトフ国民保安庁長官を辞任させたほか、政府機構に成果主義を導入するとともに、国民の要望を行政に反映させる仕組みを整備して政府の応答性を向上させた。外交面では、カリモフ時代後半に緊張関係にあった隣国、特にクルグズスタンやタジキスタンとの関係を、時に譲歩もして劇的に改善させた。また、ロシアや中国との良好な関係を保ちつつ、欧米との関係も大きく改善させ、カザフスタンに劣らない多方面外交路線を確立した。言論の自由もある程度拡大している。ミルジヨエフは死者カリモフに敬意を示しつつ、実質的にはカリモフがこだわりを持っていたさまざまな政策を否定し、ウズベキスタンをよりノーマルでオープンな国に作り替えたのである。

ただしトカエフがナザルバエフとの違いを明確に示すことに苦労しているのと対照的に、ミルジヨエフの改革が際立つのは、カリモフがあまりにも保守的で頑固だったからである。よく見ればそれほど変化していない面も多く、特に民主化はわずかしか進んでいない。五党から成る翼賛政党体制は、各政党の独自性はやや拡大しているものの維持されているうえ、二〇二三年には憲法改正によりミルジヨエフが二〇三七年まで大統領を務められる仕組みができた。同じく二〇二三年には彼の長女サイダ・ミルジヨエヴァが大統領第一補佐官に任命されている。超長期政権志向と親族・姻戚優遇という面では、彼はカリモフやナザルバエフに似ている。

さらに見逃してはならないのは、ミルジヨエフがトップダウンの改革を実行できるのは、カリモフから引き継いだ上意下達の行政システムのおかげだということである。上からの指示なしで官僚が豊かな創意を発揮するような状態ではない。また、ゴルバチョフ改革が誘発したような反政府運動がミルジヨエフ改革下ではあまり起きていないことの一因も、カリモフが長年、抑圧的な政治を民族的伝統の名のもとに行った結果、ウズベキスタン国民が権力への従順さを内面化させたことにあるだろう。個別の政策は大きく変更されても、行政システムや、権力と社会の関係の基本構造は、カリモフが作ったものが維持されているのである。

四　ニヤゾフ——特異な個人崇拝と後継者による新たな個人崇拝

ソ連崩壊前から成立した独裁

ニヤゾフは一九四〇年二月、トルクメン共和国の首都アシガバート郊外で生まれた。幼くして両親を亡くし、彼は一時、孤児院に預けられた。レニングラード工業大学に進み、一九六七年に卒業後、技師として発電所で働いた。一九七〇年には共産党の工業担当部門に移り、八〇年に共産党アシガバート市委員会第一書記に抜擢された。この時にトルクメニスタン共産党第二書記のアリベルト・ラチコフ（ロシア人）と親しくした縁で、一九八四年にモスクワに派遣されてソ連共産党中央委員会組織・党活動部の指導員となった。この時、組織・党活動部長のエゴール・リガチョフ（のちペレストロイカ期に保守派の代表格として知られる）や、政治局員だったゴルバチョフに気に入られたと言われる。

モスクワでの仕事経験を経て、ニヤゾフは一九八五年三月にトルクメン共和国大臣会議議長、一二月にトルクメニスタン共産党第一書記と、超特急の出世を遂げた。孤児院出身ということもあって、彼はゴルバチョフの綱紀粛正・反民族主義の方針に合い、部族的しがらみに縛られない人物に見えたのだろう。しかしラチコフの回想によれば、彼は目上に追従する反面、部下には傲慢な態度を取り、反論や自分の意図と異なる提案を許さなかったため、部下たちの創意は失われていったという（Рачков 2018）。

ウズベキスタンでブレジネフ期エリートが、カザフスタンで民族主義がモスクワの目の敵にされたのと違い、ソ連指導部はトルクメニスタンでは大規模な批判キャンペーンを行わず、ニヤゾフに共和国内政治を任せていたため、彼は好きなように人事を行った。民族紛争や強力な反対派運動のように、彼に路線変更を迫ったり地位を危うくしたりする事情もなかった。わずかな反対派も厳しく弾圧され、大きな抵抗がないまま独裁が成立した。

ニヤゾフ

一九九〇年一〇月、トルクメニスタンはソ連で初めて共和国民による大統領選挙を行い、対立候補なしで当選したニヤゾフは、全国民に支持される指導者としての演出を開始した。一九九一年一〇月二六日には国民投票でトルクメニスタンの独立が決定した。

特異な個人崇拝体制

独立後、ニヤゾフは天然ガス資源でクウェートのような豊かな国を作るという夢を描き、ガス輸出が本格化する前から、電気、ガス、水道を無料化した。信頼できる経済統計を発表しないなど、存在しているはずの社会経済問題が隠蔽される一方で、アシガバートには噴水や、ライトアップされた豪華な建物が作られ、水の日、駿馬の日、じゅうたんの日、詩の日、メロンの日といった祭日が祝われて、国の「繁栄」を演出した。繁栄を生み出した「偉大な指導者」ニヤゾフの肖像画や銅像が街や公的機関にあふれ、紙幣や硬貨にも彼の顔が描かれ、新聞には彼の写真が毎日載った。トルクメンの長を意味するテュルクメンバシュ（トルクメンバシ）という称号が彼の姓の代わりに正式に使われ、カスピ海岸の港町クラスノヴォツクはテュルクメンバシュに改称された。そしてテレビや学校で、「祖国を、サパルムラト・テュルクメンバシュを、祖国の神聖な旗を裏切った時には、私の息は絶えるがよい」という詩が毎日唱えられた。

二〇〇一年にニヤゾフの著書として発表された『ルーフナーマ（魂の書）』は、聖なる書としてクルアーン並みに扱われ、日本語を含む諸言語にも訳された。首都にはこの本をかたどった記念碑も建てられた。内容は、半ば神話的でやや陳腐なトルクメン史と、トルクメンの伝統に基づくとされる道徳的訓戒であった。中等・高等教育の年限を短縮したうえ、このような本の学習を政治エリートを含め国民に義務づけたことは、愚民化政策と呼んでも間違いないだろう。また、オペラやバレエなど西洋芸術を否定し、非トルクメン人を含む女子生徒にトルクメン民族衣装を強制するなど、民族主義的な政策も実施した。

政治制度としては、国会とは別に各界の名士二五〇七人から成る人民評議会（ハルク・マスラハトゥ）が形式上大きな権限を持ったが、このような大人数で年に約一回しか招集されない機関が実質的な審議を行えるはずもなく、大統領への支持を演出するための儀式的動員の場であった。一九九九年には人民評議会の決定によりニヤゾフは無期限の任期を得て、終身大統領となった。前述のように独立前から反対勢力は排除されていたが、それでも彼は部下が力を持って対抗者となることを警戒し、閣僚や州知事を頻繁に左遷・解任した。

外交面では、ニヤゾフはトルクメニスタンを永世中立国とする方針を採り、これは一九九五年に国連総会で承認された。中立政策は本来、トルクメニスタンの主権を強化して特定の大国の影響力を退けるとともに、国連などを通して積極的な多国間外交を行うことを意味していたはずだが、ニヤゾフの外交は実際には気まぐれで孤立主義的であった。それでも、永世中立は彼の偉大な成果として宣伝された。

個人崇拝を含めニヤゾフの政策は、奇妙で無意味なものに見えたが、ネイション・ビルディング（国民形成）の一環として解釈することも可能である（De Leonardis 2018）。トルクメン人は部族社会としての歴史が長く、ソ連時代にもカザフ人やウズベク人と比べ現代化が進まなかった。そのような人々を国民としてまとめる方法として、偉大な指導者というシンボルを全国に強制的に広め、独裁国家以外の国のあり方を実現することも想像することもしにくくさせたと考えられる。もちろんこのようなやり方は、国家の長期的な発展には害を与える可能性が高い。

ニヤゾフ死後のベルディムハメドフ個人崇拝

閉鎖的で奇異な政策による閉塞感が強まる中、多くの持病があったニヤゾフは二〇〇六年一二月に急死し、保健相兼副首相を務めていたグルバングル・ベルディムハメドフ（一九五七年生まれ）が後任となった（二〇〇七年二月に正式就任）。彼はニヤゾフ時代を正面から批判しなかったものの、ニヤゾフの銅像・肖像や、施設に付けられた名前を徐々に撤去していった。また、ニヤゾフの政策のうち西洋芸術の否定や教育の軽視など極端な部分を撤回し、外交の積極化、官僚機構や経済活動のある程度の活性化などの改革を行った（地田二〇一二）。ベルディムハメドフ自身、スポーツや音楽を好み、ニヤゾフとは異なる明るい雰囲気を醸し出した。

しかし独裁体制を解体しようという気配はなく、そして独裁体制を維持する仕掛けとして個人崇拝は既にトルクメニスタンに深く染みついていた。しばらくすると、今度はベルディムハメドフの肖像が至るところに掲げられ、長老会議などが彼への支持を演出し、彼のために「アルカダグ」（庇護者）という称号が二〇一〇年に作られるなど、個人崇拝が再確立された。豪華で大きな建物を建てて権威を表象すること、思いつきで政治を行うことも変わらない。社会経済問題を隠蔽する体質も変わらず、新型コロナも明らかに流行したのに、感染者ゼロということになっている。

ベルディムハメドフは二〇二二年三月の大統領選挙で息子のセルダル・ベルディムハメドフに大統領の地位を譲ったが、人民評議会議長として権力を保持し、国際的な首脳会議にもしばしば出ている。ナザルバエフの院政に似ているが、比較的若く余力のあるうちに大統領職を辞し、しかも後継者は息子であるため、ナザルバエフよりも実権の維持は容易だと思われる。セルダルは地味な人物であり、新聞の一面の写真は彼のものに替わりはしたが、個人崇拝の対象は父のままである。

五　結論――官僚制が支える権力の継続性と「建国の父」の権威失墜

本章で取り上げた三カ国ではいずれも、初代大統領の権力が独立国家建設において中心的な位置づけにあった。同時に、権力行使のスタイルや権威主義体制（トルクメニスタンは恣意性の高さからスルタニズムに分類されることもある）のハードさ・ソフトさには、ソ連末期・独立直後の政治環境に由来する違いがあった。トルクメニスタンではニヤゾフへの有力な対抗者がおらず、自由に独裁体制を築けた。ウズベキスタンでは厳しい環境の中で権力を確立したカリモフが、自分の政策への服従を何より重視した。カザフスタンで改革者として幅広い支持基盤を得たナザルバエフは、全国民的な支持の演出を妨げる批判勢力を弱体化させたものの、比較的ソフトな体制を築いた。

また、三人の初代大統領については程度の差はあれ「建国の父」的なイメージが作られたが、それがどの程度個人崇拝に結びつくかは各人の個性によって異なり、政策や政治体制との関係もそれぞれ違っていた。ニヤゾフの個人崇拝は奇異ではあったが、独裁体制と一体であり、その手法は若干の変更を加えながらベルディムハメドフに受け継がれた。個人崇拝より政策への服従を重視するカリモフの手法も、上意下達の行政システムと一体であり、基本的にミルジヨエフに受け継がれる一方、政策の内容は大きく変化した。他方、ナザルバエフの名誉欲に基づく個人崇拝は、開明性を掲げる政策と乖離し、彼の失脚の一因となり、トカエフには受け継がれなかった。

大統領が亡くなったり引退したりした後、彼の権威が薄まり、現職大統領の権威が強調されるという現象は、大枠としては三カ国に共通する。旧ソ連地域全体を見ても、独立後初期の大統領が死後も国家的な崇敬の対象となっているのは、息子が後継者となったアゼルバイジャンのヘイダル・アリエフ（大統領在任一九九三〜二〇〇三）しかいない。なお、アリエフは初代ではなく、第一次ナゴルノ・カラバフ紛争で疲弊した国を立て直した大統領である。

なぜ初代大統領の威光は長持ちしないのだろうか。独立運動を率いたわけではなくソ連崩壊の流れに乗って独立を決めただけだから、というのは一つの説明として成り立つが、旧西欧植民地でも段階的な解体の過程で独立を決めた国々はあり、セネガルのサンゴールのように、最初から独立を唱えていたわけではなくとも「建国の父」として尊敬されている政治家もいる。また、本章で見たように、中央アジア諸国でも初代大統領が作った権力構造は、それぞれ個性的であると同時に第二代にも大きな影響を残しており、独立の過程よりも長いタイムスパンで国家建設の流れを見るなら、初代大統領の「建国の父」としての業績は過小評価すべきでない。

もう一つの重要な要因は政治体制だろう。中央アジア諸国の政治体制は、ゲッデス（Geddes 1999）の分類で言えば軍部独裁や一党独裁ではなく個人独裁ということになるが、基盤としては官僚制が重要である（政党は補助的）。ソ連解体に伴い、それまでの共産党・政府の人脈と行政経験は、大統領職の下に引き継がれた。その後は大統領が行政府に対する強大な人事権や、立法府・司法府にも及ぶ影響力を行使して、支持基盤としての政治エリートの結束を固めた。パトロン・クライアント関係も重要だが（Hale 2015）、純粋に個人的な人脈というわけではなく、大統領などの役職の権限と結びついたものである。従って、独裁者が死んでも、後継者が官僚制と人脈を引き継ぎ、エリートの結束を保てれば権力は安定し、「建国の父」を崇拝し続ける必要はない。

ウェーバーの言う支配の三類型、つまり伝統的支配、カリスマ的支配、合法的支配という分類に関連させるなら、欧米の研究では中央アジアの政治を伝統的支配またはカリスマ的支配と見るものが多く、ナザルバエフの権力が遊牧民支配者のイメージやイスラーム的な恵み（バラカ）の観念と結びついて神聖視されているという見解さえあったが（Fauve 2019）、これはアジアの異質性を強調するオリエンタリズムな見方と言わざるを得ない。大統領らが父権的なイメージや民族的伝統を強調して支配を正統化する傾向はたしかにあるが、ソ連体制の中で政治手法を学んだ彼らの統治とそれに対する国民の見方は、ハンや部族長の時代とは基本的に異なる。カリスマ的支配者としての演出もあるが、失脚や死後の権威低下を見れば、実態としてそれほど強いカリスマがあったわけではないことが分かる。むしろ、民主的ではないとはいえ議会や憲法といった近代的制度を備え、官僚機構が決定的な権力基盤となっていることから言えば、中央アジア諸国の政治は不完全ながら合法的支配に依拠している。しかし初代大統領たちは、あまりにも長い統治の間に腐敗や頑迷さ、過剰な名誉欲などで合法的支配を空洞化させ、エリートや国民の面従腹背を招いた。逆説的ながら、政権の長命さが「建国の父」の威光の短命さの大きな要因となったと言えるかもしれない。

＊注

(1) 中央アジアの政治史の全体的な流れについては宇山（二〇一八）、ソ連時代の政治史については地田（二〇〇四a）を参照。また、中央アジアの状況を含めソ連の動揺と解体の過程については、塩川（二〇二一）に詳しい。

(2) カザフスタン独立後数年間の経済状況については清水・松島（一九九六）、特に第三・四・六章を参照。

(3) https://demos.kz/dosrochnye-prezidentskie-vybory-v-kazahstane/; https://demos.kz/iniciativa-pereimenovanija-astany/

【参考文献】


宇山智彦（一九九三）「カザフスタンにおける民族間関係——一九八六〜九三年」『国際政治』第一〇四号。

宇山智彦（一九九六）「カザフスタンの権威主義体制」『ロシア研究』第二三号。

宇山智彦（二〇一八）「現代政治史——歴史的背景・ソ連の遺産と独立国家建設」宇山智彦・樋渡雅人編著『現代中央アジア——政治・経済・社会』日本評論社。

宇山智彦（二〇一九）「カザフスタンのナザルバエフ「院政」——旧ソ連諸国における権力継承の新モデル？」『ロシアＮＩＳ調査月報』六月号。

宇山智彦（二〇二〇）「ペレストロイカ期中央アジアにおける共和国の自立と民族問題の関係——「政治の場」の浮上と遠心化・多様化」『国際政治』第二〇一号。

宇山智彦（二〇二二）「カザフスタン動乱にみる国民の不満と権力闘争——ナザルバエフ体制解体の試練」『外交』第七一号。

岡奈津子（二〇〇八）「二〇〇七年カザフスタン下院選挙——大統領与党による「一党独裁」の成立」『現代の中東』第四四号。

岡奈津子（二〇一九）『〈賄賂〉のある暮らし——市場経済化後のカザフスタン』白水社。

帯谷知可（二〇一八）「建国とナショナリズムの神話——故イスラム・カリモフ初代大統領をめぐる「記憶の永久化」」帯谷知可編著『ウズベキスタンを知るための六〇章』明石書店。

帯谷知可（二〇二二）『ヴェールのなかのモダニティ——ポスト社会主義国ウズベキスタンの経験』東京大学出版会。

菊田悠（二〇一八）「労働移民の社会的影響——移動と送金がもたらす変化」宇山智彦・樋渡雅人編著『現代中央アジア——政治・経済・社会』日本評論社。

塩川伸明（二〇二一）『国家の解体——ペレストロイカとソ連の最期』全三冊、東京大学出版会。

清水学・松島吉洋編（一九九六）『中央アジアの市場経済化――カザフスタンを中心に（研究叢書四六一）』アジア経済研究所。

須田将（二〇〇四）「「市民」たちの管理と自発的服従――ウズベキスタンのマハッラ」『国際政治』第一三八号。

地田徹朗（二〇〇四ａ）「ソ連時代の共和国政治――共産党体制と民族エリートの成長」岩﨑一郎・宇山智彦・小松久男編著『現代中央アジア論――変貌する政治・経済の深層』日本評論社。

地田徹朗（二〇〇四ｂ）「ソ連邦中央＝カザフスタン関係の変遷（一九八〇―一九九一）――党エリート人事動向を素材として」『スラヴ研究』第五一号。

地田徹朗（二〇一一）「ポスト・ニヤゾフ時代のトルクメニスタン政治――ベルディムハメドフ「改革」の方向性と政治体制の変化」『中央アジア学会報』第七号。

野部公一（二〇一二）「構成共和国間分業から国際分業へ――現代ユーラシア諸国の経済問題・ウズベキスタンの事例」塩川伸明・小松久男・沼野充義編『ユーラシア世界五　国家と国際関係』東京大学出版会。

マーチン、テリー（二〇一一）『アファーマティヴ・アクションの帝国――ソ連の民族とナショナリズム、一九二三年～一九三九年』半谷史郎ほか訳、明石書店。

Adams, Laura L.（2010）*The Spectacular State: Culture and National Identity in Uzbekistan.* Durham: Duke University Press.

De Leonardis, Fabio（2018）*Nation-building and Personality Cult in Turkmenistan: The Türkmenbaşy Phenomenon.* London: Routledge.

Fauve, Adrien（2019）“Beyond ‘Personality Cults’: Sacralization of Power in Kazakhstan and the Concept of Monarchy,” in Rico Isaacs and Alessandro Frigerio, eds., *Theorizing Central Asian Politics: The State, Ideology and Power.* Cham: Palgrave Macmillan.

Geddes, Barbara（1999）“What Do We Know about Democratization after Twenty Years?” *Annual Review of Political Science* 2, no. 1.

Hale, Henry E. (2015) *Patronal Politics: Eurasian Regime Dynamics in Comparative Perspective.* New York: Cambridge University Press.

Ruziev, Kobil, Dipak Ghosh, and Sheila C. Dow (2007) “The Uzbek Puzzle Revisited: An Analysis of Economic Performance in Uzbekistan since 1991,” *Central Asian Survey* 26, no. 1.

Видова, Ольга (1998) *Нурсултан Назарбаев: портрет человека и политика.* Алматы: Білім.

Назарбаев, Нурсултан (1991) *Без правых и левых.* М.: Молодая гвардия.

Радио Азаттык (2013) Ислам Каримов назвал трудовых мигрантов ленивыми // Радио Азаттык, 27 июня. https://rus.azattyq.org/a/karimov-nazval-migrantov-lenivymi/25029301.html

Рачков, А.И. (2018) *Дневник второго секретаря ЦК КП Туркмении.* Кн. 2. М.: Патриот.

第Ⅲ部

民主化と「建国の父」

第八章　韓国　李承晩
——失墜した韓国の「建国の父」

磯崎典世

はじめに

李承晩

一九四八年に建国された大韓民国（以下、韓国）では、初代大統領となった李承晩《イ・スンマン》が、当初導入されていた民主的な制度を改変して独裁化し、一二年間の長期政権を維持した。日本の植民地期にはずっと亡命先の米国で活動していた李承晩は、七〇歳で米軍占領下の祖国に帰国して韓国の初代大統領となり、朝鮮民主主義人民共和国（以下、北朝鮮）との争いを率いた。「建国の父」李承晩は長期政権を実現したが、学生を中心とする抗議行動に直面して六〇年に退陣した。表1にあるように、韓国が民主制に移行するのは八七年からであるが、権威主義体制は六〇年に一度断絶している。そして翌六一

表１　韓国歴代政権の推移

区分	年	大統領	政権の特徴や崩壊過程
第一共和国	1948~60	李承晩	長期独裁が 60 年の「四月革命」で崩壊
第二共和国	1960~61	(議院内閣制)	短命の民主制
軍政	1961~63	(朴正熙)	朴正熙が最高会議議長、63 年に民政移管
第三共和国	1963~72	朴正熙（軍）	長期政権から独裁強化した第四共和国へ
第四共和国	1972~81	朴正熙（軍）	79 年の朴大統領暗殺後、民主化の動きに対し軍が政治介入
第五共和国	1981 ～ 87	全斗煥（軍）	民主化運動の高揚に 87 年に「民主化宣言」で体制移行へ
第六共和国	1988 ～	盧泰愚（軍）	大統領直選制（5 年単任）、最初は旧体制の中枢にいた元軍人が当選
		金泳三	30 年ぶりの文民政権
		金大中	選挙による与野党交代（リベラル政権）
		盧武鉉	リベラル政権
		李明博	再度の与野党交代（保守政権）
		朴槿惠	保守政権、弾劾で罷免
		文在寅	3 度目の与野党交代（リベラル政権）
		尹錫悦	4 度目の与野党交代（保守政権）

出典：筆者作成

年に朴正熙《パク・チョンヒ》将軍を中心とする軍がクーデターを決行し、軍が介入して権威主義体制を再構築したのである。

朴正熙以降の権威主義体制の統治者は、「建国の父」李承晩を否定し、自らの正統性を打ち出した。韓国と正統性を争い、北緯三八度の朝鮮戦争の休戦ラインを挟んで対峙する北朝鮮では、「建国の父」金日成《キム・イルソン》の後継者がその威光を自らの正統性として掲げるが、韓国で体制の正統性のために「建国の父」シンボルが掲げられたのは李承晩政権期のみで、その後の権威主義体制では提示されない。「建国の父」李承晩のイメージは、体制の正統化に作用していないのだ。

さらに民主化後においても李承晩の扱いは大きく変わらない。韓国は一九八七年の「民主化宣言」を契機に民主制に移行し、最初の大統領選挙では権威主義体制の中枢にいた盧泰愚《ノ・テウ》が当選したが、九七年には野党の金大中《キム・デジュン》が当選したのを皮切りに、これまで選挙による政権交代は四回なされている。民主化後の韓国政治は、概ね「権威主義体制の支配層の後継に位置づく保守勢力」と「それへの抵抗を掲げてきたリベラル勢力」の二大勢力の対立を軸に展開してきたと捉えられるが、民主化後の主要政治勢力が「建国の父」李承晩を政治シンボルとして掲げることはほとんどない。

国民の認識においても同様である。近年は世論調査で歴代大統領の評価や好感度が質問されているが、初代大統領である李承晩の評価は低い。継続的なデータはなく、調査時点の政治状況による影響もあるが、民主化後も「独裁だったが経済成長など発展を推進した朴正熙」の評価は高い。たとえば図1は、二〇二二年一一月に、歴代でもっとも業績のあった大統領を尋ねた世論調査結果である。[*1] 朴槿恵《パク・クネ》の弾劾を経た文在寅《ムン・ジェイン》政権の後期に実施された調査であるが、朴正熙の評価が圧倒的に高く、リベラル系の金大中・盧武鉉・文在寅が続いており、「建国の父」李承晩の評価は非常に低い。李承晩は日本と国交がない時期の大統領のため同時代の情報は少なく、日本では独立運動で建国の父になったカリスマ大統領というイメージが強いが、退陣後の評価は低いのである。

以上のように、本書の他の事例とは異なり、韓国の「建国の父」は、その後の政権で体制正統化シンボルになっていない点が特徴である。よって本章では、⑴建国時にはカリスマ大統領だっ

図１　歴代大統領の業績評価（2021）

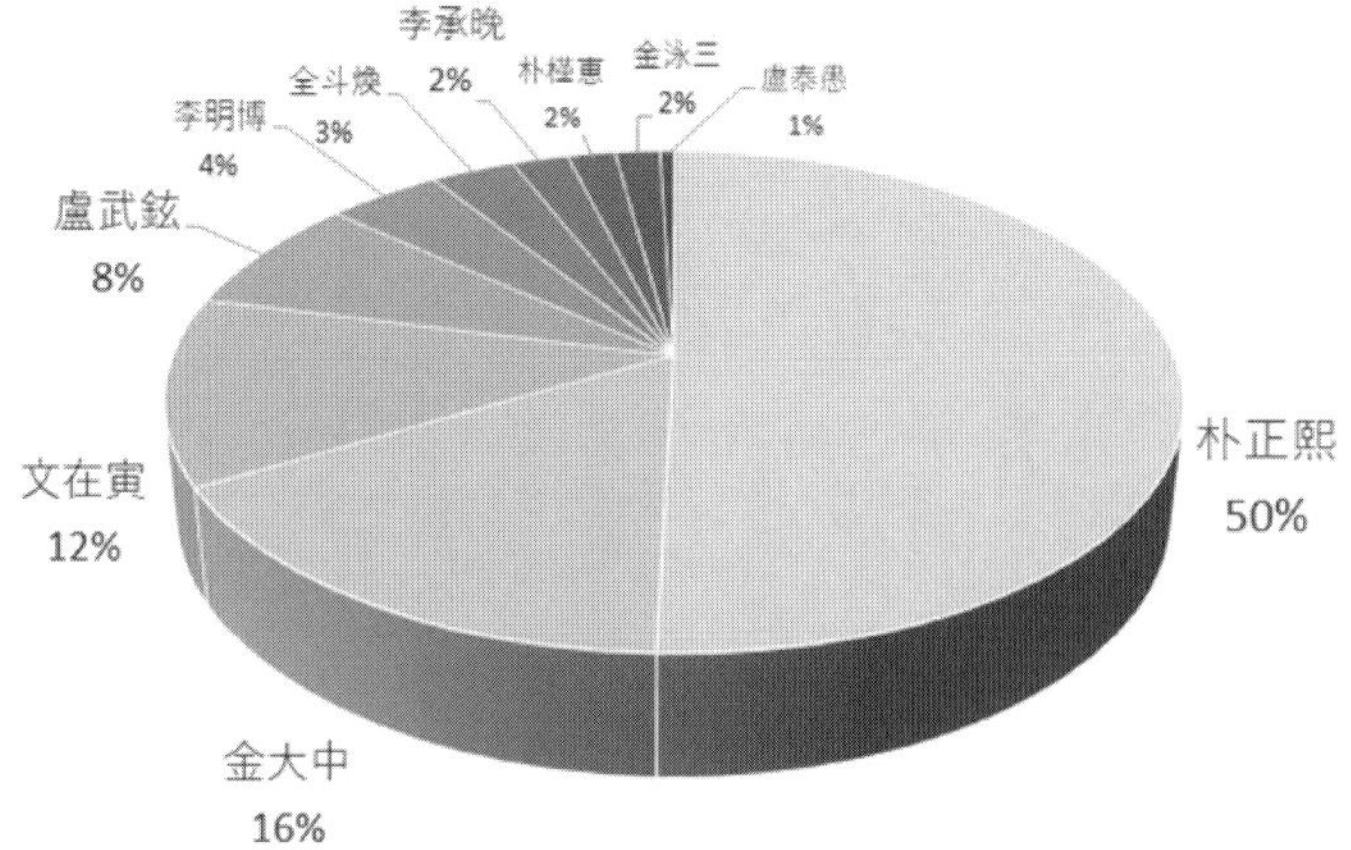

出典：リアルメータ社による世論調査（『韓国聯合ニュース』2021年11月11日オンライン版より作成）。注⑴を参照。

た李承晩が、独裁的な権力を維持した後に正統性を失ったのはなぜか。[*2] ⑵権威主義体制を再構築した朴正熙政権は、李承晩をどう位置づけ、自らの正統性を調達したのか。⑶民主化過程および民主化後にも「建国の父」の評価が低いのはなぜか、こうした疑問に政治体制の正統性調達の問題という観点からアプローチする。

一　李承晩の権力掌握過程

旧韓末から植民地期の独立運動

本節では李承晩の独立運動家としての活動を検討し、初代大統領という権力掌握を可能にした政治的資源を、いかにして獲得したかを探る。[*3]

李承晩は李朝末期の一八七五年に生まれ、国内外で伝統システムが崩壊し始めた時期に政治活動を始めた。宗主国だった清が衰退し、李王朝は大韓帝国として近代国家化をめざす一方で、日本とロシアが朝鮮半島の支配権獲得に乗り出した時期である。李承晩は両班でも名家の出身だったが、伝統的な統治エリート登用制度である科挙もすでに廃止されており、彼は培材学堂という私塾でメソジスト宣教師から英語を始め近代的な教育をうけた。その後「独立協会」運動に関わって投獄[*4]されたが、釈放されて一九〇五年に米国に派遣された。日本が韓国の保護国化を画策するなか、大韓帝国の独立維持を援助するよう米国大統領に請願する目的であったが、米国はすでに桂・タフト協定で朝鮮における日本の指導的地位を認めていて、その目的は果たせなかった（長田 二〇一九：七六）。

李承晩はそのまま米国に留まって高等教育を受け、一九一〇年にプリンストン大学の博士号（Ph.D）を取得した。学位論文は、米国が主導した「国際法上の中立」について論じたもので、指導教員は大学総長でもあったウィッドロー・ウィルソンだった。ウィルソンは、その後、米国の第二八代大統領（一九一三〜二一年）に就任している。[*5]

一九一〇年に「日韓併合」がなされ、学位を取得した李承晩は日本支配下の母国に戻ったが、朝鮮総督府から独立活動の嫌疑をうけ、教会関係者の支援で一二年に米国に亡命した。韓人移民が多いハワイを拠点に活動し、日本の植民地期に再度帰国することはなかった。最初の渡米から四〇年近く、海外で過ごしたことになる。

李承晩の独立運動は、日本の支配の不当性を国際社会に訴え、とくに米国に対日強硬策実施を請願する活動が中心で、朝鮮半島や中国大陸で日本に対峙して抵抗活動を展開する政治勢力とは戦略が異なった。一九一九年の三・一独立運動を契機にして、後者のような独立運動勢力を中心に上海で大韓民国臨時政府[*6]が創設された際、李承晩は首班に任じられたが越権行為や運動方針の差異で弾劾され、その後は米国内での独自活動が中心となった。

李は巧みな演説で在米同胞を母国支援に巻き込み、米国政府や社会に対日強硬策を訴える言論活動を展開した。カリスマ性の反面で、独善的な活動スタイルからトラブルもあり、在米韓国人組織でも会長を解任されたりしたが、李承晩の政治的資源となる米国人とのネットワークが形成された。日本と対峙する独立運動が主流であるなか、李承晩が一目置かれたのは、米国の要人に直接働きかけるチャンネルがあるという理由からであった。とりわけ日本敗戦の可能性が高まると、植民地の処遇も連合国の意向に左右されるとして、中国を拠点とする大韓民国臨時政府勢力も、李承晩を通じて米国に働きかける重要性を認識し、独立運動における李承晩の位置づけは高まった。

ただし、亡命中の活動で米国政府が李承晩を信頼し、帰国後の権力掌握を支えたという理解は事実に反する（李 一九九六ａ）。米国の戦後構想は、米ソを中心とする大国間協調による国際秩序の形成を重視するもので、そのために協議を重ねていたが、李承晩は米国の構想に対して異を唱え、攪乱を試みた。李はソ連が朝鮮半島に影響力を及ぼすのを牽制して、米ソ協調の戦後構想そのものを否定し、ソ連に関する「情報操作」によって米ソ間の対立を煽《あお》ろうとするなど策を弄《ろう》したのである。こうした李承晩の行動は米国務省の戦後構想と秩序形成の努力を否定するもので、米国国務省は李承晩への不信を強めて要注意人物とみなした。

その一方で、李承晩のソ連を敵視した行動は、マッカーサーなど軍人を中心とした米国の対ソ強硬派には評価され、彼らとの関係構築の契機となった（ユ・ヨンイク 二〇一三：六七）。終戦前の対ソ強硬派の勢力との関係構築は、後に共産勢力との闘いを掲げる李承晩の政治資源となったのである。

以上のように、李承晩は日本の植民地期のほぼすべてを米国で過ごした。多くの独立運動家がアジア地域で日本に直接対峙していたのに対し、李承晩は特異な存在であった。

米軍政下の独立運動

一九四五年の日本の敗戦で、三八度線を境に朝鮮半島をソ連と米国が占領することとなった。北ではソ連軍とともに帰還した共産勢力が権力基盤を固めたが、ソウルを含む南は米軍政下で政治勢力が入り乱れた。七〇歳の李承晩は約四〇年ぶりに帰国したが、米国での具体的な活動が広く知られていたわけでもなく、国内に組織基盤もなかった。彼がいかにして独立運動の指導者として権力を掌握したのかを、米軍政期の活動から検討してみよう。

日本の敗戦をうけ李承晩は亡命中の米国において帰国を申請したが、すぐに許可はおりなかった。前述のように米国務省は李承晩を警戒しており、朝鮮統治が軌道に乗るまで帰国を遅らせようとした。旅券発給に国務省が難色を示すなか、当時、連合軍最高司令官として日本に進駐していたマッカーサーが、李承晩の帰国を後押しした。一〇月に帰国がようやく実現した。帰国の際も、李承晩はハワイで軍用機に乗り換えて厚木基地に入り、東京でマッカーサーに面会し、その軍用機で金浦空港に入り、翌日、米軍政庁要員を背景に帰国演説を行った。大々的に迎える組織基盤がないなか、李承晩は「解放軍」である米軍の権力を後見に持つ重要な独立運動家という表象を提示して、大衆の前に現れたと言える。

さらに、四五年一二月に米国政府がソ連と協調して「信託統治」方針を出したのに対し、李承晩は即時独立運動を組織して大衆運動の指導者となった。植民地から解放された当初は改革志向の左派が大衆の支持を得ていたが、信託統治に賛成した左派は失速し、即時独立を求めた右派が伸張した。その中心は李承晩と金九《キム・グ》という独立運動家だったが、日本に協力していた植民地期のエリートも、[*7] 信託統治問題で「即時独立」を要求する運動に合流して起死回生した。米国の方針への反対運動が、李承晩が大衆を組織する契機となった。米国政府はこの時期、朝鮮半島に民主国家を樹立すべく、占領下に設置した議会で新国家の憲法や選挙制度を議論していたが、李承晩は議会には参加せず、大国の方針に異議を唱えて即時独立要求運動を展開し、全国を遊説して大衆の指導者となる基盤を強化した。

その過程で李承晩は、共産勢力が統治を確立している北に対抗して、まず南のみで独立国家を建設する方針を打ち出したが、共に即時独立を求めていた右派の巨頭・金九などは、国家の分断をもたらすと批判した。しかし冷戦の進行で米ソ対立が激化して、米ソ協調による信託統治から統一国家建設は困難になり、米国は朝鮮問題を国連に託して、三八度線以南で総選挙が実施されることとなった。大国主導の決定に対して、植民地期から独立運動を担った政治勢力は左右を問わず、南のみの総選挙は分断国家の成立に繋がるとしてボイコットしたが、李承晩と韓国民主党は参加し、当選した国会議員が憲法制定・国家樹立を牽引した。

国会では新国家の憲法が論議されたが、その過程で李承晩と韓国民主党の権力抗争が顕在化した。韓国民主党は李承晩を象徴的な大統領とし、実質は議院内閣制を導入し第一党の韓国民主党主導で国政を運営しようとした。李承晩は実質的な大統領制を要求し、それが受け入れられなければ議員を辞職して、国会に反対する国民運動を主導すると威嚇した。韓国民主党は日本の統治に協力した過去の経歴があり、正統性を確保するためには独立運動家である李承晩の存在が重要であった。韓国民主党は李承晩に妥協し、李を大統領に選出するのみならず、大統領に実質的な権限を与える選択をしたのである（磯崎　二〇二二）。

以上のように、李承晩が初代大統領として実権を掌握できたのは、日本の植民地期のみならず、米軍政期の大衆運動を牽引したことに因るものであった。米国亡命期の外交活動では獲得できなかった大衆運動の組織基盤を、米ソの信託統治反対運動によって確立し、独立国家建設の指導者として君臨することができたのである。植民地からの解放後に復刊された主要新聞は米軍政下の政治情勢を連日報道したが、「博士」の敬称を付された李承晩は動向が大きく扱われ、指導者のイメージも印象づけられた。独立運動の指導者としての大衆イメージは、日本の植民地からの解放後、米軍政期に拡散・定着したと言っても過言ではないだろう。

二　建国後の李承晩の独裁化

民主主義を掲げる個人独裁化

一九四八年七月二〇日、憲法制定国会で議員による選挙で李承晩が大統領に当選し、八月一五日、初代大統領である李承晩が大韓民国政府の樹立を宣言した。韓国の政治制度は、米軍政期の議会における設計をもとに民主的な制度が導入されていたが、李承晩は「血縁でつながる一つの民族」を「偉大な政治指導者（領導者）」が導く「一民主義」という統治イデオロギーを掲げた。統治イデオロギーは民主主義とは相容れないものであった。

「一民主義」は、民族全員が平等で一つの民族として国家を形成し、家庭の父にあたる偉大な指導者が導くという図式で、「国父」である李承晩が平等な国民に君臨することを正当化するイデオロギーであった。インターナショナリズムを前提とする共産主義は反民族的だと批判し、共産主義勢力を排撃して「一民主義」のもとに民族を統一することが主張されていた。さらに「国家は民族の家」として、国家の下で平等な個人は、個人の自由を得るためにも民族と国の自由を優先し、「一民」を導く指導者である李承晩に従うことを主張した（金賢九　二〇一九、チョンジェホ　二〇一二）。

そして李承晩は、その平等な人々と指導者を政党ではなく大衆団体で組織化する体制を構築し、統治権力の基盤を物理的強制力である国家官僚と警察においた。一九四五年に帰国してからの李承晩は、特定の政党や政治勢力との密着を避け、民族の指導者として君臨する戦略をとり、建国の過程で共闘してきた韓国民主党を排除して大統領個人に権力を集中した。大統領就任後も政党を組織せず、「五大核心社会団体」を通じて大衆を組織したのである（李　一九九六a）。李承晩は国家権力を掌握したことで、物理的強制力としての国家官僚と警察を権力基盤として行使できた。

しかし、建国時に導入されていた民主的な政治制度は権力を維持していくには制約となり、李承晩は制度を改編して独裁化・長期執政を図っていく。

憲法では、国会議員による選挙で任期四年の大統領を選出（二期まで可）するとなっており、野党が多数を占める国会を掌握できない李承晩は再選も難しくなっていた。李承晩は、非常戒厳令を発布するなど強権を発動して大統領直選制に変更する憲法改正を行い、一九五二年の大統領選挙で再選を果たした。議員の支持は少ないが、「建国の父」としての大衆的支持は獲得していたのである。その正統性調達については、次節で検討する。

それと同時に、国会をコントロールし、大統領選挙への組織的な動員を可能にするため、自らを支える政党を結成して、政党政治によって権力を維持する方向を模索する。当初のような社会団体を通じた大衆動員は限界に達したのである。もともと野党・韓国民主党が地主・有産階級・植民地期エリートを中心に結成されたのに対抗し、一九五一年、李承晩は「労働者と農民を中心とする政党」として、与党・自由党を創設した。前述のように、野党・韓国民主党が地主・有産階級・植民地期エリートを中心に結成された政党であることを意識して、大衆の組織化を掲げたと考えられる。自由党は、李承晩政権を支える与党として側近と行政府を中心にトップダウンで組織された政党で、五四年・五八年の総選挙で第一党となったが、李承晩の失脚後の選挙では一二六議席から二議席に激減したように「李承晩の政党」に過ぎず、政権の維持・継続の道具となった。五四年総選挙で自由党が過半数を確保した後、李承晩は「初代大統領に限って」任期制限を撤廃する改憲を行ったのである。

こうして、李承晩は強権的な制度改編で長期執権への道を開いたが、あくまでも「国民に選挙で選ばれた大統領」として権力の維持を図ることを命題として推進した。

選挙独裁としての李承晩政権

磯崎（二〇二二）は李承晩政権を「民主主義を掲げる個人独裁」と規定したが、比較政治学的には東島（二〇二三）が「民主主義を装う権威主義」として注目した「選挙独裁制」にあたる。東島（二〇二三）は、冷戦後世界で選挙独裁制が世界化しているのに注目し、事例研究も冷戦後を扱っているが、李承晩政権は冷戦期の事例になる。世界的に主流になる前に韓国で選挙独裁制が構築された理由は、冷戦の最前線で共産主義と対峙し「西側民主主義」という正統性を確保するための体裁が必要だった点にあると考えられる。つまり、李承晩政権は選挙独裁制として選挙の実施で正統性を調達して長期間権力を維持したが、最後は過剰な選挙操作のために大衆抗議行動に直面し、体制の崩壊に至った事例にあたる。

李承晩が競争選挙の実施に拘った要因と関連して、一九四八年の建国に向けた総選挙実施の過程について確認しておく必要がある。これは、朝鮮半島において初めて行われる普通選挙だった。前述のように、韓国の建国に繋がる南のみの総選挙は、左派のみならず中道派・右派の有力政治家たちも、選挙が民族の分断を招くという理由で反対・不参加の方針を表明した。日刊紙も有力政治家の批判および選挙不参加の声明を第一面に掲載し、反対派の活動や主張も報道しており、共産主義を排除した独立国家建設のためには、圧倒的多数の投票を確保して選挙を成立させ、建国した国家の正統性を確立することが重要であった。

米軍政は末端の行政機構まで駆使して、選挙実施に向けた広報・宣伝活動を大々的に実施し、民主主義の優越性、初めて実施される普通選挙を通じて民主国家建設に参加することの重要性を、大衆に向けて訴えた。人口の大多数を占める農民に対しても、地方巡回や各種媒体による広報を通じて、民主主義と選挙の教育を行った（パク・チャンピョ　二〇〇七：三七五—三八一）。その結果、総選挙の登録者は人口の七八・七％、投票率は登録者対比で九五・二％となり、エリートレベルの批判も強く妨害活動もあったが、総有権者の七一・六％の投票率を記録した。投票動員のための広報・宣伝活動が、「民主主義」や選挙の重要性を大衆レベルで浸透させる契機になったと言える。

最初の普通選挙実施に際し、民主主義の核心としての選挙の重要性が一般大衆に注入されたため、独裁化した権力を維持するにも選挙は必須の要素になった。「共産勢力の全体主義」と対立する「民主主義国」の李承晩は、様々な選挙操作を駆使してでも、定期的に行われる「複数政党による競争選挙」に勝つことが、正統性の基盤になったのである。

三　李承晩政権の正統性とその崩壊

李承晩が掲げた支配の正統性

前述のように、李承晩は民主主義体制の制度を形骸化して独裁化し、選挙で選ばれた大統領として長期政権を維持していく。李承晩政権は選挙での勝利を正統性の根拠とした独裁であったが、選挙で勝つためには票が必要となる。李承晩は得票につながる支配の正統性をいかに調達したのだろうか。

まず、李承晩政権が物質的な手段を活用するのは困難であった。朝鮮戦争（一九五〇―五三年）の荒廃からの復興は進捗せず、北朝鮮よりも経済成長は遅れ、一九六〇年時点で、当時の世界最貧国の一つであった。天然資源に乏しく、米国からの援助に依存して有効な経済開発政策を実施できなかった李承晩政権が、物質的な便益を国民に供与して正統性を獲得するのは難しかった。

それでは、どのように李承晩による支配の正統性を提示していたのか。項目別に整理してまとめてみる。

①憲法と歴史的な民族の指導者、「建国の父」イメージ

制定された憲法の前文には国家の正統性が提示されており、クーデターや民主化など政治変動を経た後は、新しい体制を正統化するため前文に修正が加えられる。そうした変遷を確認するためにも、まず一九四八年七月に国会で制定された大韓民国憲法の前文を検討しておこう。一九四八年憲法は前文で、「三・一運動によって大韓民国を建立して世界に宣布した偉大な独立精神を継承し、今や民主独立国を再建し」たと記し、一九一九年に上海で組織した大韓民国臨時政府を大韓民国と位置づけ、四八年に再建したと規定している。植民地期の亡命政府を掲げているのは、共産勢力に対抗して正統性を主張する側面も大きい。

七月一七日の憲法公布では、国会議長である李承晩が憲法に署名し、その姿は翌日の『朝鮮日報』第一面にも大きく掲載されている。李承晩は、大統領就任式典（七月二四日）、大韓民国政府発足記念式典（八月十五日）で主役となり、翌日の『朝鮮日報』第一面には式典と李承晩の写真が掲載されている。「建国の父・李承晩」の表象が浸透していった。

さらに注目されるのは、憲法前文で制定日を「檀紀四二八一年七月十二日」と記載している点

である。檀紀（檀君紀元）は、朝鮮の始祖神とされる檀君の神話をもとに西暦紀元前二三三三年を紀元とする紀年法で、一九世紀末には民族主義者に使用されていた。日本の植民地期は日本の元号や神武天皇即位紀元（皇紀）を強要されたが、一九四五年の解放で、民族色の強い檀紀が西暦とともに使用されていた。建国時の憲法でこの檀紀が使用され、建国後に李承晩政権は檀紀を正式の紀年法とする法制定を行った。植民地期の日本の元号や皇紀を排除し、皇紀よりも歴史の長い伝統を強調するナショナリズムが透けて見える。一九六一年のクーデター後、朴正熙は公文書に西暦を使用する法令を制定したが、李承晩政権ではずっと檀紀が公式に使われた。

李承晩は、「固有の民族文化と歴史」をもつ新国家の建国の父として、それを体現して権威づけようとした。前記の公式行事で李承晩は韓服を着用し、民族の伝統文化と歴史を重視する姿勢を顕示している。長い米国生活から帰国した後、李承晩の公式行事の写真の多くは韓服姿で、北朝鮮の金日成が人民服や背広を着用しているのと対照的な表象を示し、自らの「民族の指導者」像を打ち出している。

② 共産主義と闘う国父

李承晩が執権当初に統治イデオロギーとして掲げた「一民主義」は、前述のように民主主義とは遠い「血縁でつながる一民族を指導者（領導者）が率いる」というもので、北を支配する共産主義との対決を重視していたが、当初は「民族を愛する共産主義は容認」できると表明していた（金

賢九　二〇一九：六）ように、建国当初は平和的な統一を唱えていた。建国式典の大統領式辞でも、外交による「統一の方略」が掲げられている。[*8]

しかし、共産勢力が朝鮮民主主義人民共和国を建国し、一九五〇年には南部の解放を唱えて韓国に侵攻してきたのを契機に、李承晩は共産勢力と闘う国父として戦時大統領の権力を強めていった。同じ民族の共産主義者との武力対決で、戦線が朝鮮半島全体をローラーのように行き来し、ソウルは二度も共産勢力の占領下になるなど凄惨を極めた戦争の展開は、両国の指導者が国内の反体制派を「敵の協力者」として粛清することを可能にした。戦争開始とほぼ同じ三八度をはさんで休戦を迎えたときには、韓国国内では共産勢力への憎悪とともに「反共国是」が社会に広く浸透した。李承晩は休戦後も、共産主義者から国を守るのみならず、共産主義者が占領している領土を取り戻すことを掲げ、独立国家建設の完遂のための団結を国民に訴えた。

前述のように、ちょうどこの時期、一民主義を掲げた指導者による平等な大衆の領導という統治スタイルから、政党による組織化で独裁を支える統治に転換しており、統治イデオロギーとしての「一民主義」は唱えられなくなった。スローガンの重点は、伝統・ナショナリズムに裏打ちされた「反共主義」と「建前としての民主主義」に移行したのである。

他方、権力掌握後の李承晩は、日韓会談や領土問題では妥協しない対日強硬政策を堅持したが、三・一節記念演説や光復節記念演説では「反日」を掲げて国内の正統性を獲得しようとする姿勢はあまり見られない[*9]（趙　二〇二二）。日本への批判が提起されるのは主として「反共」の文脈で、日本の対北朝鮮政策に対する批判であった。たとえば一九五九年の大規模な官製の反日デモは、日本政府が在日朝鮮人の北朝鮮帰国事業を推進するのに対し、「在日僑胞北送反対」を訴えた「反日運動」であった（徐 二〇〇七：六〇―六三）。

③国際派としての能力

米国の大学で博士号を取得した初めての韓国人という李承晩の経歴は、高い専門能力をもつ大

1951年4月、金浦空港でマッカーサーを迎える李承晩
（出典）https://commons.wikimedia.org/wiki/File:Syngman_Rhee_2.jpg

統領という権威付けのため、しばしば強調された。さらにオーストリア人であるフランチェスカ夫人の存在も、李承晩の国際派イメージを高めた。李承晩より二五歳若いフランチェスカ夫人は、公式の場では常にチマチョゴリを着用して、韓国の伝統を重視するファーストレディの姿を示し、植民地期とは異なる統治者像を支えた。

李承晩は国際性に関連して、自らと米国要人の親密な関係が米国の韓国支援に繋がっていると、国民に印象づけようとした。前述のように、李承晩はマッカーサーと親密な関係を構築していたが、政府樹立式典に

も来賓として招くなど関係をアピールした。さらに、朝鮮戦争では国連軍が韓国軍を支援し、その総司令官がマッカーサーであったことは、共産主義から国を守る李承晩のイメージを高めた。

しかし、アメリカ政府自体は、早い時期から「ポスト李承晩」を画策していた。朝鮮戦争で中華人民共和国との全面戦争まで主張したマッカーサーの強硬策はアメリカ政府の戦略から外れ、彼は一九五一年に国連軍総司令官を解任された。李承晩は米国政府が休戦条約締結に進むことに抵抗し、最終的に休戦協定の調印も拒否した。こうした李承晩の暴走に対し、米国政府はその排除計画などを画策し[*10]、五〇年代後半になると対韓援助削減も顕在化していた。

④ 銅像

米国からの李承晩政権への支持が減退するに伴い、別の形の権威づけが必要となっていた。一九五五年は李承晩の生誕八〇年にあたり、翌年の大統領選挙をひかえて、与党自由党が彼の権威を高める計画を推進した。各地に長寿を祝う頌寿塔を建設し、公園や道路や建物の名称を、李承晩の号である「雩南《ウナム》」を拝したものに変更した。ソウル市を雩南市に改名する案も建議されたが、それは実現しなかった。五六年の大統領選挙後には、ソウルのパゴダ公園と南山《ナムサン》には銅像が建てられた。高い台座の上に約二・五メートルの銅像が立つ巨大なもので、南山の頂上には雩南亭も立てられた。

独裁が長期化する一方で物質的な正統化が進展しないなか、銅像などで権威付けを行ったが、明らかに政権への支持は低下し、一九五六年の選挙で大統領は李承晩が当選したが、副大統領は野党候補が当選していた。李承晩には六〇年選挙の完全勝利が必須となった。

正統性の喪失と政権崩壊

李承晩が八五歳で臨んだ一九六〇年の選挙は、勝利のため総力を挙げた選挙介入が行われた。前年に内閣改造を行い、新任の内務部長官・次官や治安局長を中心に介入計画に着手した。国会では与党自由党が国家保安法を強硬採決し、野党やメディアの活動を抑圧する法的根拠が整備された。六〇年になって選挙日が三月一五日に確定し、与野党の正・副大統領候補が登録された後に野党の候補が病死した。大統領は李承晩の信任投票となり、前回は野党候補が当選した副大統領選挙が焦点となった。政権側は警察と自由党地方組織を駆使して選挙工作準備を進め、民主党は入手した不正情報を暴露し、選挙前から批判の応酬となった。

選挙当日は、開票作業の際に野党側の立会人が排除された秘密開票状態となり、野党支持者や市民が「不正選挙糾弾」に対して抗議し、警察の鎮圧で死傷者が発生する事態も生じたが、中央選挙管理委員会は翌日、正副大統領ともに自由党候補が当選したと発表した。国会では野党が選挙不正と警察による暴力を批判するなど、問題は沈静化しなかった。

四月一一日、選挙当日に抗議デモ鎮圧で死傷者を出していた慶尚南道馬山《キョンサンナムドマサン》で、当日から行方不明になっていた高校生が、催涙弾が突き刺さった遺体で海から発見され、同地域で政府に抗議する街頭活動が再燃した。この情報は全国に伝わり、四月一九日には首都ソウルで数万人規模の学生デモに発展した。大統領官邸に向けた抗議行動は市民も参加して膨れ上がったが、警察は武力での鎮圧を行い、一四〇余人死亡、一〇〇〇余人負傷という惨事となった。ソウルのみならず全国主要都市でもデモが発生し、李承晩政権は主要都市に戒厳令を布告して対応した。

戒厳令下で事態の収拾が図られるなか、四月二五日にソウル市内の大学教授二五〇余人が集まり、「時局宣言文」を出して、ソウル大から国会議事堂前まで市内で平和デモを行った。宣言文は、学生たちの行動を「正義感の発露であり不正不義に抗する民族正義の表現」として理解を示し、合法的な学生デモを暴力で弾圧した警察を批判し、正副大統領選挙を再度実施することを要求していた。こうして国民の批判が高まるなかで、李承晩大統領は四月二六日に辞任を表明して、五月二九日はハワイに亡命した。大統領を退陣させた抗議活動は、学生の大規模な抗議活動と武力弾圧が行われた四月一九日に焦点をあてて「四・一九革命」もしくは「四月革命」と呼ばれる。

以上のように、選挙当日の過度な介入が抗議行動を誘発し、それを暴力で抑えようとしたことで、李承晩政権への批判は全国民的に広がったといえるが、政権の正統性はいかに否定されたのか。李承晩は「選挙で選ばれた大統領」として自らの権力を民主主義であると正統化していたが、抗議活動はどう反論していたのか。四月一九日に発布されて広く伝播した「ソウル大学文理科学部学生一同」の宣言文を検討する。

学生たちは、李承晩政権が「民主と自由を偽装した専制主義」で、共産勢力の「赤色専制」と同じ専制だと主張する。「近代民主主義の基幹は自由」と述べ、李承晩政権が政治的自由を弾圧していると批判する。さらに、官僚と警察は専制権力の手先になっており、「民主主義の最低の公理である選挙権さえ、権力の魔手の前に壟断された」と三月の選挙を評した。学生たちは解放直前に生まれて建国後の「民主主義教育」を最初に受けた世代であり、教科書で学んだ民主主義と現実政治の乖離に批判的な意識をもっており、民主主義の理念を逸脱した選挙操作を指摘して、李承晩を専制者と批判したのだ。

李承晩の正統性は何よりも「選挙の勝利」であり、「建国の父」シンボルもそれを実現するための権威づけであった。正統性の核心である選挙での不正が明確になり、暴力での対応が国民の怒りを高めたことで、正統性は喪失し、「建国の父」の権威も失墜したのである。

四　韓国における「建国の父」の正統性

朴正煕の体制正統化と李承晩否定

李承晩を退陣・亡命に追い込んだ一九六〇年の学生運動は、不正と腐敗に満ちた政権に抵抗して民主主義を擁護した活動として正統性を得た。李承晩の退陣後、民主制の立て直しが図られるが、翌年の五月には朴正煕将軍を中心にした軍事クーデターが発生し、二年後に民政移管したが、朴を頂点とする権威主義体制は彼が暗殺される七九年まで続いた。

では、クーデターによって権力を掌握した朴の体制は、いかに「支配の正統性」を確立したのか、そこで「建国の父」李承晩はどう位置づけられたのか。その点を中心にまとめる。

李承晩の退陣後、議院内閣制への制度変更がなされ、李承晩期に野党だった民主党が政権の座についたが、統治能力は低く政治は混乱した。クーデター勢力は、自らを学生の「義挙」を継いだ「軍事革命」と規定した。李承晩政権を打倒した運動を高く評価し、無能な政党政治家に代わって軍が政治に介入し、学生の意志を継いだ「革命」を行うと主張した。

彼らは「革命公約」として、①反共体制の再整備、②米国など自由友邦との紐帯強化、③旧悪と腐敗の一掃、④経済再建、⑤共産主義に勝つ実力育成、⑥任務完了後の本務復帰を掲げて、軍による国家再建最高会議が権力を掌握し、約二年軍政を行った。

軍事政権は、打倒した民主党政権のみならず李承晩政権を国政の停滞の元凶と位置づけた。過去の政権の「不正と腐敗」をまとめた『韓国革命裁判史』では、銅像建立を「李承晩の偶像化」として批判し、引き倒された李承晩の銅像に群がる子どもの写真（次ページ参照）を「子どもたちのおもちゃになった独裁者の銅像」というキャプションで掲載している。

西側の民主主義陣営であるために長期の軍政は困難で、約二年で民政移管の方針を出し、全面改正した憲法を公布した。クーデター勢力は営舎に戻る意志はなく、政党活動を解禁する前に自ら民主共和党を創設し、個々人が軍を退役して政党に加入し、民政下の政治に関与した。民主共

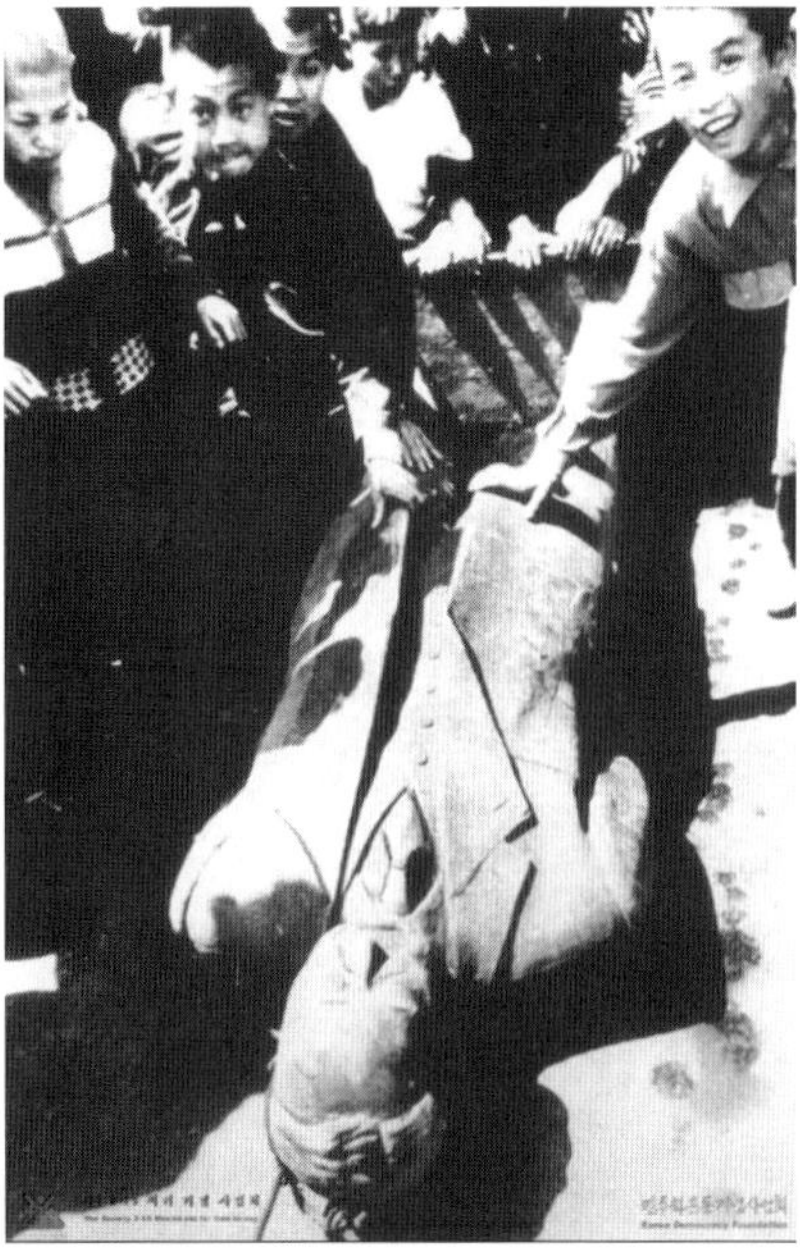

子どもたちのおもちゃになった独裁者の銅像
（出典）『韓国革命裁判史』（1962）。第2章の後に四月革命関連の写真をまとめて挿入されているが、ページ数はふられていない

和党の大統領候補・朴正熙が当選し、引き続き政権を掌握したのである。

全文改正された六二年憲法は、前文で「悠久の歴史と伝統に輝く我々大韓国民は、三・一運動の崇高な独立精神を継承し、四・一九義挙と五・一六革命の理念に立脚して、新たな民主共和国を建設」と記して、六〇年の学生運動と翌年の軍事クーデターを新体制の理念として掲げている。他方、民政移管後の体制も、民主主義の建前を掲げて可能な限り複数政党の競争選挙を確保し、朴正熙も選挙独裁として権力維持を図ったが、七〇年代には大統領選挙を間接制にして任期制限も撤廃するなど、手続き的な正統性を毀損して長期権力を維持していった。

朴正煕の正統性調達

では、朴正煕は手続き的な正統性の低下をどのように補完していったのだろうか。

まず朴正煕政権は経済開発で高度成長を実現し、物質的な正統性を確保した。この点は、李承晩との大きな違いである。クーデター直後から経済開発計画を提示して国家主導の開発を推進し、「漢江の奇跡」と言われる発展を実現した。軍政期に金融機関を国有化し、民間に戻してからも政府の統制を維持して資金配分をコントロールした。工業化のみならず政権主導の農村振興運動を組織して、国民が広く成長を実感できるような配分を試みた。経済成長の実績で、独裁を強化しても支持を調達できる手段を手に入れた。

北朝鮮との対抗においても、李承晩が休戦後も「北進統一」を掲げて領土奪還を提示したのに対し、朴正煕は「先開発・後統一」のスローガンで、共産主義に対抗できる経済力を含む国力増強を優先し、国民を動員しようとした。

統治イデオロギー面では、朴正煕政権は国家主義的な理念で体制を支えようとした。李承晩期の檀紀の廃止など「近代化」の必要性を提示する一方で、韓国建国以前の歴史に遡って「国家への忠心」を強調した。一九六八年にはすべての国民が指標とすべき精神を示した「国民教育憲章」を公布した。そこでは個人よりも社会と国家を優先し、国家発展のために尽くすことが望ましいとされたが、その精神が朝鮮民族の歴史に存在するとして、国家主義理念と「朝鮮民族四〇〇〇年の歴史」にある「民族主体性」を結合させた。そして、国家主義理念を体現するシンボルとして、「建国の父・李承晩」ではなく、歴史上の人物を挙げた。とりわけ、豊臣秀吉の朝鮮侵略を撃退した李舜臣《イ・スンシン》は、自らを犠牲にして国難を克服した英雄として大々的に取り上げられた（金漢宗 二〇一五：一八三－一八五）。現在もソウルの中心街にある巨大な李舜臣像は、一九六七年に建設されたものである。

前述のように、クーデター後に李承晩の偶像化を批判し、五〇年代に流通していた李承晩の肖像の紙幣を六二年の通貨改革で一掃するなど、朴正熙政権は「建国の父」シンボルを否定した。一九六五年に李承晩が亡命先のハワイで死亡して遺体が帰国し、家族や支持者が「建国の父の国葬」を求めた際も、朴正熙政権は「国民葬」と決定し、反発した家族・支持者が「家族葬」として葬儀を行った。*11 かように朴正熙政権の李承晩への否定的対応は強かった。

朴正熙大統領は一九七二年に非常戒厳令を宣布して憲法を全文改正し、李承晩以上に独裁化した「維新体制」を構築した。「維新体制」とは、大統領選出は間接選挙で形骸化し、任期制限も撤廃して強大化した権力の永続化を図った体制である。ただし、この「維新憲法」の前文で「民主主義の韓国的土着化を期し、国力を組織化して能率を極大化できるよう、統治機構と関係制度を改革する」と記したように、あくまでも韓国的民主主義の実現を目標に掲げていた。前文の「四・一九義挙および五・一六革命の理念を継承」という文章はそのままである。朴正熙政権の独裁化は進んだが、自らは韓国式民主主義だと主張し、民主主義を毀損した李承晩政権とは異なると位置づけたのである。それに対して七〇年代後半には、維新体制を独裁と規定して民主化を要求する反体制運動が高まったが、民主化勢力にとって評価すべきは「四月革命」で、李承晩と朴正煕はともに否定批判すべき独裁者とみなされた。権威主義体制期の体制・反体制の双方にとって、李承晩は掲げるべきシンボルではなかった。

民主化後の李承晩と朴正煕の評価

一九七九年に朴正煕は側近に暗殺されて政権は崩壊し、民主制への移行が現実化したが、全斗《チョン・ドゥ》煥《ファン》将軍を中心とする軍が再び政治介入し、権威主義体制が再構築された。しかし当初の国民に対する暴力的な抑圧等で全斗煥政権は正統性の確立に難儀し、八〇年代後半には民主制への転換を求める運動が全国民的に拡大し、八七年には体制の内部から「民主化宣言」が出され、与野党協議で現行憲法への転換がなされた。直接選挙によって選出される大統領は任期五年の単任制で、大統領の権限を合理的に制限して、政治的自由を大幅に拡大した。表1にあるように、その後民主制は維持されているが、権威主義体制期の独裁的な政治指導者の評価は、民主化後にどう変化したのだろうか。

一九八七年に制定された現行憲法は、前文で「三・一運動で建立された大韓民国臨時政府の法統と、不義に抗した四・一九民主理念を継承し、祖国の民主改革と平和的統一の使命に立脚して」と記し、李承晩大統領を退陣させた「四月革命」を民主理念としてする一方、朴正煕の軍事クーデターの正統性は削除されている。つまり、現行憲法では李承晩政権も朴正煕政権も、民主国家の発展のために継承すべきものとしては評価されていない。

その一方、「はじめに」で述べたように、民主化後も朴正熙の評価は非常に高い。それは新生民主制の政治的混乱などに失望した「権威主義体制へのノスタルジア」現象なのか、要因が注目されたが、近年はアジア諸国の国際的な比較世論調査（アジアンバロメータ調査）が継続的に実施され、民主主義の評価と支持や伝統的な価値観と民主主義観などに関するデータも蓄積されている。二〇一六年の調査では、韓国を含む東アジア諸国で強い政治指導者を求めるような「民主主義からの脱却」が顕在化していると指摘されている（Shin 2021）。

他方、アジアンバロメータのデータに韓国内の二〇一〇年および二〇一五年の世論調査データを加えて韓国における朴正熙支持の要因について実証分析した研究では、人々が選好しているのは権威主義体制そのものではなく朴正熙個人であり、その評価は彼が韓国の経済的発展をもたらした点が大きく影響していることが指摘された。さらに、朴正熙支持は保守イデオロギーや国家主義性向と相関していると示され、民主制下のイデオロギー性向によって朴正熙の評価が異なることも示唆されている（Cho and Woo, 2019）。民主化後の朴正熙人気は必ずしも民主制への不支持ではなく、保守層が過去の業績を評価しているという主張である。

つまり権威主義体制への郷愁か否かは議論があるが、朴正熙は保守政治家の代表として民主化後も高く支持されている。それに対して、李承晩に対する評価は、図1にもあるように非常に低い。李承晩を退陣させた「四月革命」の正統性は、朴正熙政権期から確立しており、現行憲法にみられるような民主化後の「民主主義の価値」強調のみならず、朴正熙による李承晩への否定的評価が、強い影響力を及ぼしていると言える。

二〇一二年から必須科目となった高等学校『韓国史』教科書六種類を分析した研究でも、李承晩の独立・建国運動に関する記述は少なく、建国後においては全ての教科書で「独裁者・独裁政権」と扱われていることが指摘され（イ・ジュヨン　二〇一二：三二）、否定的評価の定着が確認される。

おわりに

韓国の初代大統領であった李承晩は、「民主主義を掲げる個人独裁」と化し、「四月革命」によって打倒された。クーデターで成立した朴正熙政権は、学生運動を継承する革命を掲げて李承晩政権を批判した。一九六〇年代以降、李承晩大統領は権威主義体制からも民主化運動からも否定され、「建国の父」の権威は失墜してしまった。

その理由を「権威主義体制の正統化」の観点から整理してみよう。韓国は国家創設の基盤に北朝鮮の「全体主義」と対抗する「民主主義」を掲げており、実際は権威主義体制であっても、民主主義を装うことは正統性のために必要だった。李承晩も選挙で選ばれたことを正統性の根拠とし、「建国の父」シンボルなどはそれを補完するための位置づけだった。李承晩が民主主義という根幹の正統性を喪失したことで、「建国の父」シンボルの正統性も成立しなくなった。権威主義体制を再構築した朴正熙は、李承晩を否定して「韓国型民主主義」を自称し、「経済開発」を正統性の中心においた。民主主義は毀損しても、それを補う経済発展の実績をあげて正統性とした。朴正熙期以降の民主化をめぐる対立は、軍の政治介入や開発独裁を争点としており、体制・反体制の双方から否定された「建国の父」李承晩は政治勢力の掲げる重要なシンボルにはならなかった。そして、前述のように、その評価は民主化後にも概ね変わらなかったといえる。

しかし近年になって、忘れられた「建国の父・李承晩」の評価に変化があることも指摘しておきたい。左右の政治対立が、対北朝鮮政策や歴史認識をめぐるものになり、権威主義体制の正統化と異なる文脈で「建国の父・李承晩」が取り上げられているのだ。民主化後の政権交代を経て伸張してきた左派勢力は、植民地支配からの解放後に左派を排除して一九四八年に分断国家として成立した大韓民国を批判的に捉え、植民地期の一九一九年に海外で創設された「大韓民国臨時政府」を民主国家の起源とする歴史認識を一層強く主張するようになった。[*12] それに対して、過去の右派との違いを強調する「ニューライト」勢力は、共産勢力の全体主義に対抗して自由民主主義体制を発展させてきたという観点から建国後の歴史を捉え直し、「建国の父」李承晩を、共産主義者から国土を守って国家を創設した自由民主主義の擁護者として再評価している。[*13] ニューライトは、自由民主主義国家を建設した李承晩を継いで、朴正熙が開発で国家を発展させ、現在に至る民主主義国家の基礎を築いたという解釈で、保守の系譜を再構築しようとしているのである。

こうした見解はイデオロギー対立の最前線のもので、必ずしも一般世論の認識として定着しているわけではないが、民主化以前の「独裁 vs.民主化勢力」の延長で展開してきた政治勢力の構図では対立軸を捉えられなくなっている。*14 民主化から三五年以上が過ぎて、政治における分極化の進展、ナショナル・アイデンティティをめぐる対立の激化によって、一九六〇年以降は否定されてきた李承晩の評価や位置づけが今後変化し、また新たな視点からの研究が必要になる可能性も否定できない。

＊注

(1)世論調査会社リアルメーターが韓国政策科学院の依頼により一八歳以上の五〇〇名に行った調査で、標本誤差は九五％の信頼水準で±四・四％であった（『韓国聯合ニュース』二〇二一年一一月一一日オンライン版）。

(2)大統領のリーダーシップ研究でも李承晩の「カリスマ性」が特徴とされる（たとえば、ヤン・スンハム編二〇一〇）が、その権威がなぜ失墜し、その後の政権でいかに位置づけられたかについては研究対象になっていない。木村（二〇〇三）や李鍾元（一九九六ａ）が指摘したように、李承晩政権は「停滞期」扱いで、研究対象としても重視されなかった傾向がある。

(3)権力掌握までの李承晩研究としては、ユ・ヨンイク（二〇一三）、Lew（2014）が包括的で、チョン・ビョンジュン（二〇〇五）は一次資料も多数収録されている。第一節の記述は、主としてこの三冊に依拠している。延世大学校李承晩研究院の資料も重要である。

(4)一八九六年に結成された、近代国家化をめざす開化派による大衆啓蒙活動。李承晩は機関誌に論説を執筆した。守旧派の巻き返しで一八九八年に大韓帝国によって解散させられ、李承晩も含めて関係者は逮捕された。

(5)李承晩の政治活動は、無政府状態の国際社会で国益を追求して争うというリアリズムの世界観で、小国の生き残りと独立国家建設という目標を追求する行動に、ウィルソニズムの影響は見られない。ウィルソンの大統領就任後に李承晩が個人的な関係で政治的な成果を上げた記録はみられず、大学院時代の関係以上はわからないが、米国大統領と師弟関係という事実が李承晩の政治資源となった。

(6)大韓民国臨時政府は、三・一独立運動を契機に、海外での独立運動を統合した亡命政府として一九一九年に上海で創設された。共産勢力と一線を画し、金九を主席に中国大陸で活動し、日本の敗戦後に拠点を移していた重慶から帰国した。米軍政庁は正統な政府と認めなかったが、大衆の認知度は高く、金九の影響力も大きかった。後述するように、大韓民国の「起源」として憲法に規定されている。

(7)地主や資本家など有産階級で、解放直後の左派の伸張に対抗して韓国民主党を結成していた。この政党は信託統治反対運動で李承晩に協力し、一九四八年の南のみの単独選挙に参加して韓国建国を支えたが、その後李承晩の独裁化に対抗する野党となった。後継政党が李承晩政権崩壊後に政権を担当するが、軍事クーデターで政党が非合法化され、民政移管で、軍が創設した民主共和党に対抗する野党を再結成する。八七年に民主化するまでの権威主義体制下の万年野党は、この政党の後継になる。

(8)大統領式辞では、三八度線以北で国連監視下の総選挙実施を妨げたソ連の対応を分断の原因としてあげ、その政策転換にむけた外交的努力を「統一の方略」と提示している（『朝鮮日報』一九四八年八月一六日朝刊第一面）。

(9)他方、GHQ占領下の日本国民に対し、李承晩は一九四九年に朝日新聞社を通じて新年メッセージを送っている。「過去四〇年に韓国人がうけた痛手は日本軍国主義者の非に帰すべきもの」で、日本人もその被害者だったとの認識を示し、「われわれは共産主義という共同の敵に直面している」と、日韓両国民の共存共栄の努力を望んでいる（『朝日新聞』一九四九年一月五日第六面）。しかし李承晩政権期に国交正常化は実現しなかった。

(10)五三年には国連軍主導で李承晩を排除する「エヴァーレディ計画」を検討し、その後は自由党穏健派によるポスト李承晩体制への移行などを検討していたが、五〇年代末には妥協案は困難だと判断して、李承晩政権を「見限る」姿勢を明確にしていた（李 一九九六b）。

(11)家族葬の後、李承晩の遺体は国立墓地（国立ソウル顕忠院）に埋葬された。李承晩の葬儀をめぐる混乱を経て、一九六七年に「国葬・国民葬に関する法律」が制定され、基準が法制化された。二〇一一年には二つは「国家葬」に統合されている。

(12)左派の文在寅政権が提示した建国の起源をめぐる歴史認識については、小野（二〇二二）の前書きに詳しい。

(13)ニューライト勢力は、一九四五年に日本の支配から解放された「光復節」としてではなく、一九四八年に韓国が建国された「建国記念日」として、八月一五日を国家行事の記念日とすべきであると主張し、一九一九年を重視する左派の歴史認識と大きな違いを示す。日本では日韓間の歴史認識の差が注目されるが、韓国国内の歴史認識も決して一枚岩ではなく、内部の対立が大きいことは留意すべきである。

(14)近年の国際政治の緊迫化のなかで、ニューライトの主張が浸透しやすい状況になっていることは指摘できる。ロシアなど権威主義体制国家が国際秩序を揺るがし、バイデン大統領は「民主主義vs.権威主義」という対立図式を強調し、韓国内でも権威主義体制である中国・北朝鮮を「脅威」と捉える現状認識が高まっている。保守政治家が、共産勢力と対抗してきた民主勢力というニューライト的主張を強める背景ともいえる。

【参考文献】

〈日本語文献〉


磯崎典世（二〇二二）「韓国――「民主主義」を掲げる個人独裁の成立」粕谷祐子編著『アジアの脱植民地化と体制変動――民主制と独裁の歴史的起源』二八三―三〇九頁、白水社。

小此木政夫（二〇一八）『朝鮮分断の起源――独立と統一の相克』慶應義塾大学法学研究会。

小野容照（二〇二二）『韓国「建国」の起源を探る――三・一独立運動とナショナリズムの変遷』慶応義塾大学出版会。

木村幹（二〇〇三）『韓国における「権威主義的」体制の成立――李承晩政権の崩壊まで』ミネルヴァ書房。

金漢宗（二〇一五）『韓国の歴史教育――皇国臣民教育から歴史教科書問題まで』國分麻里／金玹辰訳、明石書店（原書、二〇一三年）。

金賢九（二〇一九）「韓国の統治イデオロギー『一民主義』の登場と変容過程――韓国の政治的保守主義の起源」『アジア研究』六五巻二号、一―一八頁。

徐仲錫（二〇〇七）『現代朝鮮の悲劇の指導者たち――分断・統一時代の思想と行動』林哲他訳、明石書店（原著、二〇〇四年）。

趙相宇（二〇二二）『忘却された日韓関係――〈併合〉と〈分断〉の記念日報道』創元社。

長田彰文（二〇一九）『世界史の中の近代日韓関係』慶應義塾大学出版会。

東島雅昌（二〇二三）『民主主義を装う権威主義――世界化する選挙独裁とその論理』千倉書房。

李鍾元（一九九六ａ）『東アジア冷戦と韓米日関係』東京大学出版会。

李鍾元（一九九六ｂ）「李承晩政権とアメリカ――冷戦の変容と代替勢力の模索」『アメリカ研究』第三〇号、七九―九九頁。


〈英語文献〉

Ahn, Byong-Man（2003）*Elites and Political Power in South Korea.* Cheltenham and Northampton: Edward Elgar Publishing.
Brazinsky, Gregg（2007）*Nation Building in South Korea: Koreans, Americans, and the Making of Democracy.* The University of North Carolina Press.
Choi, Eunjung and Woo, Jongseok（2019）“The Origins of the Park Jung-hee Syndrome in South Korea”, *Issues & Studies: A Social Quarterly on China, Taiwan, and East Asian Affairs.*
Cumings, Bruce（1981）*Origins of the Korean War, Vol.1: Liberation and the Emergence of Separate Regimes, 1945-1947,* Princeton: Princeton University Press.

Fields, David P.（2019）*Foreign Friends: Syngman Rhee, American Exceptionalism, and the Division of Korea.* University Press of Kentucky.

Lee, Steven Hugh（2011）“Military Occupation and Empire-Building in Cold War Asia: The United State and Korea, 1945-1955” in Tsuyoshi Hasegawa（ed.）, *The Cold War in East Asia, 1945-1991,* Redwood City, CA: Stanford University Press, pp-98-121.

Lew Young ick（2014）*The making of the First Korean President: Syngman Rhee's Quest for Independence 1875-1948,* University of Hawaii Press.

Shin, Doh Chull（2021）“Democratic deconsolidation in East Asia: Exploring system realignment in Japan, Korea, and Taiwan. *Democratization,* 28（1）, pp,142-160.

〈韓国語文献〉

キム・スヨン［김수용］（二〇〇八）『建国と憲法――憲法論議を通してみる大韓民国建国史』［건국과 헌법 – 헌법논의를 통해 본 대한민국건국사 -］景仁文化社［견인문화사］.

パク・チャンスン［박찬승］（二〇一二）「大韓民国憲法の臨時政府継承性」［대한민국 헌법의 임시정부 계승성］『韓国独立運動史研究』［한국독립운동사연구］43：373-430.

パク・チャンピョ［박찬표］（二〇〇七）『韓国の国家形成と民主主義――冷戦自由主義と保守的民主主義の起源』［한국의 국가 형성과 민주주의 – 냉전 자유주의와 보수적 민주주의의 기원］フマニタス［후마니타스］.

ソ・ボッキョン［서복경］（二〇一六）『韓国の選挙60年史①　韓国1世代有権者の形成：第1・2共和国の選挙』［한국의 선거 60 년사① 한국 1 세대 유권자의 형성 : 제 1・2 공화국의 선거］マインドタップ［마인드탑］.

ソ・ヒギョン［서희경］（二〇一二）『大韓民国憲法の誕生－韓国憲政史、万民共同会から制憲まで』［대한민국 헌법의 탄생 – 한국 헌정사，만민공동회에서 제헌까지］チャンピ［창비］.

ヤン・ドンアン［양동안］（二〇一六）『大韓民国「建国の日」と「光復節」の考察』［대한민국 건국일과 광복절 고찰］백년동안．

ヤン・スンハム編（二〇一〇）『韓国の国家管理と大統領リーダーシップの形成と哲学Ⅰ』［한국 국가관리와 대통령 리더십의 형성과 철학 Ⅰ］，pp.9-46, 延世大学校国家管理研究院［연세대학교국가관리연구원］．

ユ・ヨンイク［유영익］（二〇一三）『建国大統領　李承晩――生涯・思想・業績の新たな照明』［건국대통령 이승만：생애・사상・업적의 새로운 조명］一潮閣［일조각］．

イ・ジュヨン［이주영］（二〇一二）「教科書の李承晩叙述とその補完方向」［교과서의 이승만 서술과 그 보완 방향］イジュヨン他『李承晩研究の潮流と争点』［이승만 연구의 흐름과 쟁점］pp.293-323, 延世大学校大学出版文化院［연세대학교대학출판문화원］．

チョン・ビョンジュン［정병준］（二〇〇五）『雩南李承晩研究――韓国近代国家の形成と右派の道』［우남 이승만 연구：한국 근대국가의 형성과 우파의 길］，歴史批評社［역사비평사］．

チョン・ジェホ［전재호］（二〇一二）「韓国民主主義の反共国家主義的性格――植民地的起源と解放直後の展開様相」［한국 민족주의의 반공 국가주의적 성격 – 식민지적 기원과 해방 직후의 전개 양상］チョングンシク・イビョンチョン［정근식・이병천］編『植民地遺産、国家形成、韓国民主主義Ⅰ』［식민지 유산，국가 형성，한국 민주주의 Ⅰ］本の世界［책세상］129-166.

チェ・ヨンシク［최연식］（二〇一〇）「朴正熙の'民族'創造と国民統合の明暗」［박정희의 '민족' 창조와 국민 통합의 명암］ヤン・スンハム編『韓国の国家管理と大統領リーダーシップの形成と哲学Ⅱ』［한국 국가관리와 대통령 리더십의 형성과 철학 Ⅱ］，pp.105-139, 延世大学校国家管理研究院［연세대학교국가관리연구원］．

チェ・ジャンジプ［최장집］（二〇一〇）『民主化以後の民主主義：韓国民主主義の起源と危機』［민주화 이후의

민주주의：한국 민주주의의 보수적 기원과 위기」フマニタス［후마니타스］．
韓国軍事革命史編集委員会（一九六二）『韓国軍事革命史　第Ⅰ輯』
韓国革命裁判史編集委員会（一九六二）『韓国革命裁判史　第Ⅰ輯』
国家記録院　http://www.archives.go.kr
大統領記録館　http://www.pa.go.kr
延世大学校 李承晩研究院　http://syngmanrhee.yonsei.ac.kr

第九章　台湾　蔣介石
――中華民国在台湾の建国の父

葉亭葶

はじめに

こんにち、台湾と「正式な」外交関係を有する国を除けば、一般的に台湾に存在する国家を「中華民国」を呼称することはごくまれだろう。日本において、政府やメディア、一般の人々もほとんどすべてが「台湾」という名で「中華民国」を呼び習わす。中華人民共和国の立場にたてば、中華民国は一九四九年にすでに滅び、自国がそれに取って代わった存在であり、台湾はその領土の一部に過ぎない。しかしながら、台湾の国旗はいまだ中華民国の国旗を使用し、パスポートにもまた中華民国と記されている。[*1] 以上からも分かるように、正式な国号としてはいまだに「中華民国」なのである。

中華民国は一九一一年に建国され、中華民国憲法には、明確にその領土がすべての中国大陸を包括することを示している。孫文《そんぶん》は中華民国の臨時政府の初代大総統に就任し、一九四〇年には、中国国民党中央執行委員会は孫文を中華民国の「国父」として正式に取り扱うことを取り決め、国民にその徹底を要請している。[*2] しかしながら本稿では、孫文ではなく蒋介石《しょうかいせき》をその「国父」に捉えようと試みる。その意味するところはなにか。

「中華民国在台湾（台湾に存在する中華民国）」という言葉が登場するのは、一九九五年に当時の李登輝《りとうき》総統がこのような言葉で台湾と中華民国の状況の説明を試みたときだった。それは、一九四九年、中華民国政府が台湾へと移転して以来、中華民国が台湾に存在し続けていることを表現し、現在まで広く利用される表現となっている。一九四九年、蒋介石率いる中華民国政府（国民党政府）は共産党との内戦に敗北し台湾へ移り、台北を中華民国の臨時首都とした。中華民国の実質的な支配領域は、台湾、澎湖《ほうこ》、金門《きんもん》、馬祖《ばそ》のみであり、これ以上の中国大陸の領土奪還に成功していない。[*3] 一方で、一九四九年に成立した中華人民共和国は台湾を支配したことがない。つまり、一九四九年は台湾がふたたび実質的に中国本土から政治的に切り離された起点の年となる。

蒋介石

一九四九年のこの「分離」によって、領土的な面で変化が生じただけでなく、国民の民族的構成と歴史経験も大きく変化した。一九四九年前後までに中国大陸から台湾へ約一二〇万人の兵士、民間人が到来した。彼らは「外省人」と呼ばれ、人口の一七%を占めることになった（葉　二〇一八：一六頁）。残りの八三%の人々は、日本の植民地統治を経験し、ほとんどが抗日戦争の経験をもたない「台湾人」と呼ばれる人々で、外省人との対比から「本省人」と呼称される。本省人もいわゆる漢民族が大半を占めるが、原住民も少数いる。

二〇一六年から二〇二四年まで総統であった蔡英文《さいえいぶん》は、前述の李登輝元総統の歴史観を受け継ぎ、中華民国の台湾移転を切り口とし、中華民国の台湾における役割を強調している。二〇一九年以降、蔡英文総統は国慶節（建国を記念する式典）での演説において、例年、中華民国を台湾の新たな出発点とすることに言及する。たとえば、二〇二一年の国慶節で蔡英文は、「一九四九年に中華民国が台湾で建国してから七二年が経ちました。この七二年の間に、経済は貧困から豊かさへ、政治は権威主義から民主主義へ、社会は統一から多様性へと発展してきました」と述べている（中華民国総統府　二〇二一）。

政府が中華民国について新たな解釈を行っただけでなく、台湾の学術界においては、二〇一七年から「中華民国在台湾」に関連する研究が数多く発表されている。[*4] 林孝庭の『意外的国度』は、中華民国が台湾に存在するようになった経緯を探る（林　二〇一七）。汪浩は『借殻上市』で一九四九年の国民党政府撤退により、中華民国は滅びたと指摘している。蔣介石は中華民国というすでに国際的な承認を受けた国家の「抜け殻」を利用し、台湾という場所に「反共基地」として、新たに「中華民国台湾」を建国したのだと論じている（汪　二〇二〇）。

本章は、中華民国在台湾という角度から、蔣介石を「建国の父」として論じていく。すなわち、蔣介石が中華民国在台湾の「建国の父」ということになる。一九四九年に、中華民国中央政府の移転を彼が決定したという事実にとどまらず、二六年にもわたって台湾における権威主義統治体制を構築した。こうした側面は、また一方で民主化が進んだ現在の中華民国において、移行期正義[*5]を進めていくなかで、台湾のさまざまな空間から「撤去」の対象とされる要因ともなっている。

本章ではまず蔣介石の紹介と彼の政治活動について紹介し、蔣介石がいかに自らの統治の正当性を強化していったかについて述べ、その上で民主化後の台湾において、蔣介石がどのように取り扱われているかを見ていく。これらの分析を通じて、現在の台湾において蔣介石に対する見解が分裂している理由を解明する。

一　政治活動

蔣介石は一八八七年に中国の浙江省《せっこうしょう》で生まれた。一九〇八年、日本へ留学し、東京振武《しんぶ》学校で軍事を学んだ。東京振武学校は清朝から派遣された軍事留学生に対する陸軍予備校であり、この学校で訓練を受けたのち、日本軍の士官候補生として日本国内の軍隊に配属されることになっていた。蔣介石は一九一〇年に振武学校を卒業し、高田陸軍第一三師団に配属された。そして一九一一年に帰国し辛亥革命に加わった。これが彼の軍人、政治家としての起点となる。

頭角を現す――武力統一中國（一九一一―一九三一年）

辛亥革命は孫文主導のもとで、中華民国の建国に成功したとされている。しかし実際には、建国後すぐに、軍閥が割據《かっきょ》する混乱状態へと突入することになった。当時の「政府」のうち、国際的な承認を最初に受けたのは北洋政府であり、孫文率いる南京政府ではなかった。そこで孫文は、南京政府が軍事組織を持たねばならないこと、軍こそが国家統治の核心的な力であると理解し、それに基づき蔣介石に対して黄埔《こうほ》陸軍軍官学校の設立準備を指示した（陸軍軍官学校　一九六九：二・三―二・四）。これこそが、蔣介石の権力獲得に向けた重要な基礎となった。

一九二四年、中国における国民党軍の基盤となる陸軍軍官学校が開校し、孫文は蔣介石をその初代校長に任命する（陸軍軍官学校　一九六九：二―五頁）。一九二五年七月、広州で国民政府が成立する。蔣介石は国民政府軍事委員会の委員となり、国民党軍は軍事委員会の管轄下に置かれ国民革命軍と改称した。全国統一にむけ、一九二六年に国民革命軍が北伐を開始し、蔣介石は、国民革命軍の総司令官に就任した。一九二八年六月八日、国民革命軍が北京に入城、国民政府は中国統一を宣言した。一〇月一〇日、蔣介石は国民政府主席に就任した（呂　二〇一四a：二七〇―四六七頁）。以上のように、蔣介石はその軍事力に基づき国を統一し、政治的権力を確立していった。

権力拡張期——共産党の排除と抗日戦争（一九三二—一九四五年）

全国統一を完了させると、蔣介石はつぎなる挑戦へと打って出た。それが共産党と日本の中国侵略への対応である。満州事変の発生直前の一九三一年七月、蔣介石は安内攘外《あんないじょうがい》と呼ばれる政策を展開する。[*6] 三度に渡り共産党に対する大規模な包囲討伐作戦を実施した。一九三二年三月に満洲国が成立しても、蔣介石は安内攘外政策を貫徹するため、引き続き共産党に対する第四次掃討作戦を実施した。一九三四年、蔣介石は徐道鄰《じょどうりん》の名で、「敵か？友か？——日中関係の検討」という論文を発表し、日本の軍閥に対して、手遅れになる前に中国から撤退するよう、国民政府を日本から離反させ、共産党に漁夫の利を与えないよう呼びかけた（黄 二〇一二：六四頁）。しかし、転機となったのは一九三六年の西安事件だった。この西安事件によって、蔣介石は安内攘外政策を捨て去ってし、国共合作と積極的な抗日戦争へと政策を転換する。

翌一九三七年七月七日、盧溝橋事件が発生、蔣介石は全面的な抗日戦争の発動を決定、共産党軍を国民党軍へと編入する（呂 二〇一四b：三三四—三三六頁）。一九三九年一月には、国防最高委員会が成立した。この委員会は党・政・軍の統一的指揮を行える組織で、蔣介石はその委員長に就任し、蔣介石は「党、政、軍」の三権を掌握することになる（呂 二〇一四c：一五頁）。

権力の高みへ——世界の指導者へ（一九四二—一九四九年）

一九四一年一二月八日、日本は真珠湾を攻撃し、アメリカは対日参戦を宣言、中国の抗日戦争は新たな段階へと進むことになる。一九四二年、蒋介石は連合国軍、中国戦区の大元帥に就任した。蒋介石は単なる中国の指導者だけでなく、世界レベルの指導者へと昇格したことになる。一九四三年一月、中華民国とイギリス、アメリカは新たに「対等な条約」を結び、清朝時期に結ばれた不平等条約を撤廃し、治外法権を廃止した。これは一八四二年のアヘン戦争以来、中国人が向き合ってきた「百年国恥」に終止符を打ったことを意味する。蒋介石はこの功績によって、「民族英雄」へと祭り上げられることになった。

一九四三年一〇月、蒋介石は国民政府主席となり、一一月にはカイロ会談に参加、アメリカのルーズベルト大統領、イギリスのチャーチル首相と戦後世界情勢についての会談に臨んだ。カイロ会談は、一八四二年以来、中国がはじめて参加した国際会議であるとともに、中国の指導者がはじめて世界の領袖と対等な立場で臨んだ国際会議でもあった。この会談において、蒋介石は、戦後中華民国が台湾（および澎湖諸島）の接収を希望し、カイロ宣言として公開され[*7]、そのため、蒋介石の声望を高めることになった。

一九四五年、日本政府はポツダム宣言を受諾、無条件降伏を宣言した。蒋介石は日本に対して、「以徳報怨」、すなわち徳を以て怨みに応えることを主張する[*8]。この主張は蒋介石から言えば、国際情勢下の現実を考慮したものではあったが、結果として道徳的な度量の大きさを示した。同年、国際連合が成立、中華民国は国連の創立国になっただけでなく、いわゆる五大国の仲間入りさえ果たす。この時点が、中国と世界における蒋介石の名声が最高に高まったときであった。中国人にとって蔣介石は、日本の中国侵略を阻止し、国土を守り抜いただけでなく、その「失地」を回復し、さらには国連の五大国として中国の国際社会における地位向上に貢献した人物である。

挫折——内戦勃発と遷台（一九四六—一九四九年）

一九四六年一〇月、蔣介石ははじめて台湾に上陸し、台湾で開催された光復記念大会に参加、演説した。このときの台湾滞在はごく短い期間ではあったものの、台湾では熱烈な歓迎を受け、蔣介石に少なくない感動と感慨を与えたようだ。*9 しかし、このとき中国大陸において、蔣介石率いる国民党と毛沢東率いる共産党との間の内戦、すなわち国共内戦が激化していた。

一九四七年一月、中華民国憲法が公布された。憲法の実施により、中華民国は「訓政」の段階から「憲政」の段階へと移行し、蔣介石がその初代総統に就任した。しかし、一九四七年二月には転機となる事件が相次いで発生した。国共内戦が全面的に拡大しただけでなく、二月二八日には台北で暴動が発生し全島へと拡大した。この暴動において政府が強力な鎮圧方針をとったことで、多くの台湾人、とくに日本統治時代から社会的指導者層として活躍していた多くの台湾生まれの知識人が殺害、あるいは逮捕入獄することになった。二・二八事件の発生である。*10 この事件が、その後の台湾における蔣介石の評価において非常に深刻な影響をもたらすことになる。

国民党軍は国共内戦において徐々に不利な局面へ傾いていった。蔣介石は一九四八年一二月、全国に対して戒厳令を布告したが、*11 状況は好転せず、一九四九年一月に総統を辞任し、内戦の終局に期待を寄せた。しかし、国共内戦は国民党、そして蒋介石の望む方向へは向かわなかった。一九四九年五月、台湾にも戒厳令が布告され、一〇月一日に中国共産党主席である毛沢東が北京市天安門広場で建国宣言を行い、中華人民共和国が成立した。そして一二月七日には中華民国の行政院（日本の内閣府に相当）が台北への「遷都」を決定し、九日から台北での執務が始まった。一九四九年一二月、中央政府の台湾へ移転が始まった。蒋介石も一二月一〇日に来台、[12]そして一九七五年に亡くなるまで、彼は中国大陸に帰国することはなかった。蒋介石が死去してもなお戒厳令は続き、蒋介石による台湾統治二五年間は、台湾と中国大陸が内戦状態にあるという建前のもとで、強圧的な手段で台湾を統治する時期となった。

台湾への撤退——反共保台（一九五〇—一九七五年）

蒋介石は一九五〇年三月に総統へと復帰し、二つの政策を提起した。第一に、台湾を軍事基地とし、大陸反攻（中国大陸を支配する中華人民共和国への反攻作戦政策）の拠点とすること、第二に国際的に民主主義国と連携し反共同盟を確立することだった。これが台湾において次の二五年にわたる基本政策になる。

蒋介石が台湾において執政を再開しても、その体制は危ういままだった。当時の中華人民共和国が空海共同での作戦を展開していた頃、アメリカのトルーマン大統領は、一九五〇年一月五日、早くも「台湾海峡不干渉」の声明を出していた。[13]アメリカは中華民国を「見捨てた」かのように見えた。しかし、一九五〇年六月に朝鮮戦争が勃発したことにより、アメリカは米ソ冷戦に向き合うべく、蒋介石政権への支援へと転換する。具体的には、アメリカ第七艦隊を台湾海峡に派遣し、軍事援助を再開した。これにより蒋介石政権が台湾に確固たる足場を築くことができるようになった。

しかし、中華人民共和国は台湾解放をあきらめず、中国沿岸部の中華民国の拠点に攻撃を加えた。一九五四年九月、人民解放軍が中華民国の支配する金門島を砲撃し、第一次台湾海峡危機が勃発した。この台湾海峡危機の勃発により、中（華）米共同防衛条約（Sino-American Mutual Defense Treaty）の締結につながった。この条約によって、台湾はアメリカの極東における安全保障の一環になり、それを後ろ盾とし、蒋介石は国際的な正統性を確保した。

この共同防衛条約の締結は、中華人民共和国の極めて強い不満を引き起こし、中華人民共和国による攻勢が強まった。一九五五年一月、中華人民共和国は中華民国が中国大陸側に残していた拠点のひとつ、大陳島《だいちんとう》を爆撃した。[*14] 蒋介石は撤退を決定し、中華民国軍はアメリカの協力を得て大陳島を撤退した。一九五八年八月二三日、人民解放軍は金門島へふたたび集中砲火を開始し、第二次台湾海峡危機が勃発した。いわゆる金門砲戦である。[*15] 今回はアメリカの援助をうけたことで、共産党の攻勢は阻止され、以後台湾や中華民国が実効支配する地域への直接的な攻撃は行われていない。

蒋介石は、台湾の安全と安定のための軍事的努力とは別に、政治的にもその支配基盤を確保する必要があった。中華民国憲法によれば、総統に再任できるのは一度のみであったが、蒋介石は動員戡乱《かんらん》時期臨時条款[*16]を改正することで、一九七五年に亡くなるまでその地位にありつづけた。[*17]台湾統治は、「共産主義シンパの粛清と大陸反攻」を主軸としていた（張其昀主編 一九八四：二八六二）。蒋介石は、台湾を統治するために強権的な特務機関を立ち上げ、権威主義的な手法で国民を支配し、人々に対して指導者、すなわち蒋介石に服従するよう要求した。こうした体制において、政府、蒋介石、国民党に対する批判は、すべて「反乱」とみなされ、逮捕、投獄される可能性を帯びた。多くの国民が、共産党員であるとして、あるいは政府の転覆を試みているとして投獄、処刑へと追い込まれた。蒋介石政権では、すべての軍事裁判の結果を総統、すなわち蒋介石に「承認」させることも義務づけられており、またその決定を覆す権能を有した。実際、蒋介石が裁判結果を覆すことがしばしばあった。統計によると、蒋介石が覆した案件の八割においてはその刑期が加重され、二五九人が懲役刑から死刑へと改められている（轉型正義促進委員會 二〇二二：七三―七四頁）。この時期は「白色テロ」の時代と呼ばれている。

軍事、内政以外にも、外交は、蒋介石の支持基盤を正当化する重要な要素だった。一九四九年に中華人民共和国が成立したことで、二つの中国を代表する政府が存在することになった。これをうけ、多くの国が、中華民国政府が正統中国を代表するという立場を拒絶し、中華民国の正統性は大いに揺らぐことになった。蒋介石は、国際社会に対して、「漢賊並び立たず」[*18]と主張し、中華民国こそが漢であり、共産党は賊であり、中国の正統な代表は中華民国だけであると主張した。また、中華民国こそが自由な中国であり、すべての民主主義国は共産党と戦う中華民国を支持すべきだという立場から、アメリカを中心とする民主主義国の外交支援を求めた。中華人民共和国と最も激しい闘争の場となったのは、国連である。ソ連や中華人民共和国の友好国は、一九四九年以降、長期にわたって中華人民共和国が中国代表権を獲得できるよう提案を行ってきた。そこで、中華民国政府が台湾に移転してからも、蒋介石は中華民国が中国を代表して国連に参加する権利と、安全保障理事会の常任理事国としての地位を維持することに力を注いだ。しかし、一九七一年、国連総会で中華人民共和国を中国の代表とする決議が可決されたことで、中華民国は国連からの脱退を決定する。これにより中華民国は「中国を代表する権利」を失っただけでなく、安保理の常任理事国ではなくなった。それ以来、中華民国の諸外国との関係は急速に悪化していく。一九七二年には日本と、一九七九年にはアメリカとの外交関係が終了し、現在に至るまで、中華民国が外交関係を有する国は続々と減り続けている。二〇二四年一月の段階で、中華民国と外交関係を有する国家はわずか一二である。

二　蒋介石の「神格化」

蒋介石の政治的生涯を顧みると、蒋介石は来台してから戦争において勝利をおさめたわけではなく、外交的にも敗北を重ねていることが見て取れる。そうしたなかで、蒋介石と国民党はいかに台湾統治の正統性を維持しようとしたのか。そしてどのように蒋介石が偉大なる指導者であるというイメージを国民の間に広げ、国民の蒋介石への忠誠を誓わせていったのか。本節では、蒋介石の生前においては各種の誕生記念式典を通じて、そして、死後にはその記念活動を通じて神格化を進めていったことを示す。

誕生祝い

中国の伝統文化において、人は五〇歳を過ぎた後は、一〇歳を一つの区切りとして「大寿」とみなす。蒋介石が中国大陸にいた時期においては一九三六年と一九四六年がそれにあたり、それぞれ五〇歳と六〇歳の誕生日に当たる。このときには、盛大に蒋介石の誕生日を記念するイベントが執り行われた。

一九四九年から一九七四年に至るまで、台湾社会はほぼ毎年蒋介石の誕生日を盛大に祝い続けた。蒋介石の誕生日は、一〇月一〇日の国慶節を除いては、その他のあらゆる国家的な記念日よりも重要な記念日であり、人々を動員し、指導体制を強化することと、彼らに指導者への忠誠を表明させる機能を持った（黄　二〇一〇：二〇四頁）。

彼の誕生日を祝うためにさまざまな手法が取り入れられた。たとえば、国内の主要道路に国旗と蒋介石の巨大な肖像写真を掲げ、全台各地には「寿堂」と呼ばれる記念施設を設置し、誕生日には国民に記帳と最敬礼をさせた。誕生日当日には、花火が打ち上げられ、映画の上映やコーラスの上演も行われた。この他にも、人々は市街で各種のお祝いを繰り広げた。能動的であれ受動的であれ、人々は一方ではこうした儀式の影響を受け、他方では儀式に動員され、儀式に影響を与えた。この過程で、国民は蒋介石への忠誠心を示すことを求められただけでなく、これらのイベントに繰り返し参加していくことで、ひとびとの蒋介石に対する認識を内面化していった。

このほかにも蒋介石の誕生日は、政治的「吉日」となり、国家的に重要な事業の起工式や竣工式、法律の公布や政府機関の設立においては、蒋介石の誕生日が選ばれた。たとえば、澎湖跨海大橋や台湾最大のダム湖である台南曾文ダムは蒋介石の誕生日に完成し、蒋介石の誕生記念として献呈された。このほかにも、飛行機や、軍艦、機関、道路を蒋介石にちなんで命名、あるいは改称することも行われた。たとえば、陸軍理工学院は、中正理工学院（日本では「蒋介石」が一般的だが、台湾では「蒋中正」が一般的である）と改称された。また、蒋介石六〇歳の誕生日をお祝いするため、総統府前の道路を「介寿路」[*19]と改称している。こうした手法は、国の努力の結晶を偉大な指導者に捧げるという意味があり、また国民は蒋介石に貢献せよという意味も暗示している。

記録映画の製作と上映、そして記念出版品を通じて蒋介石の思想や功績を宣伝する手法も取り入れられた。国家の宣伝機関である新聞処（日本の内閣府大臣官房政府広報室に相当）は毎年「蒋総統と台湾」と称するニュース映画を作成し、蒋介石の誕生日当日に放映した。この内容の多くは、彼の指導のもとで台湾が大いに発展したことを強調している。また、蒋介石の演説や談話、著作などを集成して記念冊子を作成するのも、蒋介石の生誕を記念する手法として採用された。『蒋総統思想言論集』はこうしたものの集大成であり、三〇冊からなる（蒋総統思想言論集編輯委員會一九六六）。この他にも、『蒋総統対中国及び世界の貢献』などは、蒋介石の功績について宣伝する際に用いられた*20。

こうした蒋介石の神格化は、その地位を継承した子息の蒋経国《しょうけいこく》によってさらに強化された。たとえば、一九五六年、蒋経国は『我が父』を執筆し、蒋介石の長寿を願う文章としている。蒋経国は息子の立場から蒋との生活を語っているが、蒋への尊崇の念が全編にわたって示され、巻末には一九二一年から始まった自分が蒋から受けた指示まで収録しされている（蒋　一九五六）。一九六六年には、蒋介石八〇歳の誕生日を記念し、蒋介石総統の思想や政見を三〇冊にまとめて出版した。これが前述の『蒋総統思想言論集』である。以上のような活動は、いずれも人々の蒋介石に対する崇拝を強化する上で活用された。このような記念日を通じ、人々に蒋介石の栄光の歴史、特に中国統一や抗日戦争勝利等の功績を強調し、蒋介石が「時代の偉人」であることを認識させ、大陸反攻をかならず成功させるよう意識させることになった。同時に、蒋介石と国の運命は連動しており、蒋介石のリーダーシップによってのみ、中華民国は長期的に存続できるという意味合いも込められていた。

また、中華民国の建国に尽力した華僑を招いて、蒋介石の誕生日を祝うことも重要とされた。毎年、政府は国慶節と蒋介石の誕生日にそれらを祝福するとの名目で、華僑を中華民国へと招待した。そこでは国防訓練や建設工事、祝賀会などの見学を設定し、彼らに、国軍の強さや国の歩みを体感させ、自由な中国への自信と求心力を高め、華僑社会における中華民国に対するアイデンティティーを確立するための工夫が凝らされた。さらに、各国の政治家を招いて台湾で祝賀会を行うことも、中華民国は唯一の中国を代表する国であるというイメージ作り、あるいは両国の外交関係の安定の象徴となっていた。特に、日本の要人を台湾に招くことは、最も重要であり、重要な政治家を来台させることで、その偉大さを認識させるだけでなく、蔣介石の輝かしい過去と寛容さを国民に思い出させるうえで重要な意味を持った。

没後の記念活動

一九七五年四月五日に蔣介石が逝去すると、翌日にはすべての新聞がこれを第一面で報じ、特大のフォントでその死を全国民、全世界の人々が悼んでいるとした。たとえば、当時の台湾三大紙であった『聯合報』には「民族英雄 時代巨人 総統蔣公逝世 国民すべてが哀悼」とある(『聯合報』一九七五年四月六日)。

政府は、蔣介石死去から一カ月に渡って、カラーテレビ放送をすべて白黒に改め、軍人・公務員・教員には喪章を着用させ、各学校には半旗を掲げ、全国の遊興施設はすべて休業させる措置を取った。軍は三〇分に一回礼砲を発射し、蔣介石に対する最高の敬意を表現した。また、各地に蔣介石の霊廟を設けさせたほか、蔣介石を桃園にある慈湖に設けられた墓園へ移設するまでの時期に、遺体は病院から国父記念館に移され、人々にその遺体を参観させた。こののち、遺体はその「遥拝」施設である「慈湖賓館」のロビーへと安置された。この遺体を移設する際には、沿道に多くのひとびとが詰めかけ、その死を悼んだ。この間、新聞は蒋介石に対する国民の熱烈な賛辞を掲載し続け、同時に蒋介石の功績を回想し、その偉大さと国民的人気を強調しつづけた。一方、蒋介石の死は、政府が国民に団結を促し、共産主義との闘いと祖国の復興という蒋介石の遺志を受け継ぐよう促す重要な機会となったのである。

蒋介石の死去から四〇日後、政府は「蒋介石総統を永久に記念するための特別措置法」を制定し、蒋介石を記念するための七つの基本要領を発表した。（一）蒋介石逝去日と誕生日は祝日とし、記念行事を執り行う、（二）中正記念堂を建設する、（三）総統蒋公記念歌を制定する、（四）蒋介石総統の輝かしい功績と思想を各学校の教材とする、（五）各県・市に銅像を建設する、[*21]（六）各機関の講堂や学校や集会所には孫文と蒋介石の遺影を掲げる、（七）蒋介石総統の記念誌を発行する。

上記七点に共通する目的は、蒋介石の偉大さを国民に啓蒙し続け、この指導者を永遠に記憶させることだった。七点目の蒋介石総統記念誌の編纂は、蒋介石が死亡した際に、国中、あるいは「世界中」が感じた悲壮感を、改めて人々に思い出させる役割を担っていた。追悼文集三巻のうち、最初の二巻は、蒋介石の死を悼む国内外からの追悼文や写真で埋め尽くされた（総統蒋公哀思録編纂小組　一九七五）。

蒋介石の神格化を最も強力に推し進めたのは、その継承者である息子の蒋経国だった。蒋経国は、蔣介石の命日に政府高官とともに慈湖の蔣介石廟を慰霊し、誕生日と命日にあたってはかならず追悼文を発表した。こうした追悼文は、のちに学校で教材として利用された。

このうち、現在もなお論争となっているのが、中正記念堂の建設である。[*22] 蔣介石を追悼する中正記念堂は、一九七六年に工事が始まり、一九八〇年に完成した。中正記念堂には、さまざまな政治的シンボルが散りばめられている。たとえば、外観は青と白の二色が用いられているが、これは国章の青天白日の色である。また巨大な階段にも国章があしらわれている。これらにより、訪問者はこの建築が宮殿か霊廟であることを認識させられる。また正面階段は八九段であるが、それは八九歳で逝去した蔣介石を暗示する。ホールには、巨大な蔣介石の銅像が置かれ、壁には蔣介石のことばが記されていて、訪問者はその像を仰ぎ見ることになる。さらにはそこに憲兵が守衛として起立している。「永懷領袖文物展視室」には、蔣介石の代表的な写真や、書籍、文物（勲章や北伐における戦旗、蔣介石が手を入れている公文書など）が展示されている。このような記念館は、蔣介石をこの国を守る守護神とし、人々はいつでも彼を訪れ、彼の教えを思い出すことができるという政治的意図を明確に伝えている。

蔣介石に関する最も盛大な祝賀と記念は、死去から一二年後の一九八六年に行われた。この年は、蔣介石の生誕百周年にあたる。台湾国内では「中華民国各界の先の総統蔣介石公生誕百周年記念準備委員会」を設立し、各界が慈湖に詣でることを推進し、各地で記念大会を開催、また蔣介石の功績を讃える学術討論会や展覧会などのイベントを行った。さらには、関連書籍も出版された。また日本でも「蒋介石先生の遺徳を顕彰する会」が設立され、東京、福岡、大阪、名古屋、札幌などで記念大会が開かれた。蒋介石の誕生日には、横浜市の伊勢山皇大神宮で「蒋公頌徳碑」の除幕式が行われた。碑文には、蒋介石の「以徳報怨」の功績と、日本国民は蒋介石を永遠に忘れないことを記した（馬　一九八七）。

三　移行期正義と蒋介石評価の分岐点

蒋介石の死去に伴って、権威主義統治体制は徐々に軟化していくことになった。息子である蒋経国時代の末期（一九八七年）、三八年に及んだ戒厳令が解除された。蒋経国のあとを継いだのは、台湾出身の李登輝であったが、彼ははじめて中華民国の総統職についた台湾本島人のエリートだった。彼はその任期後半から積極的に台湾の民主化を推進した。そのなかでも、総統が国民の選挙によって選ばれるように改められたのは、台湾の民主化にとって非常に重要な契機となった。一九九四年に憲法を修正し、一九九六年にはじめての総統直接選挙で総統に選ばれ、李登輝が当選した。そして、二〇〇〇年の総統選挙では、はじめて民進党候補の陳水扁《ちんすいへん》が総統に当選、政権交代を実現した。

陳水扁の政権期（二〇〇〇—二〇〇八年）

陳水扁政権期には、権威主義統治体制の象徴が撤去され、二・二八事件や白色テロにおける蒋介石の役割や責任の追求が始まり、移行期正義の第一歩が進められることになった。二〇〇六年、総統府が管轄する国史館の館長張炎憲は、二・二八事件の責任に関する準公式の報告書において、蒋介石は事件の元凶であり、最大の責任を負うべきであるとした（張 二〇〇六：四七七）。翌年、陳水扁は総統の立場から「二・二八事件の責任は蒋介石であることは間違いない」と発言した。これにより、台湾の人々、特に地方出身者が長い間口にすることさえ恐れながらも体験してきた蒋介石のもう一つの側面、すなわち台湾の人々に対する権威主義的支配と国家的暴力の加害者であることが明るみに出た。それ以来、蒋介石は、旧国民党が描いた北伐、抗日、反共の国民的英雄として公の場で語られることはなくなった。

陳水扁政権期には、権威主義的なシンボルの改名や撤去、つまりいわゆる「脱蒋化」が積極的に進められた。しかしこれは実際には、彼が台北市長に就任した時期からすでに始められていた。総統府前の道路は「介壽路」から「凱達格蘭《ケタガラン》大道」に改称され[*23]、これが陳水扁による改名の第一号であった。彼は総統に就任した後、一連の国営事業の改名を推進した。たとえば、蒋介石の名前に基づく中正国際空港は、現在の台湾桃園国際機場に改称され、中華郵政は台湾郵政に改められた。さらに。「先総統蒋公誕辰記念日」（蒋介石誕生日）と「先総統蒋公逝世記念日」（蒋介石命日）も廃止された。慈湖にある蒋介石の墓所も閉鎖し、歩哨として配置されていた憲兵も引き上げさせた。前述のように、蒋介石が亡くなった時、政府は地方に対して銅像を立て蒋介石を記念するよう要求した。そのため、台湾全土に数多くの銅像があったが、これらも陳水扁政権期には権威主義体制の象徴として撤去の対象となった。

しかし、陳水扁政府の脱蒋介石路線を支持・賛同する人ばかりではなく、特に蒋介石とともに台湾に移住した一二〇万人の兵士・民間人、さらにはその子孫は、脱蒋介石路線に抵抗した。そのため、中正記念堂を「台湾民主記念堂」に改名することに強い反発があっただけでなく、慈湖墓苑の閉園日には、大勢の人が最後の見学に訪れ、中には涙をこらえる人もいた。野党の国民党も蒋介石の輝かしい側面を懸命に守るべく、民進党の脱蒋介石路線を強く批判した。銅像の撤去が始まると、国民党の朱立倫桃園県長は慈湖廟の隣にある慈湖記念彫刻公園に、撤去されたすべての蒋介石像を置くようにした。民進党の陳菊市長が高雄市文化センターのロビーから巨大な蒋介石像を一夜にして撤去させた際には、国民党は民進党政府による脱蒋化に対する不満を表明するために市民に街頭で抗議を呼びかけ、行進中に演説やドキュメンタリー番組の上映を行って蒋介石の偉業を思い出させようと試みた。

馬英九の政権期（二〇〇八―二〇一六年）

二〇〇八年、台湾では再び政権が交代し、国民党籍の馬英九《ばえいきゅう》が総統に就任した。馬英九は総統に就任するとすぐに、前政権で推進された脱蒋化政策の方針を転換した。具体的には、慈湖墓園を再開し、陳水扁政権において改称された台湾郵政を中華郵政に戻したほか、中正記念堂の名を復活させた。

馬英九政権はさらに、台湾人が蔣介石に対して持っていた美しい崇高な記憶を呼び覚まそうとした。特に、二〇一五年は対日抗戦勝利と台湾光復七〇周年に当たった。そのため、馬英九政権は一連の盛大な講演会や展示会、展覧会を開催した。代表的なものとして、国史館などの公的機関が主催し、各国の学者約二〇〇人が三日間にわたって参加した「戦争の歴史と記憶――抗日戦争勝利七〇周年国際シンポジウム」と、それに合わせて開かれた「蔣介石と抗戦記録史料特別展」があった。このシンポジウムは八年間の対日抗戦と勝利の降伏をテーマとして話し合われ、特別展の展示内容としては、蔣介石に関連する書類、文物、記録映画であった。このシンポジウムや展覧会の開催により、民衆に抗日の史実を改めて理解させ、同時に民衆に蔣介石の栄光に満ちた時代をよみがえらせることを期待していた。

しかし、これは蔣介石を「加害者」と見なす陣営から、激しい反応を引き起こした。二〇一五年二月末から三月初めまでの、二・二八記念日前後には、蔣介石の銅像を破壊、あるいは汚損する事件が多発し、発生件数では過去最高を記録することになった。中正記念堂の上に置かれた蔣介石の銅像も汚損された。また二〇一五年には、民進党の頼清徳台南市長はさらに「蔣介石銅像を学校現場から全面的に撤退させる」という政策方針を提起し、その強硬な姿勢の下、一日以内に台南市における小中学校の蔣介石像はすべて撤去された。

蔡英文の政権期（二〇一六年から現在）

二〇一六年に総統に当選した民進党の蔡英文は、選挙戦のなかで提起した政治的重要施策方針の中で、移行期正義の推進を掲げた。そのため、蔡英文が就任した後、移行期正義の実行を求める声はさらに高まり、蒋介石像の頭部が切断、あるいは像が汚損される事件も引き続き発生した。またその一方で、台湾と日本の友好を象徴し、日本の植民地時代を象徴する存在とみなされていた八田与一像も首を切断される事件が発生した。これは、相次ぐ蒋介石像の断頭に触発された報復と見られる。つまり、過去の歴史について解釈や理解が分かれている二つの集団の間で、激しい対立が生じ、互いに報復するほどになっているとも言えるだろう。これは台湾社会の蒋介石への評価に関する深刻な意見の相違があることを示している。

二度目の民進党政権は、より効果的に移行期正義を推進するために、二〇一七年に移行期正義を促進するための法令（促進転型正義条例）を制定し、二〇一八年にはそれに基づき専門委員会が設けられた（促進転型正義委員会）[*24]。法令第五条第一項では明確に、「権威主義統治体制の合法性を否定するため、公共空間にある権威統治者を記念、または懐古する象徴を撤去しなければならない」と定めている。これが権威主義時代の象徴を撤去する法的根拠となっている。

しかし、法的な根拠が整っていても、推進方法には課題がある。権威主義時代の最大の象徴と見なされる中正記念堂は、蔡英文政権にとって厄介な問題である。二〇二二年、文化部（日本の文部科学省、文化庁に相当）は中正記念堂での展示内容の改善に着手し、当初「偉人の追憶」をテーマとしていた蒋介石の大陸時代の功績に関する展示を減らし、戒厳令時代の蒋介石の独裁体制や、民主主義と自由を求める台湾人の苦難や紆余曲折も展示されている。しかし、台湾最大の蒋介石の銅像は、いまだに中正記念堂の巨大なホールにしっかりと鎮座しているため、多くの民進党支持者や犠牲者の遺族の期待に応えるには程遠いとも考えられる。

中正記念堂はどのように生まれ変わるべきなのだろうか。銅像は撤去されるべきなのか。民進党政権や民進党を支持するグループですら、手探り状態であり、党内で異なる意見も提起されている。たとえば、総統に関する史資料を所管する国史館や一部の民進党派の学者は、和解と団結を追求するために、中正記念堂を「総統図書館」に変身させ、中華民国が台湾に移ってからのすべての総統をそのなかで平等に扱うべきだと提唱している。そうすることで、国民の意識を統一することができるという。しかし、二二八ケア協会は、二・二八事件の責任は蒋介石にあり、台湾のあらゆる場所から銅像を撤去し、「総統図書館」の設置にも反対の意見を表明した。

おわりに

本稿では、孫文が中華民国の建国の父という一般的な認識を取らず、一九四九年から国民党政府が台湾に来て、中華民国と台湾が段々一体化する中華民国在台湾の視点に立ち、蒋介石を建国の父と位置づけた。そして、蒋介石の政治的キャリアと神格化過程について検証を行った。しかし、「中華民国」と「台湾」の間には、ある種の概念的な対立が存在する。中華民国の歴史観といえば中国統一、抗日戦争や国共内戦を連想し、台湾の歴史観といえば日本統治や二・二八事件、白色テロを連想してしまう。この二つの歴史観は、異なる民族や世代の歴史的体験から生まれたものであり、それが台湾人のナショナル・アイデンティティや両岸関係における立場の違いを生み、今日の台湾社会の最も根本的な相違点であると同時に、国民党と民進党の見解が根本的に異なり、蔣介石への評価が二極化する最も大きな原因となっている。

人口統計学的な観点からは、台湾の歴史観に賛同する人は時間の経過とともに増えているが、それは移行期正義を支持する人の数が増え続けることを意味する。しかし、政府は移行期正義を進めながら、いかに社会的な対立を減らすかを考える必要がある。非難し、権威の象徴を取り除くことだけに固執し、理解、寛容、和解の精神を欠くのであれば、独裁政権や権威主義政権とどう差別化できるのだろうか。

蔣介石との関係でもう一つ注目されるのは、権威主義時代の指導者の子孫が政治的に台頭することを台湾社会が受け入れることができるかである。二〇二二年の統一地方選挙で、蔣介石の曽孫である蔣萬安《しょうばんあん》が台北市長に選出された。蔣萬安は台湾民主化後に、初めて公選された蔣介石の子孫である。台北市長は、李登輝や陳水扁、そして馬英九といった総統就任者が総統選出前にその地位にあった重要なポストである。一部では「虐殺者の子孫」と呼ばれている人物が果たしてふたたび中華民国総統の座に着くことを許容するかどうか。台湾社会はそう遠くない未来にその結論を出すであろう。

＊注

(1)二〇〇三年以降、中華民国のパスポートの表紙には「TAIWAN」という文字が追加されている。

(2)「尊稱総理為中華民国国父案」『国民政府』、デジタル収蔵番号：001-016500-00001-001、国史館所蔵。

(3)台湾は日清戦争における清朝の敗北により日本に割譲されたため、中華民国の建国当初、台湾は中華民国の領土ではなかった。カイロ宣言により、台湾は第二次世界大戦が終結してから国民政府の統治下に入ることになった。

(4)日本では、若林正丈が二〇〇八年にこの問題について議論した。若林は、台湾の民主化の発展の観点から、戦後台湾の政治史の発展過程を分析し、中華民国台湾化という視点を提示した。

(5)国連人権高等弁務官事務所（UNHCR）のレポートによれば、移行期正義（Transitional Justice）は、「国家が専制統治から民主主義へ、国民が持続的な平和と和解へ向かうために、過去の人権侵害を処理する手段」と定義されている。そして、移行期正義の観点から人権侵害や残虐行為に対する研究を行う国際移行期正義センター（International Center for Transitional Justice、ICTJ）は、刑事訴追、真実和解委員会の設立、賠償金の支給、犠牲者の再埋葬、謝罪、政治犯の釈放、記録、映像化、科学的調査の実施、教科書の修正などが移行期正義の具体的な取り組みに含まれると指摘している。

(6)一九三一年七月二三日、蒋介石は南昌で「告全国同胞一致安内攘外」という電報を発表し、攘夷にはまず国内統一が必要である、共産党を一掃しなければ外敵に蹂躙される、国内を統一しなければ攘夷することはできないと表明した。

(7)この部分について、カイロ会議の原文は以下の通りである。「同盟国の目的は日本国より一九一四年の第一次世界戦争の開始以後に於いて日本国が奪取し又は占領したる太平洋に於ける一切の島嶼を剥奪すること並びに満洲、台湾及び澎湖島の如き日本国が清国人より盗取したる一切の地域を中華民国に返還することにある。」

(8)蔣介石の日本に対する「以徳報怨」といわれる政策は次の4つである。一．天皇制の護持。二．二〇〇余万軍民の早期祖国送還。三．ソ連の日本割譲占領の阻止。四．対日賠償要求権の放棄。

(9)『蔣介石日記』一九四六年一〇月二三－二五日。

(10)二・二八事件により台湾全土でどれくらい死傷者が出たのかについては今でも盛んに議論されている。一九九二年に中華民国行政院が発表した『「二二八事件」研究報告』によると、推定死者数は約一万八〇〇〇－二万八〇〇〇人である。近年、財団法人「二二八事件記念基金会」が発表した『二二八事件真相と転換正義の研究報告』によると、約八三二四－一万一八四一人とされている。

(11)この戒厳令は、新疆、西康、青海、台湾、チベットを除外した地域に適用された。戒厳令とは、非常時の軍事支配状態に入ったことを指し、戒厳区域内の行政と司法に関する事務権限は軍事機関に接収された。政府の憲政組織が解体され、人々の基本的な人権も厳しく制限された。

(12)一九四九年一一月二〇日、代理総統を務めていた李宗仁が健康上の理由でアメリカに渡った。その後、蔣介石は非常委員会主席として再び党・政府・軍の運営を掌握した。そのため、復職こそしなかったが、実質的に国家の指導者の地位に復帰した。

(13)この声明の正式な名称は「台湾問題に関する声明」である。トルーマン大統領はアメリカ政府代表としてこの声明を発表した。声明には、「アメリカは台湾または他の中国領土を略奪する意図はなく、台湾で特権を獲得したり、基地を建設する予定もなく、現在の局勢に武力介入するつもりもない。アメリカ政府は、台湾に駐留する中国軍に対して軍事援助や助言等を行わない」と明記した。

(14)大陳島は、わずか一四・六平方キロメートルで、台湾の真北に位置し、浙江省に近い小さな島である。

(15)台湾で八二三砲戦と称される金門砲戦では、一九五八年八月二三日から一九五九年一月七日にかけて、中華人民共和国の人民解放軍が大金門島・小金門島に対し合計四七万四九一〇発の砲撃を行なった。最も激しい攻撃は八月二三日から一〇月五日までであり、その後解放軍は隔日攻撃の方針を発表し、奇数日には砲撃を行い、偶数日には砲撃を停止した。一九七九年米中国交樹立時、中華人民共和国は「停止砲撃大・小金門等島嶼的声明」を発表し、二一年におよぶ砲撃戦はようやく停戦となった。

⒃動員戡乱時期臨時条款とは、国共内戦の勃発を受け、総動員体制を敷くため、一九四八年四月一八日に国民大会で制定され、五月一〇日に施行された憲法の一部をなす修正条項である。事実上の憲法改正を行ったことになる。一九九一年に廃止されるまで五回の修正を重ねた。

⒄蒋介石は台湾で四度総統職についた。中国大陸における初代総統の就任をも含めると、生涯で五度に渡って、約二十六年間中華民国総統に就任したことになる。

⒅「漢賊並び立たず」という言葉は、諸葛亮が作った『後出師表』から引用されたものだ。ここでの「漢」は蜀漢政権が漢朝の正統性を継承したと自称することを指し、「賊」は曹魏政権を指す。蒋介石はこの言葉を利用し、自分こそが正統中国の継承者であることと、同時に中共政権との対立関係を表現している。

⒆「介寿」とは「祝寿」の意味である。

⒇蒋総統対中国及世界之貢献叢編編纂著作委員会によって編纂された『蒋総統対中国及び世界の貢献』というシリーズには、五つの主要なテーマが含まれている。それは蒋介石の名言集、蒋介石の生活と修養、孫文と蒋介石の革命戦略、蒋介石と台湾省の復興・再建、蒋介石と中国の民生建設である。多いもので三冊、少なくとも一冊が出版されている。

(21)そのため、内政部は一九六五年八月五日に「塑建総統蒋公銅像注意事項」を公布し、これ以降の蒋介石像の製作方法を定めている。この注意事項には、像の表情、仕草、服装、高さ、及び像が設置される台座や周囲の環境などが明記されている

(22)日本でも蒋介石を記念する「中正堂」という建物がある。この建物は一九七八年に完成した。一九七三年か

ら、産経新聞は中国国民党の許可を得て、蒋介石に関連する多くの未公開史料を入手した。産経新聞はこれらの史料や蒋介石の関係者へのインタビューを通じて、一九七四年から一九七六年まで「蒋介石密録」を連載し、一五冊のシリーズにまとめた。連載終了後、当時の産経新聞社長であり、彫刻の森美術館のオーナーでもある鹿内信隆氏は、日本人として蒋介石への恩義を感じ、彫刻の森美術館に中正堂を建設、蒋介石を記念した。

(23)「介壽路改名 三機關換門牌」『聯合報』一九九六年三月一六日。「ケタガラン大道」の由来は、介壽路がケタガラン族（台湾の原住民（平埔族）の一部族）が元々生活していた場所に位置しているためである。

(24)この委員会は臨時の機関であるため、二〇二二年五月に解散された。今後の業務は行政院が各省庁を統合し、推進している。

【参考文献】


『中央日報』

『自由時報』

『聯合報』

『聯合晩報』

中華民国総統府「共識化分歧　團結守台灣　總統發表國慶演説」（二〇二一）（https://www.president.gov.tw/News/26253）二〇二三年十月十八日最終閲覧。

呂芳上主編（二〇一四a）『蒋中正先生年譜長編（一）』国史館。

呂芳上主編（二〇一四b）『蒋中正先生年譜長編（五）』国史館。

呂芳上主編（二〇一四c）『蒋中正先生年譜長編（六）』国史館。

汪浩（二〇二〇）『借殻上市』八旗文化。

林孝庭（二〇一七）『意外的国度――蔣介石、美国、與近代台湾的形塑』遠足文化。

若林正丈（二〇〇八）『台湾の政治――中華民国台湾化の戦後史』東京大学出版会。

馬紀壯（一九八七）『日本各地舉弁「先総統 蔣公遺德顯彰会」記念專輯』不明。

張其昀主編（一九六六）『先總統――公全集』中国文化大学出版部。

張炎憲（二〇〇六）『二・二八事件責任帰属研究報告』二・二八事件記念基金会
陸軍軍官学校（一九六九）『陸軍軍官学校校史（一）』不明。

黄文德（二〇一〇）「從『中央日報』觀察蔣介石壽誕慶祝活動之變遷」『蔣介石與世界國際學術研究会論文集』文化大學史研所史學系。

黄自進（二〇一二）『蔣介石與日本――一部近代中日關係史的縮影』（中央研究院近代史研究所。

葉高華（二〇一八）「外省人的人数、來源與分布」『台湾學通訊』第一〇三号。

総統蒋公哀思録編纂小組（一九七五）『総統蒋公哀思録』総統蒋公哀思録編纂小組。

劉維開（二〇〇九）『蔣中正的一九四九：從下野到復行視事』時英。

蒋経国（一九五六）『我的父親』幼獅文化。

蒋総統思想言論集編輯委員会編輯（一九六六）『蒋総統思想言論集』中央文物。

轉型正義促進委員会（二〇二二）『任務推動及調査結果報告書摘要版』不明。

第一〇章　インドネシア　スカルノ
――インドネシアが求めた政治的役割

横山豪志

はじめに

インドネシアの「建国の父」といえばスカルノ（Sukarno）である。厳密には「建国の父」と呼ばれることがある人物は他にもいるが、その中でもスカルノは別格であり、「建国の父」としての彼の功績を否定するインドネシア人はいない。スカルノは今日も尊敬され続けている存在である。

権威主義体制の正統性訴求手段としての「建国の父」に着目する本書の問題関心からすると、指導民主主義と呼ばれるスカルノの権威主義体制に焦点を当てるべきかもしれない。本章では一九五九年から始まる指導民主主義期のみならず、その前後の時代にも同様に目を配りながら、スカルノの「建国の父」としての政治的影響力について検討したい。

スカルノ

指導民主主義期以外にも着目するのは、いくつか理由がある。スカルノの指導民主主義は一九四五年のインドネシア独立宣言から一五年近く経ってから始まったものである。なぜ、これだけの期間を経てから開始されたのであろうか。いっぽうスカルノ退陣後のインドネシアは、スハルト（Suharto）大統領の権威主義体制の新秩序期を経て、民主化が生じた。こうした体制変動の中で、「建国の父」としてのスカルノはどのように位置づけられ、その政治的役割が求められてきたのであろうか。

また、本書の他の章が扱う人物と比べても、スカルノには党や軍といった強固な権力基盤は存在しなかった。こうした点も踏まえ、スカルノの足跡のみならず、周囲がスカルノにどのような政治的役割を求め、あるいは逆に疎んじてきたのかに着目しながら、「建国の父」としてのスカルノの政治的影響力について検討していきたい。

一　建国の父への道

ナショナリストとしての登場

スカルノはいかにしてインドネシア・ナショナリズムの中心人物となったのだろうか。

スカルノは一九〇一年、オランダ植民地支配下にあったジャワの下級貴族の家庭に生まれた。スラバヤの高等学校に進学すると、当時の有力団体、イスラーム同盟の指導者チョクロアミノト（Omar Said Tjokroaminoto）の家に寄宿した。そこには様々な政治活動家が訪れたこともあり、スカルノは政治に目覚めると同時に演説や大衆動員の手法も身につけることになった。

その後バンドゥン工科大学に進学したスカルノが、本格的にナショナリストとしての活動を始めたのは一九二五年末であった。一九二七年には彼の政治的基盤となるインドネシア国民党（以下、国民党）を結成し、同じ年には国民党を含む諸団体が参加するインドネシア国民政治団体協議会を結成した。スカルノは巧みなレトリックや弁舌の才を生かして知名度を高めていき、オランダに逮捕された後の一九三〇年に行った法廷演説「インドネシアは告発する」で一躍有名になった。

スカルノの政治思想の特徴は、あらゆる勢力や思想を包摂する形でインドネシア・ナショナリズムの統合を図ったことである。二つ例を挙げよう。第一に、一九二六年に発表した「ナショナリズム、イスラーム、マルクス主義」という論文である。これら三つの思想を統合するようなスカルノの考えが、前述のインドネシア国民政治団体協議会の結成につながった。第二の例は、一九三二年のインドネシア党議長就任である。これはスカルノたち指導者が逮捕された後分裂した国民党を、スカルノが釈放後に再統合を試みて行われたものである。この動きを、後に副大統領になるハッタ（Mohammad Hatta）は、路線や方法論の異なる団体の野合にすぎないと批判したが、スカルノは小さな理念対立より、ナショナリズム運動を一つに統合することを優先した（土屋　一九九四：一〇九―一六九頁）。

ただしその後オランダの弾圧が激しくなり、一九三〇年代半ば以降インドネシア・ナショナリズムは停滞することになった。スカルノ自身も一九三三年に再逮捕され、フローレス島のエンデそしてスマトラ島のブンクルへ流刑になり、ほとんど活動らしい活動ができなくなった。

いずれにせよスカルノは、オランダ植民地期の一九二〇年代以降、インドネシア・ナショナリズムの中心人物の一人となった。ただしスカルノ以外にも、前述のハッタ、後に初代首相になるシャフリル（Stan Sjahrir）、そしてインドネシア共和国という構想を最初に打ち出したナショナリストでありながら、インドネシア共産党の指導者でもあったタン・マラカ（Tan Malaka）といった、傑出したナショナリストが何人かいたことは留意しておくべきである。

日本軍政下のスカルノ

スカルノがスマトラに幽閉されていた一九四二年、日本軍がオランダ領東インドに侵攻し短期間で占領、ここから一九四五年までの日本占領期が始まった。

日本軍は占領統治を円滑に進めるため、永らくオランダと敵対していたナショナリストを利用することにした。スカルノは日本軍の要請を受けて一九四二年七月にジャカルタに戻り、以降日本の占領統治に協力することになった。当時ジャワ島にいたハッタたち他のナショナリストも既に日本軍に協力していたが、そこに彼も加わったのである。

スカルノは一九四三年に創設された動員組織プートラ（Putera：民衆総力結集運動）の指導者に名を連ね、後に作られたジャワ奉公会では中央本部長として中心的役割を担った。彼が日本軍に積極的に協力したのは、単に強制に屈したのではなく、理由があった。当時、オランダは日本とインドネシアにとって、共通の敵であった。スカルノは日本の軍事力を利用してオランダを追放しインドネシアの独立を目指そうと考えた。加えて、スカルノは日本のプロパガンダに便乗する形でインドネシア・ナショナリズムの大衆化を図った。ナショナリズムを一部のエリート層のみの運動ではなく、大衆化することはオランダ植民地時代からの課題であった。

日本の動員組織やプロパガンダ活動を利用して、スカルノは大衆の前に立ち「インドネシアの独立のために」日本に協力するよう演説した。のみならず彼の演説とその声は、ラジオ放送を通じてインドネシア中に広まった。さらにスカルノは地方視察の名目で、各地の指導者と面会する機会も得た。[*1]

その後、一九四四年にインドネシアの「将来的な」独立を容認する小磯声明が出され、翌四五年には独立準備調査会が設立された。六月一日の第一回会合でスカルノは、独立後のインドネシアの国是になるパンチャシラ（Pancasila：建国五原則）を提唱した。独立準備調査会では憲法草案も審議され、これが独立後の一九四五年憲法に繋がることになる。

日本の戦況がさらに悪化した一九四五年七月、日本はインドネシアの独立を認め、独立準備調査委員会は独立準備委員会に改組されることになった。委員長はスカルノ、副委員長はハッタが就き、八月一八日に第一回会合が開催される予定であった。しかし日本が敗戦したため会合は開かれなかった。

いずれにせよスカルノは日本軍政期にできた諸組織の中心人物になると同時に、圧倒的知名度を誇ることになった。

二　「建国の父」そして大統領としてのスカルノ

「建国の父」になる

日本の敗戦をうけた一九四五年八月一七日、スカルノとハッタがインドネシア共和国の独立を宣言した。こうしてスカルノはハッタと共に「建国の父」となったが、その経緯を確認しよう。

八月一四日に、日本が降伏するかも知れないという噂が流れてきた。日本軍と距離を置いていたシャフリルはこれを聞き、ハッタに対して独立準備委員会の枠外で独立宣言をするよう促した。連合国に日本の傀儡扱いされないためである。これに対してハッタは、委員会の枠内だろうとなかろうと彼自身とスカルノが独立宣言をすれば、連合国には対日協力者と見なされるだろうと答えた。ハッタもスカルノに準じた形で日本軍に協力していたからである。彼もスカルノも、この時点でジャワを実際に統制している日本との衝突を避けるべく、独立宣言の方法とタイミングを探っていた。

こうした慎重姿勢に対し青年層が、スカルノとハッタを拉致し速やかな独立宣言を迫る事件が起こった。一九四五年八月一六日のレンガスデンクロック事件である。青年層は彼ら自身による独立宣言は無意味であることを理解していた。重要なのは、この時点でシャフリルや青年層のみならず、ナショナリストの間では、政治的に意味のある独立宣言ができる指導者はスカルノとハッタだけである、というコンセンサスができていたことである（Anderson 1972:73）。

その後、解放されたスカルノとハッタはジャカルタに戻り、海軍少将前田精の館で独立宣言の文言を起草した。日本軍としてはポツダム宣言の都合上、降伏後の現状変更は認められなかったが、日本軍の関与しない形で独立宣言をしても弾圧はしないという姿勢を取ったのである。その結果が、八月一七日の独立宣言であった。いずれにせよスカルノとハッタは、なるべくして「建国の父」になったのである。

独立宣言後の政治体制

では独立宣言後のインドネシアにおいてスカルノはどのような政治的役割を担ったのであろうか。ここでは独立宣言以降、オランダから正式に主権を移譲され国際法上も独立が認められることになった一九四九年末までの、いわゆる独立革命期についてみていこう。

まずこの時期に作られた政治体制を確認する。独立宣言翌日の八月一八日に、独立準備委員会が暫定憲法を採択した。この憲法はその後、一九四五年憲法と呼ばれることになる。同日、スカルノとハッタが初代の正副大統領に選出された。独立準備委員会自身は、インドネシア中央国民委員会に改組され、国会の役割を果たすことになった。九月二日にはスカルノが大統領の地位のまま組閣を担当し、最初の内閣が作られた。大統領による組閣はスカルノが望んでいたものであった。

ところがスカルノ内閣は短期間で崩壊することになる。一〇月にシャフリルが中央国民委員会の中に作業部会を設置したためである。作業部会は内閣に相当する機関となり、一一月にはシャフリルが初代首相に就任し第一次シャフリル内閣が成立した。

シャフリルの「静かなクーデタ」とも呼ばれる一連の出来事が生じたのは、スカルノ自身も含めスカルノ内閣の閣僚に対する対日協力者批判がインドネシア国内外で生じたことが背景にある。とりわけオランダは、スカルノは対日協力者でありその政府は日本軍国主義の傀儡であるとして、独立宣言そのものを認めない立場をとり、実際に軍事侵攻によってインドネシア各地を再占領し始めていた。対して共和国政府は、スカルノも含めオランダとの外交交渉なくして独立は不可能であると考えていた。オランダとの軍事力の差が歴然としており、武力闘争だけでは独立できないとの判断からであった。[*2] このためスカルノではなく、オランダ留学経験があり、日本占領期に暗殺されかけたシャフリルや、日本占領期にスカルノほど目立たなかったハッタが共和国政府を主導して、オランダとの交渉を担うことになった。

いっぽう中央国民委員会は、日本占領期からの委員に各種団体の代表が加わる形で構成されていたが、その中で政党が結成されていった。植民地時代の旧国民党などの流れを汲む国民党、旧インドネシア党左派などからなる社会党、日本占領期に対日協力ために作られたマシュミ(Masjumi: インドネシア・イスラーム最高評議会)が政党化したマシュミなどである。こうして第一次シャフリル内閣以降、これらの政党が連立して内閣を組む議会制民主主義が成立した。

さてスカルノである。スカルノは再建された国民党には加わらなかった。彼の構想とは異なったからである。独立当初スカルノが構想したのは、ジャワ奉公会さらにその原型になった大政翼賛会をモデルとした、全ての勢力が参加する単一政党としての国民党であった。これはあらゆる勢力を統合するというスカルノのインドネシア・ナショナリズム観にも叶っていた。しかし、このスカルノの構想は受け入れられず多党制になったため、スカルノは国民党には加わらず、あらゆる勢力の上に立つ超然とした大統領であることを選択したのである。大統領として首相を最終的に任命するのは彼だったが、日常的な政治運営には直接関わることはなくなった。

危機に際してのスカルノ

スカルノは日々の政治に携わるより、大統領として理念を語りまた国家全体の統合役を担うほうが向いていた。そして彼の政治的役割と価値が発揮されたのは、インドネシア共和国が危機にさらされた時であった。二つ例を挙げよう。

第一に、一九四八年九月に起こったマディウン事件である。この時期オランダがインドネシア各地を占領し、インドネシア共和国領はジャワ島とスマトラ島の一部のみに封じ込められていた。

その共和国領のマディウンで、オランダとの交渉などの政策に反対する共産党やそれに加担する軍が武装蜂起を起こした。共和国の存続を揺るがしかねない事件であったが、スカルノがラジオで「スカルノと共に生きるか、ムソ（Munawar Musso: 共産党の指導者）と共に死ぬか」と演説した。その結果、多くの勢力がスカルノ側につき、蜂起は鎮圧されることになった。スカルノはインドネシア共和国を象徴する存在とみなされたのである。

第二の例は、オランダによる第二次軍事攻撃以降の状況である。一九四八年一二月にオランダ軍が当時の首都ジョグジャカルタに侵攻し、スカルノ、ハッタを逮捕、バンカ島に幽閉した。オランダは占領した各地に傀儡国家を作り、スカルノたちを排除した形でのインドネシア連邦国の樹立を目指したのである。オランダが連邦制を目指したのは分割統治の名残で、独立後のインドネシアにも影響力を及ぼすためであった。ところが残された勢力は、それまでオランダに協力的だと思われていた人たちも含め、スカルノ、ハッタの解放を最優先し、オランダとのあらゆる交渉を一切拒否した。国際社会もオランダを批判し、アメリカのみならず国連、新興アジア諸国もスカルノ、ハッタを解放するようオランダに圧力をかけることになった。

つまりこの時スカルノ、ハッタはインドネシア共和国そのものを体現する存在と見なされたのである。オランダの思惑とは裏腹に、国内外ともにスカルノ、ハッタ抜きでのインドネシアの独立はあり得ないとの認識が確固たるものになった。

その後の経緯を簡単に確認しておく。オランダがスカルノ、ハッタの解放を約束して外交交渉が再開された。一九四九年七月にはスカルノ、ハッタが首都ジョグジャカルタに戻り、ハーグ円卓会議を経て、一九四九年一二月二九日、インドネシア連邦共和国に対してオランダから主権移譲が行われた。こうしてインドネシアは名実ともに独立国となり、スカルノ、ハッタは連邦共和国の正副大統領に就任した。インドネシア連邦共和国はオランダの意向を反映して、インドネシア共和国を含む一五の構成国から成ったが、まもなく共和国以外の連邦構成国は崩壊し共和国に吸収合併されることになった。結局、独立宣言から五年後の一九五〇年八月一七日、単一国家インドネシア共和国が誕生し、スカルノとハッタはインドネシア共和国の正副大統領に復帰した。

議会制民主主義の混乱

単一国家インドネシア共和国は一九五〇年暫定憲法に基づき運営されていくことになった。この憲法は、前年に制定された連邦共和国憲法を急ぎ一部修正したものであった。連邦共和国憲法はオランダの意向もあり議院内閣制を採用しており、暫定憲法もそれを引き継いだ。

同憲法で大統領は国家元首とされたが、その選出方法については法律で定めるとしか規定されていなかった。憲法が定める大統領の主な権限は、一、法令の交付、二、組閣調整者の任命、三、国会の解散、四、非常事態宣言、宣戦布告であった。組閣調整者とはオランダなど多党制の国にいる政党連立の調整と大臣選定を担う者である。また国会の解散は、国会の権限が強すぎると考えられたため、暫定憲法で新たに大統領に与えられた権限であった。法令の交付等は形式的なものであり、要するに大統領に実質的な権限はあまりなかった。

独立革命期同様、スカルノは日常的な政治運営には直接関わらなかったが、スカルノの権威を頼りに彼の政治介入を求める動きは、早い時期から存在した。その例が一九五二年に起こった一〇月一七日事件である。これは軍が大統領官邸に大砲を向け、暫定議会の解散と選挙の早期実施を大統領に要求した事件である。当時、軍は増えすぎた人員の統合削減を目指していたが、削減対象になる地方師団の要望を受けた暫定議会の一部議員が、軍の合理化を妨害していた。そこで参謀本部配下の軍が暫定議会の解散を大統領に求めたのである。二点補足が必要だろう。第一に、当時の国会は連邦共和国時代の議員が、共和国になった後も暫定的に議員を務めて続けていた。選挙も経ず、またオランダの傀儡国家であった構成国を代表した議員も数多くおり、正統性に欠けていた。第二に、たしかに大統領には国会解散権が与えられたが、同時に暫定憲法には解散後三〇日以内総選挙の実施が規定されていた。従って選挙準備が整っていない段階での解散は実質的に無理であった。

結局、スカルノは軍の不満に理解を示し早期の選挙を約束したが、自身は独裁者になりたくないと彼らの要求を拒んだ。その後の顛末は略すが、この事件はスカルノに新しい影響力行使の可能性を与えた。

さて議会制民主主義あるいは自由民主主義期と呼ばれるこの時代の政治は、国民党、マシュミ、社会党などが離合集散を繰り返したため短命内閣が続き、安定しなかった。このため総選挙を実施すれば民意を反映した安定した政治が行われるとの期待が次第に高まっていった。

一九五五年にようやく総選挙が実施され、名実ともに議会制民主主義になった。しかし新たな国会は、国民党、マシュミ、NU（マシュミから分離したジャワを基盤にするイスラーム政党）、共産党が二二％から一六％ほどの議席数で拮抗することになり、当初期待された政治的安定はもたらされなかった。むしろ選挙運動を通じて、イスラーム対世俗主義といった政治対立が社会対立に発展することになった。

スカルノもこうした状況に不満であった。そもそもスカルノは議会制民主主義自体に否定的見解を持っていた。一九五六年三月の国会開会時には、五〇％プラス一で決まる西洋流の多数決の慣習はインドネシア社会には相応しくなく、新しい国会はゴトンロヨン（gotong royong: 相互扶助）の原則で行われるべきであると表明した。さらにインドネシアは指導民主主義すなわちリーダーシップを伴う民主主義に置き換わるべきであるとも主張した。この時点でどの程度、指導民主主義の内容を具体的に考えていたかは不明であるが、西洋流の多数決制への批判的な見解は以前から持っており、連邦共和国の大統領であった一九五〇年にも既に言及していた。

スカルノはその後も多党制は失敗であったとか、政党の廃止を強く推奨するといった発言を繰り返した。一九五六年一〇月には「私は民主主義者である。ただし自由民主主義は望んでいない。そうではなく私は指導民主主義を望む。」という発言をした（Legge 2003:318）。こうした議会制民主主義に否定的な姿勢を強めるスカルノに批判的なハッタは、同年一二月副大統領を辞任した。

ただし指導民主主義はまだスカルノの構想にとどまっていた。

指導民主主義へ

ところが一九五六年末から翌年にかけて地方反乱が発生し不安定な政治に拍車がかかった。背景には、一〇月一七日事件後失脚していた陸軍将校が復活し、陸軍の合理化、集権化に着手したことがある。これに地方の将校が反発し、反中央、反ジャワ感情も相まって、地方師団がスマトラやスラウェシで「評議会」を結成し、地方政府を接収したのである。

一九五八年二月には、スマトラでインドネシア共和国革命政府の樹立が宣言された。これにマシュミや社会党の一部政治家も参加し、さらには共産党に接近するスカルノを警戒したCIAも革命政府を支援した。こうした危機的状況に際し、ハッタも含めそれまでスカルノに批判的だった勢力が、インドネシアの分裂を恐れスカルノの中央政府の支持に回った。[*3] 結局、政治的危機が発生したことによりスカルノの政治的価値と求心力が高まることになった。スカルノはインドネシア共和国を体現する存在であり、スカルノ抜きのインドネシアはあり得ないとの認識が以前よりも増して強固になったのである。

こうした状況が、指導民主主義をもたらすことになった。その後の経緯を簡単に確認しておく。革命政府樹立宣言を受け、一九五八年三月に戒厳令が敷かれた。翌月にはスカルノが自らを組閣調整者に任命しジュアンダ（Djuanda Kartawidjaja）内閣ができた。実質的にスカルノが組閣したものである。さらに一九五九年七月五日、スカルノ大統領布告により制憲議会解散と一九四五年憲法復帰を宣言した。こうして指導民主主義の時代が始まった。

その後スカルノは一九六〇年には国会を解散し暫定国民協議会を設置した。国民協議会は一九四五年憲法では国権の最高機関とされたが、同憲法には議員の任命規定がなかったため、スカルノはこれを利用し、暫定国民協議会の構成員である国会議員と職能代表などを自ら任命した。一九六三年になると、この暫定国民協議会によってスカルノは終身大統領に任命された。

指導民主主義とは、民主主義と革命の指導者スカルノが、人民の名のもとあらゆる政策を決定する体制であり、スカルノ個人に基づく政治であった。では指導民主主義でスカルノは何を目指したのか。スカルノはインドネシア・ナショナリズムの指導者、「建国の父」としての自身の価値を最大限に活用しようとした。彼は党派や地域による対立ではなく、インドネシアとして大同団結すべきであると考え、独立革命期の革命精神に基づく政治を掲げた。巧みな弁舌で理念を語り、NASAKOM（ナショナリズム、宗教＝イスラーム、共産主義をあわせた略称）といった政治スローガンを掲げインドネシアの団結を訴えた。

内部対立を解消する簡単な方法は、外敵を作ることである。独立革命期は共通の敵オランダがいたからこそ大同団結できた。革命時代の精神に戻るためには外敵を作ればよかった。少し時期は遡るが、一九五七年のオランダ資産接収、翌年からの西イリアン解放闘争の本格化などはナショナリズムを鼓舞するのに役立った。もっとも西イリアン問題は国連の介入もあり、指導民主主義期に入った一九六三年にはほぼ解決した。スカルノは同年に新植民地主義を理由にマレーシア対決を主張し、一九六五年には国連を脱退するなどしたが、もはや外敵を作ることが主目的になったかのようであった。

ただしこうしたスカルノの姿勢だけでは、なぜ指導民主主義が可能だったのかは理解できない。国民党は基本的にスカルノを支持していたものの総選挙時でも二割程度の勢力に過ぎなかった。政治危機に際して、スカルノの支持勢力が増えたことは先に指摘した。しかし彼らは指導民主主義を積極的に擁護したわけではない。実は、五〇年代後半以降のスカルノの権力基盤になったのは、軍と共産党である。

軍は、合理化、集権化を遂げ、接収したオランダ資産を財源に加え、地方反乱の鎮圧や西イリアン解放闘争で活躍した。ただし軍が各地で展開し勢力を拡大するためにはスカルノの支持が必要であった。このため軍は積極的にスカルノを支持し、逆にその支持を得ようとした。いっぽう共産党は、軍の弾圧からの保護を求めてスカルノに接近した。スカルノも軍を牽制するため共産党を利用した。共産党は、傘下組織の大衆動員を行うなどしてスカルノの支持基盤になるいっぽう、スカルノの保護の下、勢力を拡大した。

こうして武力を備えた軍と、大衆動員力を持った共産党が競ってスカルノを支えた。スカルノの権力はこのバランスの上に成り立っていたが、軍と共産党が衝突する形で、指導民主主義は終焉を迎えることになった。

三　スカルノの封じ込め

九月三〇日事件から失脚、死去

一九六五年に起こった九月三〇日事件とは、軍の一部によるクーデタ未遂を共産党によるクーデタとみなし、スハルト（Suharto）が軍の実権を掌握し、クーデタの鎮圧と治安回復を名目に共産党とその関係者を武力弾圧するきっかけになった事件である。これ以降、数十万の人が粛清され共産党は壊滅することになる。

スカルノは事件後も共産党をかばい続けたが、反共を掲げる学生などは批判の矛先をスカルノにも向け、反スカルノのデモが繰り返されることになった。いっぽうスハルトは、治安維持を名目に一九六六年三月一一日にスカルノから大統領権限を委譲された。一九六七年三月七日には軍が中心になって招集した暫定国民協議会で、共産党をかばい九月三〇日事件に対して適切に対処しなかったことを理由に、スカルノは大統領権限を剥奪された。同時にスハルトが大統領代行となり、一九六八年にはスハルトが正式に第二代大統領に就任した。スハルトは共産党を弾圧するだけではなく、時間をかけてスカルノから権力を奪った。

晩年のスカルノは全ての権力を剥奪され、病を患ったものの十分な治療を受けられないままヤソオ宮殿に封じ込められ外部との接触を絶たれた。スカルノは一九七〇年六月二一日に死去した。「建国の父」であり初代大統領であったスカルノの晩年の不遇は、彼に対する同情を生むことになる。

スハルトとスカルノ

その後スハルトが構築した権威主義体制はスカルノの指導民主主義とは相当異なるものの、スハルトは暴力を背景に政権を獲得したこともあり、正統性の獲得に腐心することになる。それはスカルノに対する両義的な姿勢に顕著に見られた。スハルトは自らをスカルノの正統な後継者と位置づけようとする一方で、スカルノの政治的影響力を弱める脱スカルノ化を試みることになる。

スハルトが時間をかけ、形式的な手続きを踏まえ第二代大統領に就任したことは既に述べたが、スハルトはその後も引き続き一九四五年憲法の枠組みを維持した。特に大統領の意向を踏まえた国民協議会が大統領を任命するという形式は好都合であった。加えてスハルトは、反共産主義の意味も込めてパンチャシラを自らの体制イデオロギーとして継承した。六〇年代以降、共産主義の脅威からパンチャシラのインドネシアを守った正統な後継者であるとアピールしたのである。さらにスハルトは、独立革命期における軍と自身のインドネシア独立への貢献を強調する歴史観を構築することで、自らもインドネシア・ナショナリズムの正統な担い手であることを主張した。一九七五年に出版され、その後何度も改訂された『インドネシア国史』はその典型である[*4]（Marwati

Djoened Poesponegoro & Nugroho Notosusanto 1984、McGregor 2007、横山 二〇一七)。

脱スカルノ化

スカルノが大統領を解任された後も、スカルノの政治的影響力を排除することが、スハルト政権の安定に不可欠であった。こうした「脱スカルノ化」は様々な形で行われた。

スハルトは自らの時代を新秩序と称し、前の時代を旧秩序と呼んで対比し、克服すべき対象と見なした。スカルノを直接批判することはなかったものの、共産党の影響力が強かった指導民主主義を否定した。

また軍とスハルトの独立への貢献を強調することは、インドネシアの独立におけるスカルノの役割を相対化することにもつながった。インドネシア・ナショナリズムにおけるスカルノの貢献を、独立宣言をしたという事実つまり「建国の父」に封じ込めようとしたともいえよう。

脱スカルノ化の典型例が、パンチャシラとスカルノの関係である。従来パンチャシラは一九四五年六月一日にスカルノが提唱したものとされており、六月一日は「パンシャシラ誕生の日」として祝われていたが一九六七年に中止され、代わってスハルトが九月三〇日事件の鎮圧にあたった十月一日が「聖パンチャシラの日」として祝われることになった。(McGregor 2007:84、A.B.Kusuma & R.E.Elson 2011: 202-203)。パンチャシラとスカルノの関連性を弱めると同時に、スハルトが共産主義からインドネシアとパンチャシラを守ったことを印象付けようとする試みであった。さらにパンチャシラ制定過程を再検討するという名目で、スカルノはパンチャシラ提唱者の一人という位置づけになった。

その後、スハルトの権威主義体制が制度的に完成する一九八五年前後からスカルノの再評価とも呼べる動きが出てくることになる。理由は不明だが、既にスカルノの政治的影響力と脅威がなくなったと判断されたのであろうか。例を二つ挙げる。第一に、一九八五年に完成したジャカルタの新国際空港がスカルノ・ハッタ空港と命名されたことである。第二に、翌一九八六年にスカルノとハッタが「独立宣言英雄」として国家英雄に認定されたことである（山口、金子、津田 二〇一七）。ここで留意すべきは、スカルノ単独ではなく、共に独立宣言を行い初代副大統領になったハッタとセットであること、そして特に後者については顕彰の対象が独立宣言すなわち「建国の父」としての役割に限定されたことである。

なおスカルノに関して、独立後の政治的役割とりわけ指導民主主義期のスカルノへの言及や評価が欠落するというのは、今日に至るまで続く傾向である。

四　民主化運動とその後

メガワティへの期待と反スハルトの象徴

一九八七年スカルノの娘、メガワティ（Megawati Sukarnoputri）が国会議員に初当選した。彼女は、かつての国民党の後継である民主党から立候補したが、当時の候補は事前にスクリーニングが行われており、スハルト政権の承認なくして立候補は不可能であった。選挙運動に際しては支持者がスカルノの肖像を掲げるなどしたが、もはやスカルノは脅威ではないと考えられたのであろう。予想に反してメガワティの政治的人気は高く、一九九三年には民主党の党首に選出された。ところが一九九六年に、翌年の総選挙を控えメガワティ人気を危惧した軍が別の党首を立て彼女を追放した。これにメガワティ支持者が反発して起こったのが七月二七日騒乱である。民主党は翌年の選挙で大敗するが、これ以降メガワティは反スハルトの象徴的人物になった。スカルノ時代を知らない若い世代のスハルトへの不満や反発が、それへの対抗としてのスカルノ人気そしてメガワティ人気に繋がった。「建国の父」スカルノはスハルトに対比しうる存在として、政治的影響力を再び持ち始めたのである。

一九九七年のアジア経済危機に端を発した民主化運動ひいてはスハルト退陣運動においてメガワティはその中心人物すなわち民主化の象徴的存在になった。一九九八年のスハルト退陣をうけて九九年に実施された総選挙では、メガワティが党首を務める新党、闘争民主党が三三％の票を獲得し第一党になった。これは国民党の時代から今日に至るまでスカルノ支持政党が獲得した最高得票率である。その後、国会内での政党の駆け引きによりメガワティは副大統領になったが大統領が辞任したため、二〇〇一年メガワティが大統領に就任した。

こうした政治事情を反映して、スカルノが再評価され二〇〇〇年前後を中心にスカルノ関連の書籍が多数出版された。その多くはスカルノの思想や独立達成までの功績に関するものであり、一部は九月三〇日事件から晩年にかけてスカルノがいかにスハルトから冷遇されたかを告発するものであった。指導民主主義など負の業績に触れるものはほとんどなく、言及されるとしても共産党が原因で混乱した時代であったという新秩序期の歴史観を受け継ぐものであった。スカルノの「建国の父」としての役割に焦点があてられるという意味では、スハルト期とほぼ同じである。

ただしメガワティ大統領が誕生して以降、期待した成果が挙げられなかったメガワティへの失望もあり、一部の支持者を除きスカルノの人気と政治的影響力も低下していった。結局、闘争民主党は二〇〇四年の総選挙で第一党の座を失い、同年実施された初の大統領直接選挙でもメガワティは敗北した。メガワティは二〇〇九年の大統領選挙でも敗北し、闘争民主党内を除きスカルノの実際の政治的影響力は、ほぼなくなった。

とはいえ民主化以降、政権を問わずスカルノの名誉回復は進んだ。指導民主主義期に作られ新秩序期に名称変更されていた競技場がグロラ・ブン・カルノ競技場と元の名称に戻されたのはワヒド（Abdurrahman Wahid）大統領の時代であった。スカルノを解任した一九六七年の暫定国民協議会決定を無効にしたのはメガワティ大統領期であり、スカルノとハッタの貢献が認められ改めて国家英雄に認定されたのはユドヨノ（Susilo Bambang Yudhoyono）大統領の時代の二〇一二年であった。さらにジョコ(Joko Widodo)大統領期の二〇一六年には、六月一日が改めて「パンチャシラ誕生の日」と認定された。スカルノに敬意を払うことは、政治的に決してマイナスではないのである。

今日のスカルノ

いっぽうで近年、スカルノを政治利用しようとする動きも出てきた。きっかけはメガワティの娘、つまりスカルノの孫娘プアン（Puan Maharani）が、二〇〇九年に国会議員に当選したことである。その後大臣を経て二〇一九年に国会議長に就任した。彼女は二〇一四年と異なり（Purdey, Jemma & Marcus Mietzner 2016）、二〇二四年の大統領選挙への出馬も取りざたされていた。

そんな中、二〇二一年に国防省の関連施設にスカルノの銅像が建てられた。同じく大統領選挙への立候補を検討していた国防大臣プラボウォ（Prabowo Subianto）がプアンに接近し、彼女を自身の副大統領候補にしたいのではないかと噂された。結局プアンの人気が芳しくないこともあり、この構想はうまくいかなかったが、スカルノを選挙に利用しようとする発想が闘争民主党以外の政治家にもあることを示すものといえよう。

ただし将来的にプアンが大統領選挙に立候補するかどうかはともかく、彼女を巡る動きは、もはやスカルノが「建国の父」だからというよりも彼女が有力な政治一族出身だからという理由と考えたほうが適切かもしれない。なぜなら二〇二四年の大統領選挙に向けては、メガワティ以外の他の大統領の子息や親族も候補として名前が挙がっていたからである。各種世論調査では闘争民主党内でも、ジョコ大統領の長男ギブラン（Gibran Rakabuming Raka）のほうがプアンより人気が高かった。結局ギブランは、闘争民主党ではなく対抗馬のプラボウォの副大統領候補になったが、いずれにせよプアンだけが特別な存在とはいえない。

本章がこれまで検討してきたように、「建国の父」としてのスカルノに対して、それぞれの時代に周囲が様々な形で政治的役割を求め、それがスカルノの政治的影響力の源泉になり、また権威主義体制としての指導民主主義を可能にしてきたといえよう。その後、スハルトによって都合よく政治的影響力を削がれたにも関わらず、民主化運動と共に再評価されることになった。いっぽうでスカルノの一族が未だ有力政治家として存在しているとはいえ、「建国の父」としてのスカルノの政治的影響力は、かなり限定的なものになってきた。社会的に尊敬されている「建国の父」としてのスカルノの名声が時の政治に左右されないという意味では、むしろインドネシアにとっては好ましい状況なのかもしれない。

＊注

(1)当時、日本の軍事占領はジャワ、スマトラ、それ以外の地域に三分割されていた。スカルノの活動はジャワが中心であったが、日本のプロパガンダ活動の一環としてスマトラなどジャワ以外の地域も訪問した。

(2)タン・マラカはオランダとの交渉や妥協を否定し、徹底抗戦を主張していた。彼はインドネシア共和国政府にも、四五年以降再建された共産党にも加わらず、急進勢力を結集し闘争同盟を組織した。闘争同盟は四六年にシャフリルを誘拐し交渉を断念するよう求めたが、逆に鎮圧された。タン・マラカはその後もムルバ党を結成するなど独自の活動を続けたが、四九年に殺害された。

(3)革命政府を樹立する勢力は、それ以前からハッタ内閣の成立を要求していた。ハッタであれば彼らの立場も理解してもらえると考えたためである。しかし革命政府を名乗った時点で、ハッタは逆にスカルノの側につくことになった。

(4)インドネシアの独立に対する軍の貢献を強調する動きは一九五〇年代からあり、軍の政治介入の名目として軍こそが独立の立役者でありナショナリストであるという言説が作られていった。

【参考資料】

後藤乾一・山﨑功(二〇〇一)『スカルノ――インドネシア「建国の父」と日本』吉川弘文館。

川村晃一(二〇二二)「インドネシア――独立運動の競争性と脆弱な民主制の誕生」粕谷裕子編『アジアの脱植民地化と体制変動――民主制と独裁の歴史的起源』白水社。

白石隆(一九九七)『スカルノとスハルト――偉大なるインドネシアをめざして』岩波書店。

土屋健治(一九九四)『インドネシア思想の系譜』勁草書房。

松井和久、川村晃一編(二〇〇五)『インドネシア総選挙と新政権の始動――メガワティからユドヨノへ』明石書店。

山口裕子・金子正徳・津田浩司編(二〇一七)「英雄大国インドネシア」山口裕子・金子正徳・津田浩司編『「国家英雄」が映すインドネシア』木犀社。

横山豪志(二〇一七)「「創られた英雄」とそのゆくえ――スハルトと一九四九年三月一日の総攻撃」山口裕子・金子正徳・津田浩司編『「国家英雄」が映すインドネシア』木犀社。

A.B. Kusuma & R.E. Elson（2011）, "A note on the sources for the 1945 constitutional debates in Indonesia", *Bijdragen tot de Taal-, Land- en Volkenkunde,* Vol.167, No.2-3.

Anderson, Benedict R.O'G.（1972）, *Java in a Time of Revolution: Occupation and Resistance, 1994-1946,* Ithaca; Cornell University Press.

Feith, Herbert（1962）, *The Decline of Constitutional Democracy in Indonesia,* Ithaca; Cornell University Press.

Kahin, George McTurnan（1952）, *Nationalism and Revolution in Indonesia,* Ithaca; Cornell University Press.

Legge, J.D.（2003）, *Sukarno: A Political Biography, Third Edition,* Singapore; Archipelago Press.

Lev, Daniel S,（1966）, *The Transition to Guided Democracy: Indonesian Politics 1957-1959,* Ithaca; Modern Indonesia Project, Southeast Asia Program, Dept. of Asian Studies, Cornell University,

Marwati Djoened Poesponegoro & Nugroho Notosusanto（eds.）（1984）, *Sejarah Nasional Indonesia IV, Edisi ke-4,* Jakarta; Balai Pustaka

McGregor, Katharine E.（2007）, *History in Uniform: Military Ideology and the Construction of Indonesia's Past,* Singapore; NUS Press

Purdey, Jemma & Marcus Mietzner（2016）, "The Sukarno dynasty in Indonesia: Between institutionalisation, ideological continuity and crises of succession", *South East Asia Research,* Vol.24 No.3.

・Web ニュース

Kompas 電子版　https://www.kompas.com/,　https://www.kompas.id/

Tempo 電子版　https://majalah.tempo.co/,　https://www.tempo.co/

おわりに

本書は二〇二〇―二三年度科学研究費（基盤B）の研究成果に基づくものである。課題名は「権威主義体制の正統性としての「建国の父」――その継承と変容の比較研究」（課題番号20H01454）といい、便宜上「建国の父」科研と呼んできた。四年間の研究成果を一般に還元するため、研究者や大学院生はもとより、大学生や社会人も読者の対象に想定し、わかりやすさと読みやすさを考慮しながら、序章で示したテーマと理論的枠組みに沿った各論から成る論集を目指した。

思い起こせば本書の編者の一人である粕谷祐子氏から、アジア諸国の「建国の父」に関する比較を共同研究の形で行いたいという提案を受けたのは、二〇一九年半ばのことだった。もともとビルマ（ミャンマー）の近現代史研究に取り組んできた私は、ほかの東南アジア諸国の独立闘争史にも関心があったので、それぞれの国で独立後に「建国の父」として顕彰されてきた人物に関心を抱いていた。よって範囲をもっと広げ、東アジアや南アジア、中央アジアまでを含めた国々、特に権威主義体制に分類される（ないしは分類された過去を持つ）国々の「建国の父」をとりあげ比較研究をおこなうという企画には、学問的問いとしての意義を覚えた。最終的に私が研究代表になり、十一人のメンバーからなる共同研究を立ち上げることができ、翌二〇二〇年度から四年計画で研究をスタートさせることになった。

しかし、二〇二〇年四月以降の日本は、コロナ禍のために人々が自由に「集まれない」状況となり、なかなか最初の研究会を開催することができなかった。少し様子が落ち着いた同年一〇月一〇日にやっと慶應義塾大学で対面とオンラインを併用したキックオフ研究会を開催することができた。その後はすべてをオンラインに切り替え、粕谷氏に理論的枠組みを提示してもらいながら、各研究者には一次史料を活用したそれぞれの専門地域（国）の「建国の父」に関する詳細な研究報告を交替で行ってもらった。相互に議論を深めたうえで、その成果を基盤に、二〇二二年度と二三年度にかけて一般向けの講演会もオンラインで実施し、毎回多くの参加者を得た。こうして全体像や比較の論点を明確にしつつ、各研究メンバーが本書の執筆に取り組んだ次第である。

この間、二〇二〇年一〇月のキックオフ研究会でベトナムのホー・チ・ミンについて報告をした中野亜里氏（当時大東文化大学教授）が、翌年一月に六〇歳で急逝されるという悲しい出来事があった。幸い、ベトナムについては石塚二葉氏に加わっていただくことによって研究を継続することができたが、中野氏にとって、さぞかし無念の思いであったことと推察される。ベトナム現代史研究の第一線で活躍し続け、ベトナム国内の人権問題にも真剣に取り組んできた中野氏の早い逝去は、まことに残念極まりない。このような経緯があるので、本書を学問研究の途上で永遠の眠りについた中野亜里氏に捧げることにしたい。最後に本書の出版にあたって面倒な編集作業を担って下さった彩流社の出口綾子さんに厚く御礼申し上げる。

二〇二三年一二月三一日

根本 敬（編者代表）

執筆者一覧

石塚二葉（いしづか・ふたば）

1967 年生まれ。独立行政法人日本貿易振興機構アジア経済研究所研究グループ長。

泉谷陽子（いずたに・ようこ）

1968 年生まれ。フェリス女学院大学国際交流学部教授。

礒崎敦仁（いそざき・あつひと）

1975 年生まれ。慶應義塾大学法学部教授。

磯崎典世（いそざき・のりよ）

1962 年生まれ。学習院大学法学部教授。

井上あえか（いのうえ・あえか）

1963 年生まれ。就実大学人文科学部教授。

宇山智彦（うやま・ともひこ）

1967 年生まれ。北海道大学スラブ・ユーラシア研究センター教授。

新谷春乃（しんたに・はるの）

1985 年生まれ。独立行政法人日本貿易振興機構アジア経済研究所研究員。

葉 亭葶（よう・ていてい）

1981 年生まれ。台湾國史館協修。

横山豪志（よこやま・たけし）

1969 年生まれ。筑紫女学園大学文学部アジア文化学科准教授。

編著者プロフィール

根本 敬（ねもと・けい）

1957年生まれ。上智大学名誉教授。専門はビルマ近現代史。
主著：『抵抗と協力のはざま——近代ビルマ史のなかのイギリスと日本』『アウン・サン——封印された独立ビルマの夢』『アウンサンスーチーのビルマ』（いずれも岩波書店）、『物語　ビルマの歴史』（中公新書）、『つながるビルマ、つなげるビルマ——光と影と幻と』『ビルマ独立への道——バモオ博士とアウンサン将軍』（ともに彩流社）など。ほかに編著・共著多数。

粕谷祐子（かすや・ゆうこ）

1968年生まれ。慶應義塾大学法学部教授。
主著:『アジアの脱植民地化と体制変動』（白水社）、『比較政治学』（ミネルヴァ書房）など。

アジアの独裁《どくさい》と「建国《けんこく》の父《ちち》」
——英雄像《えいゆうぞう》の形成《けいせい》とゆらぎ

2024年2月16日　初版第一刷

編著者　根本 敬・粕谷祐子 ©2024
発行者　河野和憲
発行所　株式会社 彩流社
〒101-0051　東京都千代田区神田神保町3-10　大行ビル6階
電話　03-3234-5931
FAX　03-3234-5932
https://www.sairyusha.co.jp/

編　集　出口綾子
装　丁　ナカグログラフ（黒瀬章夫）
印刷　明和印刷株式会社
製本　株式会社村上製本所

Printed in Japan　ISBN978-4-7791-2954-4 C0022
定価はカバーに表示してあります。乱丁・落丁本はお取り替えいたします。